모바일 비즈니스의
수용 요인과 신뢰의 역할

: 모바일 뱅킹을 중심으로

모바일 비즈니스의
수용 요인과 신뢰의 역할

: 모바일 뱅킹을 중심으로

박 철 우

한국학술정보(주)

목 차

표 목차

제1장 서 론

제1절 연구의 목적

인터넷의 발전, 전자 상거래의 확산, 휴대폰·PDA 등 모바일 기기의 보급 등으로 시간과 장소에 구애됨이 없이 개인 및 기업 활동, 상거래 활동이 가능한 모바일 상거래(mobile commerce)에 대한 기대와 관심이 고조되고 있다. 그뿐만 아니라 기존 컴퓨팅 환경에 더하여 특정 컴퓨팅 장치에 구애되지 않는 편재 컴퓨팅(pervasive computing) 및 유비쿼터스 컴퓨팅(ubiquitous computing)을 기반으로 한 유비쿼터스 환경에 대한 전망도 기대를 모으고 있다. 우리나라 정보 통신부도 IT 8·3·9 전략을 통해 u-Korea(ubiquitous Korea) 건설을 천명한 상태이다.

이러한 상황에서 관련 기술과 서비스도 지속적으로 등장하고 있으며 향후 전자 상거래와 인터넷 비즈니스에 이어 모바일 상거래는 새로운 패러다임으로 주목받고 있다. 그러나 관련 기술의 발전과 보급에도 과거의 여러 예측이나 기대에 비해 상거래로서의 발전이 다소 주춤하고 있으며 이를 극복하기 위해 사용자들이 편리하게 이용하고, 그들의 다양한 욕구를 채워줄 수 있는 수많은 콘텐츠와 플랫폼, 그리고 원활한 비즈니스 활동 전개를 위한 애플리케이션 개발 등이 필요한 것으로 인식되고 있다.

이러한 맥락에서 본 고에서는 모바일 상거래의 핵심 분야라고 할 수 있는 지불 처리 분야의 하나인 모바일 뱅킹을 대상으로 이와 같은 프로세스 지향적 혁신 기술의 수용에 영향을 끼치는 요인들을 신뢰(trust) 중심으로 살펴보고자 한다.

정보 기술과 비즈니스 프로세스의 연계는 MIS 분야의 주요한 관심거리이다. 대표적으로 은행 업무의 전산화를 말하는 전자 뱅킹(electronic banking)은 서비스 제공 주체인 은행의 입장과 서비스 수용 주체인 고객의 입장에서 정보 기술의 혁신을 대변하는 주요한 부문이다. 현금 자동 지급기(CD: cash dispenser)와 ATM(automated teller machine)의 등장이 갖는 의미는 단조로운 수작업을 자동화했다는 단순한 의미가 아니라 본격적인 정보 기술 패러다임의 변화를 뜻하는 것이며, 정보 기술이 비즈니스 혁신을 주도하는 대표적인 사례라고 할 수 있다. 컴퓨터와 통신 기술의 융화(convergence)를 통한 은행 업무의 변화는 유비쿼터스 환경의 급속한 보급과 함께 전자레인지와 같은 가전에도 접목되는 등 미래에는 그 모습이 현재와는 상당히 다를 것으로 예견되고 있다(O'Connell, 1999).

텔레뱅킹, PC 뱅킹, 인터넷 뱅킹을 거치면서 현재 모바일 뱅킹에 이르기까지 은행 업무와 관련된 서비스의 변화는 전자 상거래, e-비즈니스, m-비즈니스 환경의 변화와 흐름을 같이 한다고 볼 수 있다(표 1-1 참조).

표 1-1. 우리나라 전자 뱅킹 서비스의 변화

CD/ATM	1980년대 후반(1988년 7월 금융 결제원과 금융 기관을 연결한 CD 공동망 가동)
PC 뱅킹	1987년부터 국민은행의 펌뱅킹 서비스(기업 대상)를 시작으로 1990년 이후 본격적으로 이용
텔레뱅킹(폰뱅킹)	1994년 신한은행에서 서비스 시작
인터넷 뱅킹	1999년 7월 뱅크타운(한국통신 커머스 솔루션즈의 인터넷 뱅킹 시스템)을 이용하여 신한, 한미, 주택은행 등이 서비스 시작
모바일 뱅킹	1999년 10월 한미은행이 최초로 제공

그동안 정보 기술의 수용 요인에 대한 연구는 기술 수용 모형(TAM: technology acceptance model)을 중심으로 활발히 진행되어 왔다. TAM은 다양한 연구자들이 다양한 분야에서 확장 연구를 진행하였고 나름대로의 성과를 인정받고 있다. 하지만 몇 가지 약점과 한계를 가지고 있어 본 연구의 대상이 되는 모바일 비즈니스와 같은 분야에서는 추가적인 설명 요인

이 필요하다고 볼 수 있다.

본 연구에서는 기존 전자 상거래 분야에서의 연구 등을 바탕으로 신뢰 요인의 중요성에 관심을 두고 이를 사용자의 수용 요인에 영향을 끼치는 주요한 설명 변수로 채택하여 이를 실증적으로 검증하고자 한다.

이를 위해서 관련 분야의 선행 연구를 검토하여 실증에 필요한 연구 모형과 측정 도구를 개발하였다. 일차적으로 기술 수용과 관련된 기존 이론들을 검토하고 신뢰에 대한 연구들을 살펴보았다. 특히 신뢰에 대한 연구는 여러 분야에서 진행되어 왔으나 인터넷, 전자 상거래 등 온라인 분야에 적용된 연구들을 중심으로 살펴보았고 이러한 선행 연구 정리를 통해 본 연구에서 실증하고자 하는 현상에 대한 측정 도구를 개발하였다.

제2절 연구의 대상

일반적으로 무선 환경, 특히 인터넷을 매개로 이루어지는 전자 상거래 또는 e-비즈니스를 일컫는 모바일 상거래(mobile commerce)는 모바일 비즈니스(mobile business), 모바일 전자 상거래(mobile e-commerce), m-커머스, m-비즈니스 등으로도 불리고 있다. 이렇게 여러 가지로 호명되고 있는 모바일 상거래의 정의는 휴대폰으로 이루어지는 전자 상거래(Kehoe, 2000), 모바일 통신 네트워크를 통해 수행되는 금전적 가치를 수반하는 모든 거래(Durlacher, 2000) 등으로 다양하게 나타나고 있다.

전자 상거래와 e-비즈니스의 개념을 상호 포함 관계로 보는 견해도 있고, 동질 또는 이질적으로 생각하는 여러 견해들도 있다. 이와 마찬가지로 전자 상거래와 e-비즈니스 등 인터넷 기반의 새로운 경영 환경의 발전 맥락에서 살펴볼 때 모바일 비즈니스의 위상을 바라보는 시각들도 다양하게 존재하고 있다.[1]

여러 정의를 종합해 보면 m-비즈니스[2]는 단순하게 네트워크의 특성을 지닌 인터넷 서비스의 변형일 뿐만 아니라 현존하는 e-비즈니스의 확장 영역에 존재한다고 생각할 수 있다. 단 한 가지 여기서 간과할 수 없는 요소는 기존 PC 기반의 전자 상거래와 e-비즈니스에서와는 달리 정보 기기(모바일 기기)의 역할이 상대적으로 중요해졌으며 서비스 전달 매체로서의 기능뿐만 아니라 서비스 사용의 유무를 결정할 수도 있는 중요 변수로 작용하고 있다는 것이다.

한편 비즈니스의 특성상 '지불 처리'의 중요성을 강조하여 모바일 상거래를 모바일 비즈니스와 분리하여 '휴대 단말을 이용한 지불 처리' 수준으로 정의하거나(한국 소프트웨어 진흥원, 2003) 그 서비스를 휴대폰 소액 결제 서비스, 모바일 뱅킹 서비스, 모바일 지불 결제 서비스 등으로 한정하여 지불 처리 관련 분야가 모바일 상거래 서비스라고 규정한 경우도 있다(정지범, 김한주, 2003). 이는 지불 처리가 상거래와 비즈니스의 근간이라고 하는 기본적인 인식에서 비롯된 것이라고 볼 수 있고 그만큼 금융 채널의 중요성이 크다는 것을 말하는 것이다. 그리고 이에 대한 관심과 활용 증대가 m-비즈니스의 밑거름이 된다. 따라서 전체 모바일 환경에서 각종 서비스와 활동에 대한 사용자의 인식과 태도, 이용 여부에 대한 연구를 진행함에 있어 새로운 금융 채널이라고 할 수 있는 모바일 뱅킹에 주목할 필요가 있다.

---

1) 다양한 개념 정의와 내용에 대해서는 제2장 참조.
2) 본 연구에서는 주로 'm-비즈니스'라는 용어를 사용할 것이나 인용문을 사용하거나 기타 필요에 따라 모바일 비즈니스, 모바일 상거래 등의 용어도 혼용하고 있음을 밝혀 둔다.

제3절 모바일 뱅킹 사용 실태

　우리나라 네티즌들 중 절반 이상이 아직은 휴대폰을 통해 은행 업무를 해결하는 모바일 뱅킹을 사용하지 않는 것으로 나타났다. 그러나 50% 이상은 앞으로 모바일 뱅킹 사용 의사가 있다고 응답했다. 모바일 뱅킹의 장점은 '편리성'이 가장 많이 꼽혔으며 '보안' 문제를 가장 우려하는 것으로 드러났다.

　이 같은 내용은 전자신문과 온라인 리서치 전문 업체 엠브레인이 2003년 10월 24일부터 27일까지 나흘간 전국의 13세 이상 59세 이하 인터넷 이용자 2000명(남녀 각 1000명)을 대상으로 실시한 '모바일 뱅킹 사용 실태 조사' 결과 드러났다(전자신문, 2004. 10. 29.).

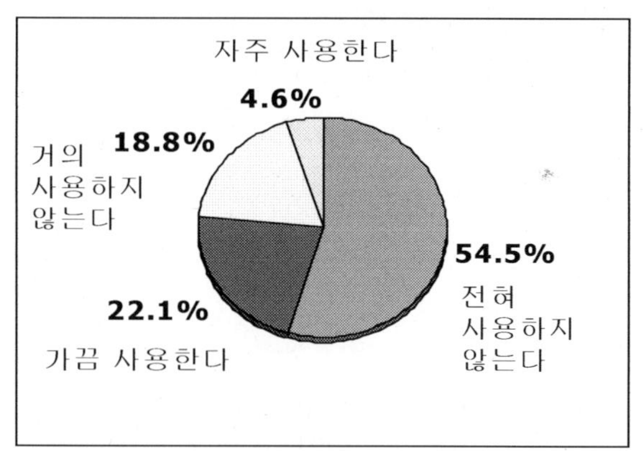

그림 1-1. 모바일 뱅킹 사용 경험

　이에 따르면 모바일 뱅킹을 '전혀 사용하지 않는다.'고 응답한 사람이 전체의 54.5% 그림 1-1로 모바일 뱅킹이 아직 주요한 은행 업무 처리 수단으로 자리 잡지는 못한 것으로 나타났다. 성별로 살펴보면 남자에 비해 여자의 사용 빈도가 다소 낮게 나타났으며 사무·전문직에서 자주 사용하는 비율이 상대적으로 높았다.

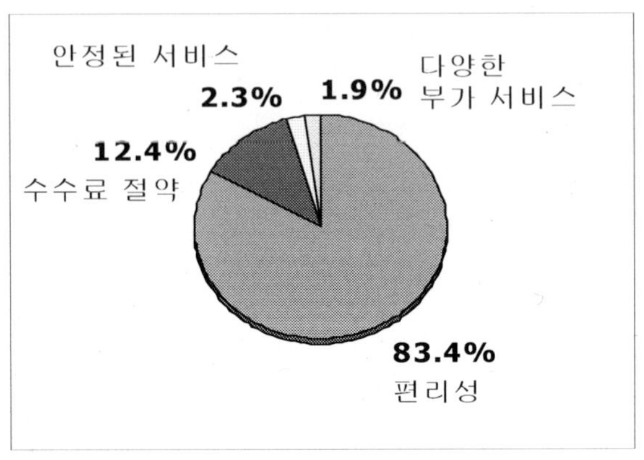

그림 1-2. 모바일 뱅킹의 장점

모바일 뱅킹 사용 경험자들을 대상으로 모바일 뱅킹의 장점을 물어본 결과 '편리성'을 꼽은 사람이 83.4%로 절대 다수를 차지했으며 '수수료 절약'(12.4%), '안정된 서비스'(2.3%) 순이었다(그림 1-2). 또 40세 이상은 '편리성'에, 10대는 '수수료 절약'에 높은 점수를 주고 있는 것으로 나타났다.

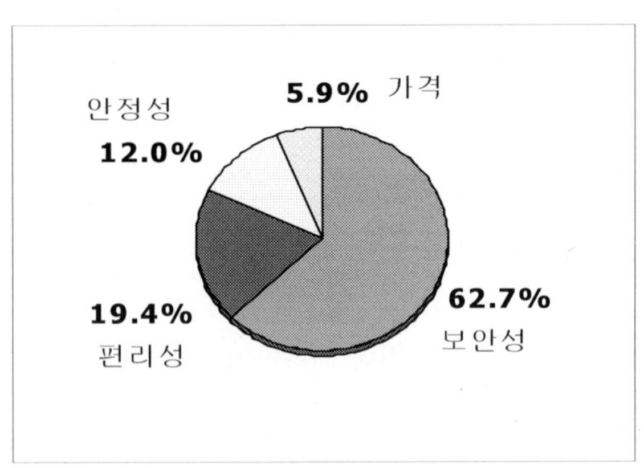

그림 1-3. 모바일 뱅킹에서 가장 중요한 요소

　모바일 뱅킹에서 가장 중요한 요소로는 62.7%가 '보안성'을 꼽아 네티즌
들이 모바일을 통한 은행 업무에 다소 불안감을 느끼고 있음을 보여줬다
(그림 1-3). 자영업자의 경우 안정성 문제를 중요시하는 경향이 타 직업군
에 비해 다소 높았다.

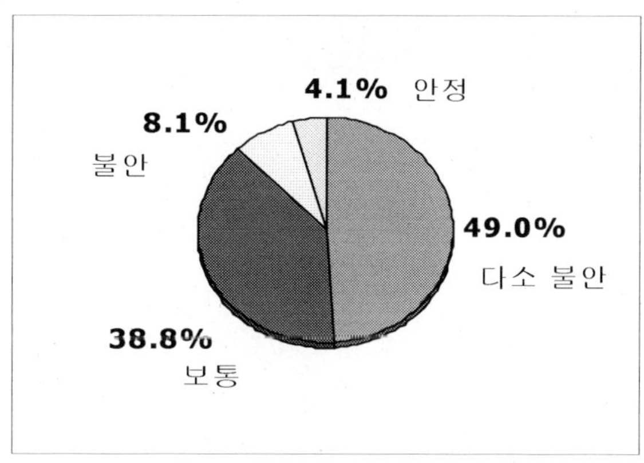

그림 1-4. 모바일 뱅킹의 보안성

　현재 모바일 뱅킹의 보안성에 대해서는 '다소 불안'하다는 응답이 절반
에 가까운 49%를 차지했으며 '안심'이라는 응답은 4.1%에 불과하여 서비
스 보급을 위해서는 보안 강화가 필요함을 보여주었다(그림 1-4). 40대 이
상 여성 그룹이 더 불안해하는 것으로 조사됐다.

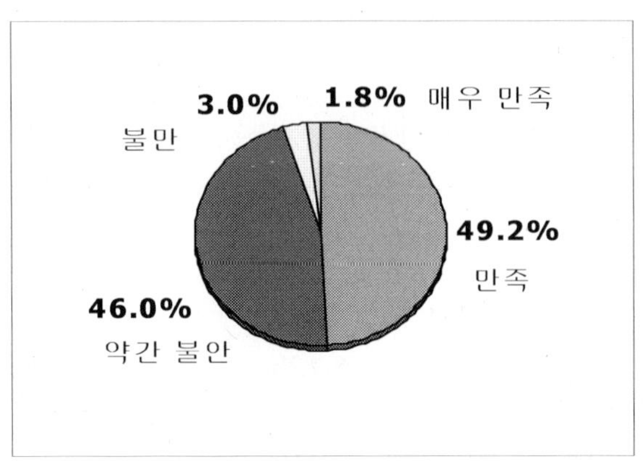

그림 1-5. 모바일 뱅킹의 서비스 만족도

모바일 뱅킹 서비스의 만족도에 대한 설문에 '만족'이 49.2%, '약간 불만'이 46%로 비슷한 수준이었다(그림 1-5). 모바일 뱅킹의 개선해야 할 점으로는 '보안성 강화'(57.7%)가 가장 높은 비중을 차지했으며 '수수료 인하'(14.6%), '조작 간편화'(13.5%) 등의 순으로 나타났다.

네티즌들의 52.1%는 앞으로 모바일 뱅킹 사용 가능성이 있다고 응답했다. '잘 모르겠다'며 결정을 유보한 사람은 32%로 서비스 개선 여부에 따라 이용자 수에 변화가 예상된다.

한편 정지범, 김한주(2003)가 2003년 11월 수도권에 거주하는 무선 인터넷 서비스 이용자 1,000명을 대상으로 조사한 결과에 따르면 모바일 뱅킹 서비스의 이용 여부에 대한 질문에서 이용한 적이 '없다'는 응답이 95.1%로 '있다'고 응답한 사람(4.9%)에 비해 높아, 모바일 뱅킹 서비스가 보편적으로 이용되지 못하고 있는 것으로 나타났다.

이용자에 대한 분석 결과, 현재 사용하고 있는 모바일 뱅킹 서비스로는 SK텔레콤의 네모(NEMO)가 61.2%로 가장 높게 나타났으며, KTF의 K-merce가 28.6%, LG텔레콤의 뱅크온이 10.2%의 순으로 나타났다.

성별에 따른 차이를 살펴보면 네모(남성: 56.3%, 여성: 25.0%)와 K-merce(남성: 63.6%, 여성: 30.3%)는 남성 사용자 비율이 여성 사용자 비율보다 높게 나타났으나, 뱅크온은 남성(6.1%)보다는 여성 사용자 (18.8%)의 비율이 높은 특징을 보였다.

연령별로 살펴보면 만 25~29세에서 다른 연령대에 비해 가장 높은 모바일 뱅킹 서비스의 사용 분포(66.7%)를 보였으며, 이들 연령층은 네모를 가장 많이 사용하고 있는 것으로 나타났다. 만 15~19세 연령층의 37.5%는 K-merce를 가장 많이 사용하고 있는 것으로 조사되었다. 반면, 뱅크온은 만 30~45세에서 14.3%의 이용률로 다른 연령층에 비해 고령층의 사용자 분포가 높은 특징을 보이고 있다.

직업별로는 사업/자영업자의 80.0%가 네모를 가장 많이 사용하고 있는 것으로 나타났으며, 일반 직장인의 36.4%는 K-merce를 이용하고 있는 것으로 나타났다. 또한, 영업/판매직의 모바일 뱅킹 서비스 이용자의 대다수가 뱅크온을 사용하고 있어 직업별로 사용하는 모바일 뱅킹 서비스에서 차이가 발생하고 있음을 알 수 있다.

현재 사용 중인 모바일 뱅킹 서비스를 계속 이용할 의사가 '있다'는 응답이 46.9%로 가장 높게 나타났으며, '잘 모르겠다'는 응답이 34.7%, '아니다'(이용하지 않겠다)라는 응답이 18.4%의 순으로 나타났다. 따라서 향후 모바일 뱅킹 서비스에 대한 이용률은 크게 증대될 것으로 전망된다.

성별 차이로는 '계속 사용하겠다'는 응답에서 남성(45.5%)보다 여성 (50.0%) 이용자의 비율이 다소 높게 나타났으며, 연령별로는 20대 초반의 62.5%가 계속 이용하겠다고 응답하여 가장 높은 이용 의사를 나타냈다.

모바일 뱅킹 서비스 이용에 따른 가장 큰 불편 사항으로는 개인 정보 누출의 위험이 57.1%로 가장 높게 나타났으며, 조회/송금 처리 속도가 38.8%, 단말기 분실에 대한 우려가 36.7%, 이체 수수료의 지불에 대한 불만이 32.7%의 순으로 나타났다.

모바일 뱅킹 서비스 이용 시 남성과 여성이 느끼는 불편 사항이 서로 다르게 나타났다. 여성은 개인 정보 누출의 위험과 단말기 분실에 대한 우려, 단말기 조작의 어려움 등에서 남성에 비해 커다란 불편함을 느끼고 있었으며, 남성은 여성에 비해 조회/송금 처리 속도와 이체 수수료의 지불 및 개인 인증의 불확실성에 대한 불안에서 더욱 높은 비율로 조사되었다.

모바일 뱅킹 서비스를 이용한 경험이 없는 응답자 중 향후 모바일 뱅킹 서비스를 이용하기 위해 우선적으로 개선되어야 할 사항으로 52.8%의 응답자가 개인 정보 누출 위험을 개선해야 한다고 꼽았다. 또한, 단말기 분실에 대한 우려(48.7%)와 조회/송금에 대한 불안(41.2%), 추가적인 무선 인터넷 요금의 지불에 대한 사항(33.9%)에서도 개선이 필요하다고 응답했다 (표 1-2 참조).

표 1-2. 모바일 뱅킹 서비스 이용의 불편 사항 및 개선 사항

	불편 사항	%	개선 사항	%
1	개인 정보 누출의 위험	57.1	개인 정보 누출의 위험	52.8
2	조회·송금 처리 속도	38.8	단말기 분실에 대한 우려	48.7
3	단말기 분실에 대한 우려	36.7	조회·송금에 대한 불안	41.2
4	이체 수수료 지불	32.7	무선 인터넷 요금 지불	33.9
5	조회·송금에 대한 불안	30.6	조회·송금 처리 속도	28.5
6	무선 인터넷 요금 지불	28.6	이체 수수료 지불	26.7
7	개인 인증의 불확실성	28.6	개인 인증의 불확실성	25.1
8	연계 은행의 제약	26.5	단말 조작의 어려움	21.1
9	단말 조작의 어려움	18.4	연계 은행의 제약	19.9

자료: 정지범, 김한주(2003).　　　　　　　　　　　　　　　　　(복수 응답)

성별에 따른 차이에서는 남성과 여성의 응답에서 큰 차이를 보이지 않고 있으며, 연령별로는 만 30~45세에서 개인 정보 누출의 위험(65.6%)과 단말기 분실에 대한 우려(52.7%)가 다른 연령에 비해 높은 비율로 조사되었으며, 만 20~24세는 조회/송금 불안(44.7%)에 대한 개선 사항이 높은 비율로 조사되었다.

이러한 실태 조사 결과를 통해 모바일 뱅킹의 확장 가능성을 점쳐 볼 수 있으며 위험과 우려, 불안 등의 요인을 측정하고 궁극적인 이용에 영향을 끼치는 요인들에 대한 연구가 필요함을 알 수 있다.

제4절 연구의 방법과 구성

본 연구에서는 문헌 연구와 실증 연구를 병행하였다. 정보 기술 수용 및 혁신 기술 확산, 신뢰에 관한 문헌 연구를 통해 모바일 환경에서 정보 기술의 수용 의도에 영향을 끼치는 설명 요인들을 도출하고 이를 근간으로 연구 모형을 수립하여 가설화하였다. 가설 검증을 위한 실증 연구에서는 모바일 뱅킹 잠재 사용자를 대상으로 설문 조사를 실시하였다. 실증 분석 과정에서는 SPSS 12와 Amos 4를 이용하여 상관 분석, 신뢰도 분석, 요인 분석, 확인적 요인 분석, 공변량 구조 모형 분석 등을 실시하였다.

본 연구는 총 5개의 장으로 구성되었으며, 각 장별로 주요 내용은 다음과 같다.

제1장은 서론으로 본 연구의 목적, 대상뿐만 아니라 모바일 뱅킹의 사용 실태를 다루어 본 연구의 대상 영역에 대한 현실적 이해를 도모하고자 하였고, 본 연구의 방법과 구성 체계를 제시하였다.

제2장은 본 연구의 주 영역이 되는 모바일 비즈니스에 대한 전반적인 개념과 내용에 대해 이해할 수 있도록 구성하였다. 뿐만 아니라 확장된 의미로 그 중요성이 부각되어 현재는 보편적으로 통용되는 용어인 유비쿼터스 컴퓨팅을 이해할 수 있도록 그에 대한 내용도 추가하였다. 본 장만 보더라도 모바일 비즈니스와 유비쿼터스 컴퓨팅의 개요를 어느 정도 이해할 수 있을 것으로 생각된다.

제3장은 본 연구의 구체적 대상 영역인 모바일 뱅킹을 전반적으로 이해할 수 있도록 구성하였다. 본 장을 통해 모바일 뱅킹의 개요, 내용, 서비스 메커니즘, 현황 등을 깊이 있게 살펴볼 수 있을 것이다.

제4장은 선행 연구에 대한 고찰을 수행하였다. 제1절에서는 기술 수용에 대한 선행 연구를 정리하였고, 제2절에서는 인터넷 뱅킹에 대한 선행 연구를 살펴보았다. 또한 제3절에서는 신뢰에 대한 선행 연구를 검토하여 신뢰의 개념과 온라인에서 신뢰에 관한 연구들을 확인할 수 있도록 하였다.

제5장에서는 연구 모형이 제시되고 변수의 조작적 정의와 측정 도구에 대한 내용이 정리되었다. 연구 모형은 기존 정보 기술 수용 모형에 신뢰라는 설명 요인을 추가한 형태로 수립되었다.

제6장에서는 연구 설계 및 자료 수집과 관련된 내용을 정리하였으며, 신뢰성 분석과 타당성 분석의 결과를 제시하고, 가설 검증에 사용한 통계적 분석 방법을 제시하였다.

제7장에서는 연구 모형에 제시된 여러 설명 요인들이 모바일 환경에서 정보 기술의 수용 의도를 적절하게 설명할 수 있는지 상관관계 분석과 공변량 구조 모형 방식을 통해 실증 분석하였다. 또한 실증 분석 결과의 요약과 이에 대한 평가 및 논의를 다루었다.

끝으로 제8장에서는 본 연구의 결과와 본 연구를 통해 제시될 수 있는 시사점에 대해 언급하였다.

제2장 모바일 비즈니스

제1절 모바일 비즈니스의 개념

일반적으로 모바일 비즈니스(mobile business)는 모바일 상거래(mobile commerce), 모바일 전자 상거래(mobile e-commerce), m-비즈니스, m-커머스 등으로도 불리고 있으며 무선 환경, 특히 인터넷을 매개로 이루어지는 전자 상거래 또는 e-비즈니스를 말한다(Turban et al., 2004).

이렇게 모바일 비즈니스와 혼용되는 모바일 상거래의 정의는 휴대폰으로 이루어지는 전자 상거래(Kehoe, 2000), 모바일 통신 네트워크를 통해 수행되는 금전적 가치를 수반하는 모든 거래(Durlacher Research, 2000) 등으로 다양하게 나타나고 있다.

전자 상거래와 e-비즈니스의 개념을 상호 포함 관계로 보는 견해도 있고, 동질 또는 이질적으로 생각하는 여러 견해들도 있다. 이와 마찬가지로 전자 상거래와 e-비즈니스 등 인터넷 기반의 새로운 경영 환경의 발전 맥락에서 살펴볼 때 모바일 비즈니스의 위상을 바라보는 시각들도 다양하게 존재하고 있다.

Kalakota 등(2002)은 다음 식 1과 같은 관점에서 모바일 비즈니스를 정의하고 있다.

모바일 비즈니스＝인터넷＋무선＋e-비즈니스……(1)

이와 유사한 관점으로 Evans(2002)는 식 2와 같은 의미를 모바일 비즈니스에 부여하고 있다.

모바일 비즈니스＝비즈니스 프로세스＋e-비즈니스＋유선통신……(2)

위와 같은 정의를 종합해 보면 모바일 비즈니스는 단순하게 네트워크의 특성을 지닌 인터넷 서비스의 변형일 뿐만 아니라 현존하는 e-비즈니스의 확장 영역에 존재한다고 생각할 수 있다. 단 한 가지 여기서 간과할 수 없는 요소는 기존 PC 기반의 전자 상거래와 e-비즈니스에서와는 달리 정보 기기(모바일 기기)의 역할이 상대적으로 중요해졌으며 서비스 전달 매체로서의 기능뿐만 아니라 서비스 사용의 유무를 결정할 수도 있는 중요 변수로 작용하고 있다는 것이다.

이러한 모바일 비즈니스의 특성은 크게 1차적 특성과 2차적 특성으로 구분할 수 있다. 모바일 비즈니스의 본질적 성격을 규정하는 1차적 특성으로는 접근성, 편재성, 편리성, 보안성 등이 있으며, 부가적 성격이라고 할 수 있는 2차적 특성으로는 위치성, 연결성, 개인화 등이 있다(Durlacher Research, 2000).

1차적 특성
- 접근성(reachability): 시간과 공간에 제약 없이 접속할 수 있는 속성
- 편재성(ubiquity): 실시간 정보를 어디서나 받아 볼 수 있는 속성
- 편리성(convenience): 의사소통 도구가 작고 편리해야 한다는 속성
- 보안성(security): 보안과 안전이 보장되어야 하는 속성

2차적 특성
- 위치성(localization): 특정 시점에 사용자의 현 위치를 알 수 있는 속성
- 연결성(instant connectivity): 신속하게 접속하여 정보를 탐색할 수 있는 속성
- 개인화(personalization): 개인적이고 차별적인 고객 서비스를 제공하는 속성

여기에는 모바일 비즈니스의 도구적 특성(편리성, 보안성)과 마케팅적 특성(개인화)이 함께 포함되어 있으며 일반적인 전자 상거래 및 e-비즈니스의 특성도 포괄하고 있는 것으로 이해할 수 있다.

한편 비즈니스의 특성상 '지불 처리'의 중요성을 강조하여 모바일 상거래를 모바일 비즈니스와 분리하여 '휴대 단말을 이용한 지불 처리' 수준으로 정의하거나(한국 소프트웨어 진흥원, 2003) 그 서비스를 휴대폰 소액 결제 서비스, 모바일 뱅킹 서비스, 모바일 지불 결제 서비스 등으로 한정하여 지불 처리 관련 분야가 모바일 상거래 서비스라고 규정한 경우도 있다(정지범, 김한주, 2003). 이는 지불 처리가 상거래와 비즈니스의 근간이라고 하는 기본적인 인식에서 비롯된 것이라고 볼 수 있고 그만큼 금융 채널의 중요성이 크다는 것을 말하는 것이다. 그러나 이와 같은 관점은 거래 대상과 매체에 집중하는 상거래 자체의 특성보다는 금전적 대가와 그 교환 방식에 주로 초점을 두고 있으므로 지극히 제한적인 개념으로 이해할 수 있다.

한편, 기업은 모바일 비즈니스를 통해 거래 비용 절감, 매출 증대, 생산성 향상 등의 성과를 얻을 수 있다. 모바일 비즈니스의 이점을 좀 더 살펴보면 다음과 같다(유병규 등, 2002).

- 근로자의 생산성 향상: 생산, 영업, 고객 등의 정보를 실시간으로 교류함으로써 근로자들의 생산성 향상
- 거래 비용 절감: 시간과 장소에 제한이 없이 편리하게 정보를 교환함으로써 거래 비용 절감
- 필요한 데이터 관리 부담 경감: 원하는 자료를 실시간으로 사용자에게 전달, 저장하게 함으로써 방대하고 복잡한 데이터 관리의 부담 완화
- 경영 효율성 증대: 업무 담당자 간의 정보 교환 용이화로 생산, 공급, 분배상의 효율성 증대
- 소비자 만족 증대: 음성 정보 제공 등으로 소비자 서비스 내용 다양화와 이를 통한 소비자 만족 증대

- 영업 기회 확대: 모바일 기술을 이용한 다양한 서비스 제공으로 새로운 영업 기회 창출

기존 e-비즈니스가 네트워크성에 바탕을 두어 하루 24시간 일주일 내내 언제든지 이용할 수 있다는 24/7 원칙을 고려하고, 본래의 의미대로 일정 장소에 얽매이지 않는 편재성을 생각해 본다면, 모바일 비즈니스를 이루는 주요한 개념으로 "시간(time)"과 "장소(place)"를 들 수 있다.

"시간" 요소는 기존 전자 상거래가 과거의 전통적 상거래와 다르다고 볼 수 있는 중요한 차별 요인으로, 제한된 시간 내에 수행하던 각종 상거래 행위 및 비즈니스 프로세스 전개를 언제든지(any time) 네트워크로 연결하여 수행할 수 있다는 뜻이다.

"장소" 요소는 이러한 활동들을 장소적인 제약 없이 어디에서든지(any place) 가능하게 해 준다는 의미가 있다.

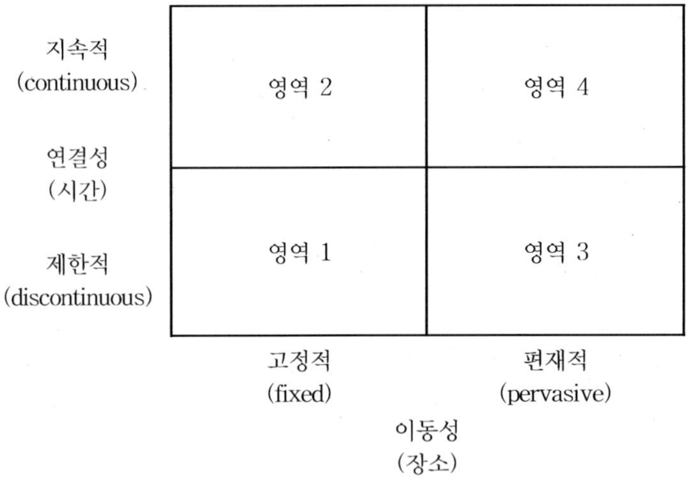

	고정적 (fixed)	편재적 (pervasive)
지속적 (continuous)	영역 2	영역 4
제한적 (discontinuous)	영역 1	영역 3

연결성 (시간) / 이동성 (장소)

그림 2-1. 모바일 비즈니스 프레임워크

시간과 장소의 개념이 다소 중복되어 이해될 수도 있으나, 시간은 낮이나 밤이나, 평일에나 휴일에나 언제든지 네트워크에 연결하여 원하는 업무를 처리할 수 있는 "연결성(connectivity)"의 개념으로, 장소는 특정 위치에 고정된 기기 중심의 사고에서 벗어나 이동 중인 사용자의 현재 위치까지도 고려하는 "이동성(mobility)"의 개념으로 이해하여 사용할 수 있다.

이 두 요소를 주요 축으로 하는 모바일 비즈니스 프레임워크를 정리하면 그림 2-1과 같이 나타낼 수 있다(박철우 등, 2003).

영역 1은 "전통적 상거래"의 영역으로 파악될 수 있으며, 영역 2는 네트워크 연결성을 중시하는 "기존의 전자 상거래와 e-비즈니스"의 영역을 의미한다. 한편 영역 3의 경우는 기존 기업에서 무선 네트워크를 활용하는 행태와 모바일 오피스의 구현 형태 등이 해당된다고 볼 수 있다. 영역 4가 연결성과 이동성이 동시에 고려되는 협의의 모바일 비즈니스 영역이라고 말할 수 있다. 앞서 정의한 바를 따르면 영역 3과 4는 분명한 "모바일 비즈니스" 영역이라고 규정할 수 있다. 영역 2는 기존의 e-비즈니스와 모바일 단말기 서비스가 겹쳐지는 부문으로, 모바일 비즈니스 영역으로 추가할 수 있다. 또한, 영역 4만을 한정적으로 지칭하기 위해 "유비쿼터스" 영역이라는 용어를 사용할 수 있다. 즉, 현재의 모바일 비즈니스는 기존 전자 상거래, e-비즈니스의 의미뿐만 아니라 최근 관심의 집중이 되고 있는 유비쿼터스 비즈니스(u-비즈니스, u-비즈 등으로 불리기도 한다.)를 포괄하는 의미로 볼 수 있다. 이를 Kalakota 등(2002)이 제시한 시장 진화 도표에 더하여 표현한다면 그림 2-2와 같이 나타낼 수 있다.

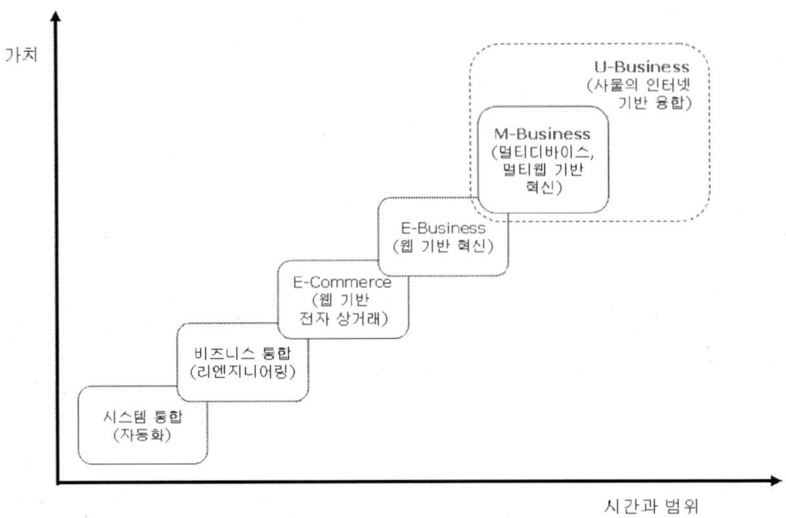

자료: Kalakota 등(2002) 수정.

그림 2-2. 모바일 비즈니스 시장의 진화

이는 시간과 공간의 제약을 극복하여 연결성과 이동성의 확장으로 진행
되던 변화가 내재성(embeddedness)이 주가 되는 유비쿼터스 컴퓨팅 환경
이 반영되고 있음을 표현한 것이다. 더 나아가 그림 2-2의 점선 영역을 확
대하여 그림 2-3과 같이 더 구체적으로 발전 방향을 이해할 수 있다.

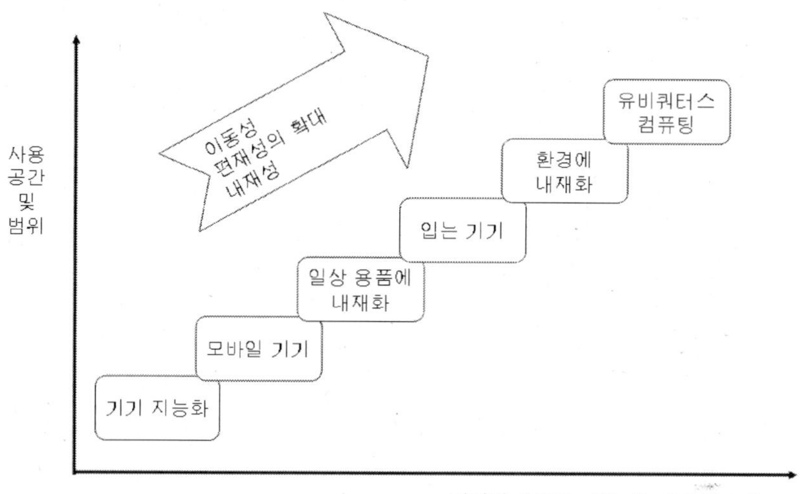

자료: 홍성완(2005) 수정.

그림 2-3. 유비쿼터스 비즈니스의 발전 방향

하지만 모바일 컴퓨팅과 유비쿼터스 컴퓨팅이 상호 배타적이거나 대체
적이라기보다는 상호 의존적이며 보완적인 상태에서 정보 통신 기술의 발
전 추세상 모바일 비즈니스라는 용어는 향후 위의 유비쿼터스 비즈니스로
대체되거나 상당 기간 동의어로 간주되어 사용 주체의 필요에 따라 선택적
으로 사용될 가능성이 크다.

제2절 모바일 비즈니스의 유형

1. 유형 분류의 다양한 견해

은행의 영업시간, 백화점의 개점 시간 등 전통적인 상거래와 비즈니스 운영에서는 제한된 시간과 제한된 장소에 대한 가용성만이 존재하였다. 이를 극복하고자 하는 노력을 연결성이라고 볼 수 있으며 이를 통해 사용자는 언제든지 해당 거래 및 업무를 처리할 수 있게 되었다(영역 2). 이것이 바로 기존 전자 상거래와 e-비즈니스를 가능하게 만든 중요한 요인이다. 단, 네트워크에 연결되어 연결성이 확보된 정보 단말기의 위치는 상대적으로 고정되어 있으므로 장소적인 제약에서 완전히 벗어났다고 말하기는 어렵다. 즉, 적어도 이미 연결되어 있는 기기까지 사용자가 직접 이동해야 하므로 "이동성"까지 확보된 것은 아니다. 연결성의 의의를 크게 갖는 비즈니스 모델로는 다음과 같은 것들이 있다.

- 원격 진료: 현재는 단순히 의료 서비스 제공자와 수혜자를 대면 접촉 없이 네트워크로 연결해 주거나 정기적인 검진 서비스 및 의료 정보의 수급을 네트워크를 통해 가능하게 해 준다는 장점이 존재한다. 그러나 이 경우에도 이러한 서비스가 가능한 네트워크 장비 및 원격 의료 기기가 설치된 장소까지 수혜자(환자)가 직접 이동해야 하는 단점이 있고, 특히 응급 상황 발생 시 대응이 원활하지 못할 가능성이 높다. 향후 모바일 기기의 이동성 특성을 잘 활용한다면 이러한 단점을 보완하여 서비스의 질을 높일 수 있다.
- 온라인 쇼핑: 시간적 개념이 중시되는 연결성 확보로 인해 언제든지 원할 때 쇼핑을 할 수 있다. 대부분의 기존 전자 상거래(특히 B2C) 모델들이 해당된다.

단말기 형태로 볼 때 특정 위치에 고정되어 있어 그곳까지는 이동해야 하고, 서비스 영역이 제한적이라는 특성이 있는데, 앞으로 이동 전화기 서비스의 확산으로 이러한 제약들은 극복될 것으로 보인다.

연결성이 가지는 장소상의 제약을 극복하고자 하는 노력이 바로 이동성이다. 이동성에는 휴대성(portability)의 의미가 포함되어 있다. 즉, 연결성만 있는 경우(영역 2) 기기로 사용자가 접근해야 한다는 특성이 있으나 이동성이 확보된 경우(영역 3과 4)는 기기와 사용자가 같이 움직인다는 특성이 있다.

이동성의 개념을 통해 이전 기기 중심의 컴퓨팅 환경에서 사람 중심의 컴퓨팅 환경으로의 변화를 이해할 수 있으며 향후 사람 중심의 컴퓨팅 환경도 사람과 기기가 같이 움직이는 휴대성의 개념에서 주변의 모든 기기를 컴퓨팅 도구로 활용할 수 있는 유비쿼터스 컴퓨팅 개념으로 변하는 상황도 이해할 수 있다.

이동성은 다시 연결성이 제한적으로 허용되는 경우와 지속적으로 유지되는 경우로 나누어 생각해 볼 수 있다. 이 분류는 각각 Kalakota 등(2002)의 오프라인 상태의 이동성과 온라인 상태의 이동성에 해당된다.

제한된 연결 상태의 이동성은 인터넷에 접속이 되어 있지 않은 상태에서 모바일 기기에 미리 내장되어 있는 애플리케이션과 데이터를 활용하는 상태이다. 이동 중에 사용자가 발생시키는 데이터의 변화는 동기화(sync) 작업을 통해 전체 업무에 반영된다. 영역 3의 경우가 여기에 해당하며 사용자가 원하는 즉시 데이터 활용을 할 수 있는 상태가 아니므로 지속적 연결 상태에 비해 "시간"적인 제한은 존재한다고 볼 수 있다.

- 물류 회사의 운송 정보 관리: 이동 중에 발생하는 각종 데이터가 실시간으로 처리되기보다는 운행 후나 일과 후 등 일정 시간 간격을 두고 처리된다.
- 시장 조사: 모바일 기기를 휴대한 조사원이 현장에 투입되어 활동을 전개하지만 실시간 정보 처리보다는 사후 정리 및 분석에 초점이 맞춰져 있다.

- 모바일 오피스: 주로 네트워크에는 접속되지 않은 상태에서 이동 중에 영업 활동에 활용하거나 참고 자료 조회, 신규 데이터의 임시 저장 등의 용도로 사용한다.
- PIMS(Personal Information Management System): 주로 PDA나 전자수첩의 형태로 오프라인 상태에서 데이터 작업과 서버와의 동기화 작업을 병행하여 운영되고 있다.

지속적 연결 상태의 이동성인 경우 이동성의 의미에는 기기 간 데이터 이동성과 가상공간에서의 서비스 간 이동의 자유도 포함되며, 일반적으로 무선 인터넷, RF(Radio Frequency), 적외선, 블루투스 등 무선(wireless) 기술이 적용되는 상태이다. 실시간 인터넷 연결이 기본이며 데이터 네트워크를 통해 전자우편, 웹 검색 등 다양한 정보 서비스를 중단 없이 활용할 수 있다. 따라서 시간적 제약을 극복할 수 있고 충분한 이동성이 보장된다. 영역 4의 경우가 여기에 해당된다. 이동성 때문에 유선통신의 가치가 유선통신의 가치보다 더 높게 인식되기도 하지만(Bergeron, 2001), 달리 해석한다면 온라인 상태의 이동성에 연결성이 가미된 진정한 의미의 모바일 비즈니스 구현 형태로 볼 수 있다.

- 모바일 마케팅: 위치 정보에 기반을 둔 동적인 이동성을 강화함으로써 모바일의 이점을 적절히 살릴 수 있다.
- 텔레매틱스: 단속적인 연결성과 이동성이 동시에 강조되며 GPS 등의 위치 정보 서비스가 주된 기술 요인으로 작용한다.
- 무선 요금 징수: 유선이 아닌 무선에 의한 연결성이 강조되는 분야이다.

또한 표 2-1과 같이 모바일 비즈니스의 유형을 개념 자체의 특성이 아니라 개인과 기업 등 활용 주체 측면에서 살펴볼 수도 있다(한국 소프트웨어 진흥원, 2002).

표 2-1. 모바일 비즈니스의 유형

차원	분야	서비스 설명	세부 분야
개인	재무	모바일 단말기를 이용해서 은행 업무를 처리하고 청구서나 월급 등을 확인하고 받는 서비스	모바일 뱅킹 전자 청구서
	무선 결제	시간과 장소에 관계없이 모바일 단말기를 이용하여 사고팔며 예약할 수 있는 서비스	모바일 쇼핑 모바일 티케팅 모바일 경매
	원격 진료	병원에 가지 않고도 단말기 액정 화면을 통해서 환자의 상태와 수술 등 진료를 받을 수 있는 서비스	원격 진단 Home Nursing
	LBS	위치 기반 기술을 이용하여 이동 중인 사용자의 위치 정보를 타 정보와 결합해 제공하는 서비스	위치 추적 Telematics
	엔터테인먼트	유선 인터넷에서 가능했던 게임, 비디오, 음악, 복권 등과 같은 서비스를 무선 인터넷을 통해 제공받는 것	게임 VOD AOD
	정보 서비스	모바일 단말기를 통한 전자 신문, 출판물, 정보 등의 서비스	모바일 정보 콘텐츠 개인 항법 시스템
	교육	모바일 원격 교육	m-Learning
	커뮤니케이션	모바일 단말기를 통한 메시지 전송, 채팅, 화상회의 등의 서비스	UMS 채팅 화상회의
기업	현장 직원 자동화(FFA)	모바일 단말기를 통해 거래 처리, 고객 관리, A/S, 교육 서비스 등을 지원	영업 사원 업무 자동화(SFA) PSM
	원격 지원	모바일 단말기를 이용한 원격 검침, 도난 방지, 경비 등의 서비스	MIM 원격 검침/제어(Telemetry) 통합 수송 관리 시스템(fleet management)

LBS: local based service FFA: field force automation
VOD: video on demand AOD: audio on demand
SFA: sales force automation PSM: proactive service management
MIM: mobile inventory management

한편 무선 인터넷 환경에서는 ① 대역폭 확장 및 네트워크 통합에 의한 통신 인프라의 혁신, ② 무선 기기의 소형화 및 디바이스 간의 통합에 의한 무선 기기의 혁신, ③ 실시간 서비스의 요구 및 단순함과 편리함의 추구에 의한 고객 니즈의 변화 등이 심화되면서 새로운 모바일 비즈니스가 창출되고 있다. 이러한 새로운 모바일 비즈니스의 산업별 적용 사례를 살펴보면 표 2-2와 같다.

표 2-2. 모바일 비즈니스의 산업별 적용 사례

산업	적용 사례	산업	적용 사례
유통/물류	−수발주 처리, 재고 조회 −견적서 작성, 영수증/계산서 발급 −고객 및 상품 정보 관리 −차량 운행 관리, 집하/배송 관리	은행	−금융 상품 정보 조회 −고객 정보 관리 −모바일 뱅킹
의료/제약	−긴급 재난 구조, 전자 차트 −컨설팅 영업 지원, 고객 관리 −수발주 처리, 재고 조회	보험	−보험 설계, 고객 관리 −상품 프레젠테이션, 견적 −수금 등록, 매출 등록 −보상 업무 처리
제조/건설	−수발주 처리, 자재 관리, 재고 조회 −고객 관리, 납품 관리 −준공 검사, 공사 관리	서비스	−일정 관리, 서비스 예약 −고객 정보 관리 −A/S 요원 관리
공공 부문	−우체국 등기 업무 자동화 −경찰청 차량 위치 추적, 지도 조회 −한전 무선 검침 시스템 −민원 처리/행정 업무	교육/출판	−학사 행정 관리, 학원 관리 −방문 교사 관리 −서점 관리, 서적 수발주 처리

Varshney와 Vetter(2001)는 모바일 비즈니스의 응용 영역을 표 2-3과 같이 구분하기도 하였다.

표 2-3. m-비즈니스의 유형과 응용 영역

유 형	예
모바일 금융(B2C, B2B)	모바일 사용자를 위한 뱅킹, 중개, 결제
모바일 광고(B2C)	특정 사용자 및 위치 기반 광고
모바일 재고 관리(B2C, B2B)	상품, 운송품, 운송 수단, 인력 등의 위치 추적
사전적 서비스 관리(B2C, B2B)	부품 등의 배송과 관련된 정보 전송
제품 위치 확인 및 배송(B2C, B2B)	모바일 기기를 통한 특정 물품의 위치 확인 및 주문
무선 리엔지니어링(B2C, B2B)	경영 서비스의 개선
모바일 경매 또는 역경매(B2C)	특정 물품의 매매 관련 서비스
모바일 엔터테인먼트(B2C)	주문형 비디오 등 기타 서비스
모바일 오피스(B2C)	이동 중 업무 지원
모바일 원격 교육(B2C)	스트리밍 오디오와 비디오를 이용한 수강
무선 데이터 센터(B2C, B2B)	모바일 사용자가 다운로드할 수 있는 정보
모바일 음악/주문형 음악(B2C)	모바일 기기를 이용한 음악 다운로드 및 재생

이와 같이 모바일 비즈니스는 개인과 조직 수준에서 다양하게 활용되고 있음을 알 수 있다. 그러나 현재 새로운 신규 사업 유형이 많이 나타나면서 모바일 비즈니스의 유형을 각 사업별로 구분하기는 상당히 어려운 과도기적인 상황이다.

2. 모바일 비즈니스의 주요 유형과 사업 내용

위에서 언급된 다양한 유형의 비즈니스를 기본 서비스, 부가 서비스, 거래 지원 서비스, 기업 경영 혁신 지원 서비스로 구분을 짓고 이에 따라 여러 가지 사업의 형태를 정리해보면 다음과 같다.

(1) 기본 서비스

영화 티켓 예매, 은행 거래 처리, 주식 정보, 게임과 같이 최종 이용 대상자에게 무선 단말기를 통해 제공되는 상용 서비스를 말한다. 고객이 상점이나 매장, 인터넷에 접근할 수 없는 이동 상태에서 모바일의 장점을 잘 활용한 경우라 할 수 있다.

가) 티켓 예매

지금 각종 인터넷 티켓 예매 사이트나 기존 영화관, 공연장이 각종 공연장과 사업 관계를 갖고 실시하는 사업인데 각종 통신 사업자와 협약을 맺고 서비스를 실시하고 또한 결제를 위하여 금융, 카드사와도 사업 파트너 관계를 맺고 있다. 일반적인 공연 티켓 외에도 KTX의 "e-티켓 서비스"처럼 철도, 항공권 등 다양한 분야로 확대되고 있다.

나) 금융 결제

어디에서든지 사용할 수 있는 무선의 특징, 언제든지 이용할 수 있는 온라인 서비스의 특징, 그리고 기존 및 새로운 금융 서비스의 특징이 결합된 것을 의미한다. 그 종류로는 기존 금융 업무의 모바일화로서 은행의 계좌 조회, 이체 등의 서비스 , 카드사의 휴대폰 고지서 발송 등의 서비스 등이 있고, 새로운 금융 서비스의 제공으로 모바일 지급 결제 서비스(m-payment), 모바일 포털 서비스 등이 있다.

국내의 모바일 금융 서비스는 금융 거래(transaction)보다는 금융 정보 제공에 중점을 두고 있다. 휴대폰 결제 서비스가 활성화되고 있으나 거래 규모는 아직 소액 단위에 머물고 있으며, 모바일 뱅킹은 계좌 조회 서비스 중심으로 진행되고 있다. 주식 거래의 경우 즉시성을 요하는 서비스의 특성상 국내에서 상대적으로 활성화되고 있다. 특히 모바일 뱅킹 분야를 중

심으로 한 금융 분야는 모바일을 통한 상거래의 핵심 동인이므로 간관해서
는 안 될 중요한 분야의 하나로 여겨지고 있다.

다) 모바일 게임

근래에 들어 기존 PC 게임, 온라인 게임, 아케이드 게임 등의 게임 업체
들이 모바일 게임 시장에 진입을 하고 있다. 이 부분은 기존의 시장에 나
온 PC 게임, 온라인 게임, 아케이드게임 등을 유선 게임에서 바로 모바일
게임으로 전환하여 따로 홍보나 마케팅이 없이도 충분히 시장 진입이 용이
하며 기존 사용자들을 끌어들일 수 있는 장점이 있기 때문에 이런 인프라
를 가지고 있지 않은 업체들은 유선 게임 업체들을 경계를 해야 한다.

현재 모비일 게임의 시장성이 아주 높게 평가되고 있지만 제한된 전송
속도 그리고 아직까지 부담스러운 통신 요금 그리고 이동 통신 인프라 시
스템의 성능, 업체 수 증가에 따른 콘텐츠의 질 저하(질 저하란 단기간에
서비스하기 위해 기존 게임들을 모방하여 만들기 때문), 모바일 게임의 서
비스의 질 그리고 통일되지 않은 플랫폼 등 여러 걸림돌이 있지만 조만간
이동 통신과 휴대폰 개발 업체들의 모바일 게임 표준이 완성된다면 현재
국내에서 알고 있는 모바일 게임들의 문제들을 풀 수 있으리라 생각한다.

국내 모바일 게임 시장 규모는 이미 2002년에 1000억 원대를 돌파하였
고 이 해를 기점으로 버추얼 머신(VM) 기반 다운로드 방식 게임 출시작
이 WAP(Wireless Application Protocol) 기반 브라우저 방식 게임을 2배
이상 앞지르는 한편 대전 네트워크 플레이 모바일 게임도 대거 쏟아지는
등 모바일 게임 시장의 패러다임 변화가 급류를 탈 것으로 예상된다. 이러
한 성장세를 감안하면 2006년에는 4,138억 원의 매출 규모를 올릴 것으로
기대되고 있다(박동욱 등, 2005). 미국의 경우도 2004년 93%, 2005년
106.9%의 연평균 성장률을 기록하며 2006년에는 7억 달러 정도의 시장을
형성할 것으로 예상되고 있는데(전자신문, 2005. 9. 23.) 게임을 중심으로
한 콘텐츠 시장의 전 세계적 확산을 쉽게 점쳐 볼 수 있다.

라) 모바일 방송

LG텔레콤이 1999년 7월에 시작한 모바일 방송 서비스는 LG텔레콤에 이어 SK텔레콤이 2002년 3월, KTF가 2002년 10월에 서비스를 돌입하는 것으로 경쟁 시대를 맞았다. 지금까지 3G 시대의 킬러 콘텐츠로 소개한 모바일 게임, 위치 기반 서비스, MMS 등은 이미 2G나 2.5G 시대에도 부분적 혹은 제한적으로 제공되어 왔다. 모바일 방송의 경우 사실상 3G 이전의 시대에는 제공 불가능하다는 측면에서 3G 시대의 진정한 킬러 콘텐츠로 꼽히고 있다.

모바일 방송은 공중파, 케이블 TV, 인터넷 방송 등의 방송 콘텐츠를 모바일 서비스용으로 포매팅하거나 모바일 방송만을 위한 콘텐츠를 무선 네트워크와 모바일 단말기를 통해 제공하는 것이다. 즉 기존에 TV나 PC(유선 인터넷)를 통해 볼 수 있었던 드라마, 뉴스, 영화 등을 핸드폰과 같은 모바일 단말기를 통해 제공하는 것이다.

모바일 방송을 제공하는 곳은 현재 우리나라가 유일하다고 할 정도로 모바일 방송 관련 솔루션이나 콘텐츠 측면에서 국내 모바일 방송 산업은 국제적 경쟁력을 지니고 있는 것으로 평가되고 있다. 현재 모바일 방송 서비스의 사실상의 표준(de facto standard)으로 인정받고 있는 CBS(Cell Broadcasting System) 기술도 유럽의 GSM 통신망권에서 처음 소개되었지만 상업화된 곳은 우리나라가 최초이다.

뿐만 아니라 그동안 위성 DMB(S-DMB) 서비스 개시 이후 2005년 12월 1일 지상파 DMB(T-DMB)가 본방송을 시작함으로써 중요한 비즈니스의 원천으로 작용할 수 있게 되었다. 유료로 서비스를 하고 있는 S-DMB의 경우 이동 통신사의 새로운 수익원으로 기대되고 있지만 다양한 콘텐츠의 부재 등으로 지속적인 성장을 낙관하기는 아직 어려운 실정이다. 이런 가운데 무료로 제공되는 T-DMB가 공동 개국을 해 사용자인 시청자 측면에서는 비용의 이점을 얻을 수 있게 되었다. T-DMB의 수익 모델은 현재로선 광고 매출이다. 하지만 사업자들은 이동 통신사의 유통망 참여에 따른 보상 차원의 다양한 유료형 부가 서비스 개발과 수입원 다변화가 필요하다고 요구하고 있는 실정이다. T-DMB의 광고를 대행하는 한국 방송 광고 공사(KOBACO)가 2006년 3월부터 유료 광고를 집행할 예정이지만 휴대폰 보급 저조, 광고 시청률 미미 등이 신속히 해결되지 않으면 상업적으로 성공을 장담하기는 어려운 상황이다. 기타 이동 통신 사업자, 방송국, 단말기 제조업자 등 여러 이해 당사자의 입장과 정부 당국의 정책 결정에 따라 다양한 변수가 작용될 수 있을 것으로 보인다.

마) 벨소리/멜로디 다운로드

벨소리 혹은 멜로디 다운로드 서비스로 통하는 이 콘텐츠는 절정의 인기를 누리고 있는데 16화음 휴대폰이 보급되면서 기반을 확실히 다지기 시작한 이후 한 번도 실패하지 않고 SMS와 더불어 승승장구를 하고 있다고 볼 수 있다. 이러한 서비스는 지속적으로 휴대폰 기기가 발달하면서 그 형태도 바뀔 것으로 보인다.

디지털 음원 분야에서 2004년 '벨소리 및 통화 연결음' 시장만 1,840억 원 규모에 달했고 온라인 스트리밍·다운로드 분야에서는 173억 원의 매출을 올린 것으로 나타났다(2005 음악 산업 백서, 2005). 이동 통신사들의 음원 서비스는 불법 공유가 불가능하다는 특징으로 급성장했으나, 온라인 스트리밍 및 다운로드 서비스 시장은 불법 사이트들로 인해 상대적으로 더딘 성장을 보이고 있다. 이러한 벨소리 업체들의 또 한 가지 양상은 정통 벨소리 콘텐츠만을 고집하기보다는 동종 계열이라고 불리는 채팅/미팅 등 각종 다양한 콘텐츠 시장으로 진출하고 있는데 이것이 자연스럽다고 볼 수 있으나 어느 측면으로는 그 업자의 한계에 다다른 것으로 추정되기도 한다.

이러한 벨소리/멜로디 시장의 성장을 방해하는 요인으로는 휴대폰 제조사의 마케팅 전략과 벨소리가 지니고 있는 원천적인 영향도 무시할 수 없다. 최근 휴대폰을 구입한 사람은 알 수 있겠지만 마음에 드는 다양한 벨소리가 휴대폰에 다수 내장돼 있다. 음질도 좋고 선택의 폭도 넓다. 휴대폰을 구입하고 평균 2년을 사용한다고 가정했을 때 최신곡의 벨소리로 지정하고 싶을 때 다운로드 서비스를 이용할 수 있겠지만 과다하지 않을 경우에는 충분히 내장된 것으로도 독특한 벨소리를 즐길 수 있다. 이것이 벨소리 시장의 성장에 영향을 미치고 있다. 또한 벨소리 서비스의 원천적인 문제도 시장의 성장에 장애가 되고 있다. 휴대폰 벨소리 서비스는 한 번 다운로드 받으면 PC나 단말기에 저장을 시켰다가 언제든지 다시 사용할 수 있다. 또한 기기 중에 적외선을 이용한 벨소리 전송이 가능한 것도 또한 벨소리 시장의 성장에 영향을 미치는 사항이라고 할 수 있다.

바) 캐릭터 다운로드

캐릭터 다운로드 시장은 2002년 국내 캐릭터 다운로드 서비스 시장은 1,100억 원에 달했고 2004년에는 3200억 원의 시장이 될 것으로 예상되었다. 그러나 실제적으로 아직까지도 벨소리/멜로디 열풍보다는 그 열기가 찾기 힘들다고 보이고 있다.

이러한 캐릭터 사업의 성장이 꺾인 이유는 카메라 폰의 점유율이 높아진 영향이 크다고 볼 수 있다. 자신이 원하는 장면을 찍어 배경 화면으로 설정하는 비율이 높아 캐릭터 다운로드의 필요성을 상쇄시킨다고 판단되는 것이다. 카메라 폰의 점유 비율이 2005년 40%, 2006년 53%, 2007년 61%에 달할 것으로 예상되고 있어(전자신문, 2004. 12. 22.) 캐릭터 시장의 존재는 앞으로 더 많이 위협을 받을 것이다.

사) LBS

LBS(Location-Based Service)란 기술 GIS, GPS를 포함해서, 특정 플랫폼을 통해 위치 관련 정보를 제공해 주는 모든 기술을 망라하는 위치 기반 서비스를 이루는 핵심 기술로 정의되는데 무선 단말기를 통해 사용자의 위치를 찾는 것이 GPS이고, 사용자 주변의 정보를 찾도록 도와주는 것이

GIS라면 사용자 주변 정보를 기준으로 실질적인 서비스를 제공하는 것이 LBS이다. 이러한 위치 기반 서비스 기술은 위치 추적 기술(LDT), 위치 기반 애플리케이션 플랫폼(LAP), 애플리케이션 등이 주요 구성 요소이다.

소프트뱅크 리서치에 따르면, 오는 2006년까지 국내 위치 기반 서비스 이용자는 매년 380만 명씩 증가해 전체 이동 통신 가입자의 46%인 1,900만 명에 다다를 것으로 예측되며 노키아의 예측 자료에서는 2010년경에 통신 요금에서 위치 기반 서비스 관련 요금이 22%를 차지할 것으로 예상하고 있다.

LBS 응용 서비스는 크게 공공 안전 서비스(Public Safety Services)와 위치 기반 과금(Location Based Charging), 추적 서비스(Tracking Service), 확장 통화 라우팅으로 구분된다. 더 세부적으로는 공공 안전 서비스, 응급 서비스와 응급 경계 서비스, 위치 기반 과금은 가입자들의 위치나 지리적인 영역의 변동에 따라 차등된 비율로 과금을 적용하는 것을 의미하는 것을 말하며, 추적 서비스는 차량 및 자산 관리 서비스, 교통 감시 등의 서비스를 제공한다.

이런 LBS는 그 특성상 개인의 프라이버시를 침해할 수 있는 위험성을 가지고 있어서 개인 정보에 대한 규정 등 각종 법제들을 정비해 나가고 있는 실정이며 모바일 비즈니스 시대에 중요한 서비스 요소로 자리 잡을 것으로 예상된다.

(2) 부가 서비스

광고, 마케팅 혹은 콘텐츠 제공과 검색과 같은 기본적인 거래나 서비스를 지원해 주는 정보와 서비스를 이야기하는데 이는 기본 서비스의 활용의 용이성을 도모함으로 인하여 고객들이 더 많이 서비스를 이용하게 하는 것과 부가적으로 이를 이용한 수익을 내는 사업을 말한다.

가) 모바일 광고와 마케팅

많은 기업들은 인터넷 광고의 효과에 많은 의문점을 제시하고 있고 타깃 광고를 한다 하더라도 그 효용성에 대해 비관적인 태도를 보이고 있다. 이러한 상황은 기업으로 하여금 새로운 마케팅 채널을 요구하게 되었고 경제생활을 하는 거의 대부분의 인구가 가지고 있는 무선 단말기로 눈길을 돌리는 것은 당연한 것이다. 극히 개인적인 이 기기에 기업은 다양한 그리고 차별화된 마케팅을 제공할 수 있을 것으로 기대하고 있다.

각기 저명한 조사 기관들이 내놓는 보고서를 보면 앞으로 4~5년 후에 무선 광고와 모바일 비즈니스가 커다란 산업으로 자리 매김할 것이라는 의견에 일치한다는 것을 알 수 있다.

모바일 마케팅과 기존의 다양한 미디어들을 통한 마케팅과의 차이점은 여러 가지가 있겠지만, 이러한 차이점은 모두 무선 인터넷만의 고유한 특징들로부터 기인한 것이라 할 수 있다. 몇 가지를 살펴보면 다음과 같다.

- 무선 단말기와 네트워크상의 기술적 제한: PC를 통한 인터넷 접근과는 달리 작은 디스플레이 화면, 소량의 배터리, 작은 키패드(keypad) 등의 단말기 인터페이스 자체에 많은 불편함이 존재한다. 또한 무선 인터넷의 기반인 무선망의 대역폭도 매우 제한되어 있어서 고속의 데이터 전송과 멀티미디어 정보의 전달 등은 무리가 있다.

- 생활필수품으로 휴대전화의 대중화: 휴대전화는 생활필수품으로 자리 잡았다고 할 수 있을 정도로 거의 항상 우리 주변에 존재한다. 거의 하루 종일 업무 또는 사적인 용도로 휴대폰이 이용되고 있으며, 시간이 갈수록 더욱 개인의 생활 속으로 깊숙하게 파고들 것이다. 이러한 휴대폰의 대중화는 기존의 대중 매체나 유선 인터넷에 비해 무선 인터넷은 항상 생활 주변에 존재하는 미디어라는 강점을 가지게 한다. 이는 마케팅을 수행하는 마케팅 담당자 입장의 경우 대단히 매력적인 요소이다.

- 상세한 개인 정보 획득의 용이성: 무선 인터넷은 마케팅을 수행하는 공급자에게 광고를 보게 될 개인에 대한 자세한 정보를 제공할 수 있다. 즉 언제 어디에서 누가 광고를 보게 될 것인가에 대한 자세한 정보를 얻을 수 있게 된다. 이동 통신사의 경우나 WAP 서비스 제공자들의 경우 특정 WAP 페이지를 접속하는 사용자의 휴대폰 번호를 파악할 수도 있다고 한다. 이러한 문제는 개인의 사생활 침해와 민감하게 관련되어 있으므로 일부 사용자들은 자신의 휴대폰 번호를 서비스 제공자들에게 제공할 것인가에 대해 선택할 수 있는 권한이 있어야 한다고 주장하고 있다. 이렇듯 개인 정보를 제공함으로써 개인은 자신의 관심 분야에 적절한 광고를 선별적으로 받을 수 있을 것이다.

마케팅의 관점에서 유선 인터넷에 비해 무선 인터넷이 제공하는 중요한 특징은 사용자의 인화된 성향에 따른 고도화된 맞춤 서비스가 가능하다는 것이다. 기존의 광고는 사용자가 수동적인 입장에서 다양한 종류의 광고를 받아들이는 방식으로 이루어졌다.

오늘날의 소비자들은 광고를 평범한 대중 매체 경험으로 인식하므로 광고 자체에 대해 특별한 감흥을 느끼지 않는다. 기존의 인터넷 배너 광고 또한 이러한 대중의 감각에서 크게 벗어나지 않는다. 무선 인터넷을 통한 광고가 단순히 유선 인터넷 배너 광고와 같이 웹 사이트의 수익원을 넘어서 마케팅 수단으로서 효과를 발휘하기 위해서는 광고 방식에 있어서 인식 전환이 요구된다. 무선 인터넷 광고는 간결하고, 개인화된 방식으로 이루어져서 소비자가 가치를 느낄 수 있어야 할 것이다. 소비자는 광고의 종류, 시간, 횟수 등의 다양한 요소에 대해 통제할 수 있는 권한을 가질 수 있어야 할 것이다. 즉 광고의 수용에 있어서 사용자가 능동적으로 선택할 수 있어야 한다는 것이다. 그 특징을 다음과 같이 몇 가지로 요약할 수 있다.

- 신속하고 간결한 광고 메시지 전달
- 개인화 마케팅(personalized marketing)
- 광고 효과의 증대 가능

광고와 관련된 공급자와 소비자 간의 효율적 연결이 가능하다면 모바일 마케팅의 광고 효과는 사용자가 짧은 시간 동안 집중할 수 있다는 측면에서 기존의 대중 매체 광고에 비해 우월하리라 생각된다. 이러한 장점을 가지고 있는 모바일 마케팅을 효율적으로 활용하려면 다음의 6가지 요소들을 미리 고려해야 한다.

- 타기팅(Targeting): 모바일 캠페인은 반드시 타기팅이 우선되어야 한다. 사람들은 모바일 폰을 하나의 개인 액세서리로 보고 있다. 그래서 고객의 취향과 특성을 반영한 모바일 마케팅이 선행되어야 한다.
- 퍼미션(Permission): 퍼미션 기반 마케팅은 모바일 기기가 진정한 마케팅 채널로 거듭나게 하는 필수적인 요소이다. 국내 모바일 광고는 고객의 퍼미션 없이 무차별적으로 메시지를 발송하는 바람에 시장이 형성되기도 전에 고객들로부터 외면 받고 있다.
- 부가 가치(Value added): 모바일 메시지가 단순히 정보의 전달뿐만이 아니라 포인트 부여와 같은 보상(reward) 프로그램을 운영하고 또한 정보뿐 아니라 재미(entertainment)라는 부가 가치를 전달해야 한다. 현재처럼 단순히 밋밋한 텍스트만 전달하는 국내의 모바일 광고는 재미와 정보를 전달하는 모바일 광고의 특성을 전혀 살리지 못하고 있다.
- 인터랙티브(Interactive): 모바일 마케팅의 콜백 서비스는 고객과의 관계를 이어주는 쌍방향(two-way) 마케팅 채널이다. 인터랙티브 하지 못하다면 모바일 마케팅이 아니라고 말할 수 있듯이 모바일 마케팅의 인터랙티브 기능은 리서치, 프로모션 등의 분야에서 다른 미디어 매체가 따라올 수 없는 장점을 가지고 있다.

- 간소함(Simple): 모바일 마케팅은 무엇보다 간단해야 한다. 만약 모바일 광고를 처음 접하는 고객이 응답이나 사용에 불편함을 느낀다면, 다시는 모바일 광고에 흥미를 갖지 않을 것이다. 텍스트 메시지가 스크롤이 필요할 정도로 길거나 도대체 무슨 내용인지 알 수 없을 정도로 난해하다면 치명적이다.
- 측정(Measurements): 모바일 마케팅 캠페인은 그 어떤 미디어 매체보다도 빨리 그 성과를 알 수 있어야 한다. 모바일 광고를 집행하면 발송 고객 중 몇 명이 메시지를 열어봤고, 그중 몇 명이 실제 액션에 들어갔는지가 정확하게 집계돼야 광고주 입장에서는 타 매체에 비해 단가가 비싼 모바일 광고를 실시한 보람이 있을 것이다.

모바일 광고는 모바일 인터넷의 본격적인 활성화와 함께 다양한 모바일 핵심 솔루션의 발전을 유도할 것으로 전망된다. 상품 광고를 통해 구매까지 연계되는 모바일 상거래 솔루션, 개인 정보를 조회하고 보안성을 제공하는 보안 솔루션(WPKI), 고객의 정보를 관리하고 성향을 분석하는 m-CRM 솔루션, 위치 정보와 지도 정보를 효율적으로 운용하는 GPS 솔루션, 그리고 다양한 콘텐츠를 사용자에게 실시간 전달하는 푸시 솔루션(CPM) 등 관련 모바일 핵심 기술의 빠른 도입이 필요하다. 또한 단체와 협회를 중심으로 모바일 광고 표준을 완성하고 이동 통신사와 미디어랩들이 부단히 광고주를 확보하고 고객에게 어떤 혜택을 줄 것인지를 끊임없이 고민하고 준비해야 할 것이다. 사용자 입장에서도 양질의 무선 인터넷 서비스를 저렴하게 이용하기 위해서는 모바일 마케팅에 대한 선별적이고 적극적인 수용이 필요할 것이라 생각한다. 향후 모바일 마케팅을 통해서 광고주와 사용자가 서로 만족할 수 있는 결과를 도출하기 위한 지속적인 연구와 노력이 요구될 것이다.

나) 모바일 검색

모바일 검색이란 모바일 환경에서 다양한 웹 콘텐츠와 서비스에 접속할 수 있는 진입 포인트를 제공하는 것으로서 모바일로의 확장을 통해 새로운 제품/서비스 개발 및 제공이 가능해 지고 있다. 커뮤니케이션, 정보, 콘텐츠, 커뮤니티, 커머스 등 각종 모바일로 이루어지는 모든 사항들을 이용하기 편리하도록 고안되었다.

(3) 거래 지원 서비스

가) 소액 결제

소액 결제(micropayment)는 정해진 한도 내에서 온라인 콘텐츠를 결재하는 지불 방식으로 비교적 소액권(사용 한도 6만 원) 이하의 결제 방식이며 일명 "휴대폰 결제 방식"이라고도 불린다. 사용 요금 결제는 휴대전화 번호를 입력해 문자로 승인을 받은 다음 승인 번호를 입력하는 식으로 진행되기 때문에 휴대전화 사용료와 동일한 개념으로 처리된다. 이는 지금까지 벨소리 시장 및 모바일 게임 시장 등 관련 분야에서도 그 중요성이 이 인식되고 있기 때문에 소위 토털 무선 인터넷 서비스로 급부상했다는 평가를 받는다.

소액 결제는 한때 성인 콘텐츠의 결제 수단으로 악용된다는 비판도 받았지만 최근 영화 등 인터넷 토털 사이트에는 '사이버 머니'가 필수로 등장했고 사이버 머니의 구매는 대부분 소액 결제를 요구하고 있어 확실한 자리를 잡았다.

여기에 쓰이는 모바일 결제 기술은 온라인과 오프라인에서 이루어지는 서비스와 재화 구매 시 이동 통신 기기를 이용하여 대금을 지불하는 결제 서비스로 정의되는데 도입 초기에 불과하나 무선 전자 상거래의 확산 및 서비스의 안정성과 편리성을 보장하는 새로운 기술의 발전으로 향후 수요는 더욱 늘어날 것으로 예측되며 이동 통신 서비스 사업자의 금융 사업 진출을 가능하게 함으로써 기존 금융 사업자와의 경쟁 관계를 형성한다.

이러한 모바일 결제 기술은 스마트카드를 활용한 카드 기반 방식과 무선망을 통한 비카드 기반 방식으로 나뉘는데 기존에는 결제 대금이 이동 통신 단말기 청구서에 합산해서 과금되는 소액 결제 및 모바일 뱅킹 등 비카드 기반 방식이 주류를 이루었다. 하지만, 최근에는 SIM 카드와 스마트카드를 결합한 새로운 형태의 이동 통신 단말기가 등장하면서 카드 기반 결제 서비스가 시범적으로 제공되고 있고 SIM 카드와 스마트카드는 독립적으로 또는 함께 공용되어 왔으나 결합형 SIM 카드 형식으로 통합되는 추세이다.

이렇게 결제되는 금액은 휴대전화 통합 과금 방식과 모바일 지갑 방식으로 처리되는데 휴대폰 통합 과금 방식은 구매 대금을 익월 이동 통신 요금 청구서에 통신 요금과 통합 부과하여, 결제하는 후불 결제 방식으로서 이동 통신 사업자는 기존의 빌링 시스템으로 휴대폰 결제 서비스의 과금 및 요금 회수 대행 서비스 제공을 통해 콘텐츠 제공 업체(CP)나 판매 업체로부터 수수료를 징수할 수 있다. 따라서 소비자는 후불 결제 방식을 택함으로써 선불에 대한 부담감을 줄일 수 있는 장점을 가지고 있다. 이와 달리 모바일 지갑 방식은 은행이나 신용카드사 서버에 카드 회원의 정보를 입력해 두고 가입자가 이동 통신 단말기로 서버에 접속해 결제하는 방식으로서 소비자는 미리 지정된 자신의 은행 계좌에 일정 금액을 선불로 입금하거나 신용카드를 발급받아야 한다.

국내 모바일 결제 시장은 2001년 930억 원에서 2002년 2,700억 원, 2003년 4,700억 원, 2004년 6,300억 원으로 성장했고 2005년에는 약 10,000억 원이 될 것으로 전망되고 있다(전자신문, 2005. 10. 17.).

나) 모바일 보안

일반적으로 인터넷에서의 보안 기술은 네트워크상의 도청, 메시지 변조,

신분 위장 등의 공격에 대해 비밀성, 사용자 인증, 무결성, 부인 방지 등의 정보 보호 서비스를 제공한다. 무선 보안 기술은 현재 무선 인터넷에 집중되어 개발이 진행되고 있으며 최근 기타 무선 전송 방식에서 보안 기술의 개발이 보고되고 있다(권지인, 2004).

특히 휴대전화를 중심으로 한 무선 환경에서는 단말기 자체에 대한 보안과 통신망 전반에 대한 보안이 이루어 져야 하며 무선 인터넷의 활성화를 통한 모바일 비즈니스 시장의 확산을 위해서도 적절하게 통제, 관리되어야 하는 분야이다.

(4) 기업 경영 혁신 지원

가) 모바일 정부

전자 정부의 구현을 어느 나라 정부보다 적극적으로 진행하고 있는 것으로 평가되는 우리나라의 경우 행정 자치부가 "u-정부(u-Gov)" 프로젝트를 추진 중에 있다. 이는 주로 웹을 통해 진행되는 전자 정부 서비스를 휴대 단말기와 디지털 TV로 활용할 수 있도록 하는 것인데 각각 "m-정부"와 "t-정부"로 불리고 있다. 국가적인 사업인 만큼 사업 자체가 주는 경제 효과가 크겠지만 정보 접근성의 강화와 행정 서비스의 개선 등 일반 사용자인 국민의 생활에도 막대한 영향을 끼칠 것으로 보인다.

여기에서도 알 수 있듯이 우리나라 정부에서는 "모바일(m-)"보다는 "유비쿼터스(u-)"를 정보 통신 정책의 중요한 키워드로 정한 것으로 생각된다. 정보 통신부 홈페이지(http://www.mic.go.kr)만 보더라도 'u-국민 참여', 'u-브리핑' 등 모든 메뉴 이름에 'u-'가 붙어 있다. 산업 자원부는 2004년 중순부터 국장급 이상 간부들에게 PDA를 지급하여 EIS(중역 정보 시스템)에 접속할 수 있도록 하고 있다.

나) 모바일 SI

모바일에 대한 관심이 기업들에게 폭넓게 자리 잡아 가면서 이미 모바일 시스템을 구축한 기업들의 효과가 점차 검증 단계로 진입, 성공 사례가 하나 둘 나오면서 기존 비즈니스 시스템과 모바일을 결합하려는 수요가 점점 증가하고 있다. 삼성SDS, LG CNS, SK C&C, 대우정보시스템, 현대정보기술 등 대형 SI 업체들을 비롯해 대다수의 중견, 중소 SI 업체들이 다양한 분야에서 모바일 시장 창출을 위한 움직임을 보여 있다. 여기에 이동통신 사업자들도 ASP 사업 확대를 통해 직간접적인 모바일 SI 시장 참여 움직임을 활발하게 하고 있다.

일반적으로 모바일 SI는 기존 기업의 기간 업무 시스템과 모바일 시스템을 통합힌다는 의미로 통한다. 즉 기존 유선에서 사용되던 그룹웨어나 ERP, CRM, SCM, KMS 등 기업의 기간 업무 시스템을 모바일 디바이스를 통해 언제 어디서나 사용할 수 있도록 시스템을 통합하고 확장하는 작업이다. 이렇듯 모바일 SI는 기존 레거시 시스템과 모바일 시스템의 통합은 물론 기존 시스템의 데이터나 플랫폼 등을 모바일 시스템에 맞추고 연동시킬 수 있어야 하기 때문에 모든 시스템에 대한 이해와 구축 경험을 비롯해 관련 툴이나 솔루션을 확보하고 있어야 한다. 따라서 모바일 SI 사업에는 시스템 구축에 풍부한 경험을 갖고 있는 기존 SI 업체와 모바일 SI 전문 업체, 그리고 모바일 솔루션 업체 등이 경쟁을 벌이고 있다.

이러한 모바일 도입은 기업의 입장에서 크게 모바일 그룹웨어 시스템, 모바일 영업 자동화 시스템, 모바일 현장 지원 시스템으로 볼 수 있다.

모바일 그룹웨어 시스템의 목적은 기업 내부의 다양한 정보를 포괄하는 지식 관리 시스템을 직원들이 활용할 수 있도록 지원하는 것이다. 특히 일반 그룹웨어의 경우의 경우 사내 전산망에 접근할 수 있는 직원(유선 인터넷에 접속해 있는 직원)만이 대상이었다면, 모바일 그룹웨어는 그 범주를 이동 중인 직원까지 확대한 것이 다를 뿐이다. 이러한 모바일 그룹웨어의 도입 효과는 기업 업무 프로세스의 향상으로 이어진다. 또한 무형 이익 측면에서 회사 밖이 모바일 직원에게도 그들이 항상 회사와 연결되어 있다는 일체감을 주어 사기 진작 효과마저 기대할 수 있다. 모바일 영업 자동화 시스템은 최근 기업의 모바일 도입이 늘어가면서 가장 주목받는 분야 중 하나이다. 영업 사원이 단순히 고객을 찾아가 제품을 알리는 수준을 넘어 시장을 파악하는 탐색자의 역할까지 하게 되는데 이는 고객이 기대를 고객 접점 단계에서 파악, 부응하면서 동시에 기업이 추구하는 이익 목표를 지원하기 때문이다. 모바일 현장 지원 시스템은 현장에서의 업무 처리 구조 자체를 개선할 수 있는 솔루션을 의미한다. 기존 시스템의 경우 현장에 위치한 작업 감독자, A/S직원, 모니터 요원들의 업무 형태를 보면, 작업 지시를 받거나 업무 처리 결과를 보고하는 경우, 또는 매뉴얼이나 기타 관련 정보를 참조해야 할 필요가 있을 때 이들은 미리 이 자료를 지니고 있거나 종이에 적어 다시 수작업으로 입력해야만 했다. 하지만 모바일 현장 지원 시스템을 도입하면 현장 직원은 모바일 기기를 통해 적시에 작업 지시를 받고, 업무 처리 결과를 보고하며 현장에 없는 정보라도 네트워크에 접속해 정보를 취득해 상황에 훨씬 능동적으로 대처할 수 있다. 만약 이동 통신망이 단속적으로 연결된다고 해도 모바일 기기와 서버와의 동기화를 통해 통신망이 지원되지 않는 상황에서는 오프라인 환경에서 업무를 수행하고, 네트워크가 연결될 때 업무 처리 결과를 공유할 수 있다. 이는 업무의 효율성을 높임과 동시에 비용 절감 효과로 이어진다.

산업 자원부의 "모바일 비즈니스 연계 IT화 사업"을 지원받은 중소기업들의 경우 모바일 비즈니스 시스템 채택 후 업무 효율성이 높아진 것으로 조사되었고 향후 개선 가능성도 긍정적으로 보고되기도 하였다(전자신문, 2004. 5. 10.)

제3절 모바일 비즈니스 현황과 전망

영국의 통신 관련 컨설팅 업체인 ARC Group은 세계의 무선 인터넷 이용자 수는 2000년 1.8억 명에서 2005년에는 11.8억 명으로 증가할 것이라고 예측하였다. 이는 휴대전화, PDA 등 이동 통신 기기는 현재까지의 폭발적인 이용자 수 증대를 이어가, 향후에는 인터넷 서비스도 이동 통신을 이용하는 경향이 높아질 것이라는 전망이 강하기 때문인데 이에 대해서 ARC Group은 2005년까지 서유럽, 일본, 미국의 모바일 인터넷 이용자 비율은 각각 91%, 90%, 83%에 도달할 것으로 전망하고 있다.

아시아/태평양 지역(일본 제외)도 이용률이 2000년 1%에서 2005년 8%로 향상될 전망이어서 이 지역 시장의 성장 가능성이 높은 것으로 평가되고 있다. 세계 모바일 비즈니스의 시장 규모에 대한 전망은 조사 기관별로 큰 차이를 보이고 있으며, 이는 모바일 비즈니스의 범주에 대한 차이에 기인한다.

각 조사 기관별로 알아보면 주피터 리서치(Jupiter Research)는 2005년 세계 모바일 비즈니스 시장이 222억 달러에 달할 것으로 전망하고 있고, 정보 기술 컨설팅 업체인 Ovum은 B2B 부문의 상품 및 서비스 구매, 유료 콘텐츠 서비스 등을 포함시켜 모바일 비즈니스 시장 규모를 더욱 크게 전망하고 있으며, 2005년에 2,107억 달러에 달할 것으로 전망한다. Ovum은 모바일 인터넷의 시장 확장, 3G 도입 등을 기반으로 모바일 서비스 시장의 성장이 지속될 것으로 보고 있다. 한편 Frost & Sullivan은 2005년 모바일 비즈니스 시장 규모가 451억 달러에 달할 것으로 전망하고 있다.

한편 우리나라에서 나타난 이동 통신 서비스의 급속한 확대는 사회 및 경제적인 측면에서 큰 변화를 가져왔다. 90년대 이후 나타난 한국의 이동 통신 서비스는 사업 방식, 생활양식 등에 중요한 변화를 가져왔으며, 인터넷 이용자 수 급증, 네트워크 기반 구축, 전자 상거래 시장 규모 확대 등을 통해 한국의 인터넷 산업은 세계 시장의 주목을 받고 있는 상태이다.

그러나 이동 전화 시장이 포화 상태에 이르고 있어, 새로운 서비스 창출을 통한 수익 제고를 모색하고 있다. 2002년 3월 현재 이동전화 가입자 수는 3,030만 5,069명에 달하고 있으며, 2000년까지는 두 자리 수 증가율을 유지했으나, 2001년에 8.3% 증가에 그치는 등 이후 증가세가 둔화되고 있다. 그러나 최근 무선 인터넷 이용자 수가 급증함으로써 새로운 수익원으로 기대되고 있다. 국내 모바일 비즈니스 시장 규모는 기관별로 약간의 차이는 있지만, 향후 3~4년 내에 4조 원을 넘어설 것으로 전망되고 있다.

국내 이동 통신사를 중심으로 한 휴대전화와 관련한 모바일 비즈니스는 DMB와 3세대 이동 통신(WCDMA) 등 차세대 융합 서비스와 결합되면서 빠르게 성장할 것으로 보인다. SK텔레콤은 2005년 모바일 비즈니스 부문 매출이 전년 322억 원보다 74% 급증한 559억 원에 이를 것으로 보고 있다. 특히 티켓·음반·의류 잡화 등의 품목을 중심으로 모바일 쇼핑 실적이 크게 성장하고 있다. 2004년 16억 원에 불과했던 모바일 쇼핑은 2005년 10월 말 현재 121억 원을 넘어섰다. 당초 78억 원의 매출을 예상했지만 이와 같은 추세라면 전년보다 약 12배 이상 급증한 205억 원에 이를 것으로 보인다. 이용 고객도 최근 들어 전체 1900여 만 가입자 가운데 400만 명에 육박하고 있으며, 고객당 평균 거래 규모도 7만 원선인 것으로 나타나고 있다. KTF는 지난 2002년부터 추진해 온 K머스 쇼핑 서비스를 확대, 개편해 나가면서 모바일 비즈니스 사업 육성에 적극 나서고 있다. 종전까지는 인터파크와 제휴를 맺고 유·무선 온라인 쇼핑을 전개해왔으나, 최근 모바일 시장 전망이 밝아지면서 휴대전화 쇼핑 사업에 집중하고 있다. KTF는 특히 도서·꽃·의료 등을 핵심 품목으로 선정하여, 전문업체들인 반디앤루니스·오케이플라워·프레이머 등과 제휴를 맺고 적립금·할인 등의 혜택을 내세워 시장 활성화에 나서고 있다. 이와 같은 이동 통신사 중심의 모바일 비즈니스는 DMB폰이 본격적으로 보급될 것으로 전망되는 2006년부터 더 활성화할 것으로 기대된다.

제4절 모바일 비즈니스의 주요 현안

한국 인터넷 진흥원의 발간한 "대한민국 모바일 연감 2005"에 따르면 2005년에 주요하게 떠오르는 모바일 이슈로 다음 15가지가 선정되었다.

<table>
<tr><td>1. 컨버전스 시대 본격화</td><td>2. DMB 시대 본격 개막</td></tr>
<tr><td>3. 휴대인터넷, 와이브로 상용화</td><td>4. WCDMA 대 와이브로</td></tr>
<tr><td>5. 디지털 홈 시대</td><td>6. 무선망 개방</td></tr>
<tr><td>7. 휴대폰의 변신과 진화</td><td>8. 이어지는 R&D 센터 설립</td></tr>
<tr><td>9. 윤곽 드러내는 RFID</td><td>10. 확산기에 들어서는 모바일 결제</td></tr>
<tr><td>11. M금융 시대 열린다</td><td>12. 텔레매틱스 시대 본격화</td></tr>
<tr><td>13. 심판대에 오른 위피(WIPI)</td><td>14. 컨버전스 시대의 규제 정책</td></tr>
<tr><td>15. LBS 시대 개막</td><td></td></tr>
</table>

이런 주요 이슈들을 크게 기술적 관점과 비즈니스적 관점으로 구분해 볼 수도 있겠고, 사회 간접 자본에 해당하는 하부 기반 구조나 플랫폼, 개인과 기업, 정부 차원의 응용 수준에서도 구분해 볼 수 있다. 아무튼 이런 이슈들에 주목해야 하는 이유는 이러한 요소들이 모바일 비즈니스의 존재 유무, 발전 여부를 결정짓는 중요한 변수로 작용하기 때문이다. 따라서 관련된 모든 개인과 조직은 이러한 이슈의 변화에 주목하고 이를 비즈니스 등 활동 전개의 가속 페달로 삼을 수 있어야 한다.

이 외에도 모바일 비즈니스는 기존의 전자 상거래와 e-비즈니스의 확장이므로 이들과 관련이 있는 모든 현안과 쟁점 사안들도 역시 해당이 된다. 하지만 모바일 비즈니스만이 가지고 있는 특수한 성격과 관심 사항들을 고려해 볼 때 주로 다음과 같은 요인들도 연관해서 주목해야 할 현안으로 생각해볼 수 있다.

- 정보 격차의 문제
- 정보 보호의 문제
- 콘텐츠의 생성, 유통, 활용의 문제
- 정부 규제 및 정책과 산업 활성화의 직계 문제
- 관련 참여자들의 이해관계 조정 문제

이와 같은 문제를 적절하게 고려하고 해결하는 것이 모바일 비즈니스 활성화의 주요 과제가 될 것으로 보인다. 또한 모바일 비즈니스가 활성화 되기 위해서는 기술 인프라 확충, 다양한 서비스 개발을 통한 비즈니스 모델 개발, 새로운 상거래에 따르는 제도와 법규의 확립이 이루어져야 한다.

제5절 향후 전망

휴대전화, PDA 등 휴대 단말기가 중심이 되는 모바일 비즈니스와 관련 해서 향후에는 무선 인터넷, 방송과 접목한 쇼핑 서비스뿐만 아니라 멀티 미디어 메시지 전송 및 영상 전화를 이용한 비즈니스 모델의 등장도 쉽게 예견해 볼 수 있다. 이와 함께 정부와 산업계를 중심으로 나타나고 있는 정보 통신 분야의 여러 기반 구축 사업을 통해 더더욱 모바일 비즈니스의 활성화를 긍정적으로 생각해 볼 수 있도록 하는 조건들은 많다.

모바일 비즈니스를 중심으로 향후 진행 방향을 보면 응용 분야와 솔루 션 중심의 접근 방법에서 상거래를 중심으로 하는 마케팅 전략과 비즈니스 모델, 수익 모델로 변화할 것이라는 점이다. 지금까지의 모바일 비즈니스의 접근 방법은 어떤 서비스를 제공하고 어떤 성공 사례가 나타날 수 있는지 를 실험하는 것이었다고 한다면, 이제 본격적인 모바일 비즈니스의 추진 과정에서 각 사업체의 실속 있는 비즈니스 모델과 수익 모델의 경쟁이 본격화할 것으로 전망된다.

시장 발전 주기 측면에서 살펴볼 때에도, 모바일 비즈니스는 아직도 시장 형성 단계에 있다. 아직까지 유선통신 네트워크 제공자, 이동 통신 단말기 제조업자는 서비스 제공을 위한 표준화한 완성된 기술을 제공하고 있지 못하며, 서비스 제공자들 역시 사용자에게 가장 적합한 서비스 프레임워크를 제공하고 있지 못하고 있는 것이 사실이다. 하지만 모바일 비즈니스가 향후 전자 상거래 및 e-비즈니스 시장에서 비중을 크게 높여 나갈 것이라는 믿음에 따라 많은 기술, 서비스 제공자들이 적극적으로 투자를 하고 있으며, 기존의 전자 상거래에 익숙한 일반 사용자들도 기대가 높아 모바일 비즈니스는 기술, 시장 측면에서 향후 급속도로 성장할 것으로 전망된다.

신기술의 급속한 등장, 기술 표준의 난립, 관련 기기 및 장비의 수명 주기 단축, 저작권 보호, 정보 침해의 위험 등 근본적으로 해결되어야 할 문제들이 없는 것은 아니지만, 응용 수준에서의 적절한 활용 방안의 제시, 관련 법규와 제도의 정비, 다각적인 사용자 지원, 모바일 비즈니스에 대한 사회 기술적 접근 등 다양한 보완책들이 정비되면서 유용한 서비스들이 지속적으로 개발, 보급된다면 모바일 비즈니스의 발전은 전반적인 경제, 사회, 문화 발전의 한 축으로 작용할 것이다.

제6절 유비쿼터스 컴퓨팅의 이해

1. 유비쿼터스의 등장 배경 및 개념

가) 컴퓨팅 패러다임과 유비쿼터스

정보 기술 발달에 따른 컴퓨팅 패러다임의 전환은 표 2-4에서처럼 전산화, 정보화, 지식화, 유비쿼터스화로 단계로 살펴볼 수 있다.

표 2-4. 컴퓨팅 패러다임의 변화

	전산화	정보화	지식화	유비쿼터스화
대상	수작업	정보 흐름	지식수준	사물
환경	폐쇄적	개방성	투명성	사람＋사물＋컴퓨터 통합
성과	인력 감축	정보 유통	지식 학습	공진화
경제 원리	전통적인 경제	네트워크 경제	지식 기반 경제	공간 간 시너지 경제
정책 공간	공공 부문	공공＋민간	공공＋민간＋국제	제3공간=가상＋물리 공간
목표	자동화	자유로운 정보 수발신	가치 창조	기능 최적화
도구	전산 기기(OA)	정보 시스템(MIS)	지식 관리 시스템(KMS)	유비쿼터스 컴퓨팅
정보 기반	메인 프레임	PC＋인터넷	PC＋유무선 인터넷	포스트PC＋모든 네트워크

전산화는 과거에 수작업으로 처리하던 각종 업무 처리 절차를 자동화하여 능률적으로 업무를 수행하는 데 목표를 둔 정보 기술의 초기 활용 단계다. 전산화는 주로 업무 자동화 대상으로 하기 때문에 다른 업무와의 연계성이 크게 떨어질 뿐만 아니라 기계적이다. 따라서 업무별 독립성이 강해 정보 시스템의 구성도 폐쇄적인 특성을 갖는다. 이에 따라 정보를 활용하는 사례가 드물고 다른 기관과의 정보 공유도 거의 불가능하다. 결국 전산화는 자유로운 정보 교류의 욕구를 만족시킬 수 없다는 근본적인 한계를 지니게 된다.

한편 정보화 단계는 컴퓨터, 정보, 사람을 연결시키는 데 대전환을 불러왔다. 인터넷을 통한 웹 서비스가 보편화되면서 사람들은 정보 서비스를 더 손쉽게 주고받을 수 있게 됐다. 기업과 정부도 네트워크로 연결된 정보 시스템을 활용해 조직 내부의 다양한 업무 처리를 좀 더 체계적으로 수행할 수 있게 됐다. 정보 기술의 활용은 실시간, 양 방향으로 이루어지는 정보의 생산, 전송, 이용 과정과 분산 개방형 네트워크들 간의 상호 접속과 운용을 통해 조직이 보유한 각종 정보 자원을 구성원들이 더 효율적으로 공유할 수 있도록 하는 데 초점을 두었다. 따라서 정보화 단계는 네트워크를 기반으로 컴퓨터 대 컴퓨터의 단계로 진입한 시기다.

지식화 단계는 조직이 보유한 지식 자산을 체계적으로 분류, 저장, 창조하는 일에서 출발한다. 이를 통해 조직 전체의 지식수준을 높이고 지식 관리 시스템(Knowledge Management System)상에서 모든 조직 구성원이 이를 공유하고, 조직 혁신과 문제 해결 능력을 높이는 것을 목표로 한다. 하지만 아무리 수많은 정보를 개인, 기업, 정부가 지식화한다고 해도 여전히 한계는 존재한다.

이 같은 한계를 극복하기 위한 새로운 패러다임인 유비쿼터스화 단계는 지식화 단계보다 훨씬 진보된 환경을 제공한다. 정보화와는 달리 유비쿼터스화는 정보 기술을 활용하는 목적이 가상공간이 아닌 물리 공간에 초점을 두고 있다. 정보화가 인류 문명의 기반인 물리 공간으로부터 이탈하려는 패러다임이라면 유비쿼터스화는 물리 공간으로 회귀하려는 패러다임이다. 또 정보화가 '거리(street)의 소멸'을 가져온 패러다임이라면 유비쿼터스화는 '거리의 지능적 부활'을 가져오기 위한 패러다임이다. 유비쿼터스화는 조용한 혁명이지만 그 파급 효과는 엄청난 충격과 놀라움으로 다가올 수 있다.

모든 곳에 존재한다(presence everywhere)라는 뜻의 라틴어인 *ubiquitas*에서 유래한 유비쿼터스(ubiquitous)는 어원 그대로 '어디에나 있는'이라는 뜻으로 사용된다. 이 말은 일반적으로 물, 공기처럼 도처에 편재해 있는 자연 자원이나 종교적으로는 신이 언제 어디서나 시공을 초월하여 존재한다는 것을 상징할 때 이용된다. 정보 통신 분야에서는 이 말을 '유비쿼터스 컴퓨팅'이나 '유비쿼터스 네트워크'처럼 유비쿼터스화되고 있는 새로운 정보 기술 환경 또는 정보 기술 패러다임의 의미로 이해되고 있다.

유비쿼터스란 용어를 처음으로 사용한 미국 제록스 팔로 알토 연구소(PARC: Palo Alto Research Center)의 와이저(Mark Weiser. 1952. 7. 23.-1999. 4. 27.)는 이를 '어디에서든지 컴퓨터에 접근이 가능한 세계(Computing access will be everywhere)'라고 정의했다.

1998년 제록스 PARC의 컴퓨터 과학 연구실에서 만들어 낸 유비쿼터스 컴퓨팅(ubiquitous computing)[3]의 개념을 그대로 보면 다음과 같다.[4]

- Ubiquitous Computing #1

Inspired by the social scientists, philosophers, and anthropologists at PARC, we have been trying to take a radical look at what computing and networking ought to be like. We believe that people live through their practices and tacit knowledge so that the most powerful things are those that are effectively invisible in use. This is a challenge that affects all of computer science. Our preliminary approach: Activate the world. Provide hundreds of wireless computing devices per person per office, of all scales (from 1" displays to wall sized). This has required new work in operating systems, user interfaces, networks, wireless, displays, and many other areas. We call our work "ubiquitous computing." This is different from PDA's, dynabooks, or information at your fingertips. It is invisible, everywhere computing that does not live on a personal device of any sort, but is in the woodwork everywhere.

- Ubiquitous Computing #2

For thirty years most interface design, and most computer design, has been headed down the path of the "dramatic" machine. Its highest ideal

---

3) 간단히 'ubicomp'라고도 한다.
4) http://www.ubiq.com/hypertext/weiser/UbiHome.html

is to make a computer so exciting, so wonderful, so interesting, that we never want to be without it. A less-traveled path I call the "invisible"; its highest ideal is to make a computer so imbedded, so fitting, so natural, that we use it without even thinking about it. (I have also called this notion "Ubiquitous Computing", and have placed its origins in post-modernism.) I believe that in the next twenty years the second path will come to dominate. But this will not be easy; very little of our current systems infrastructure will survive. We have been building versions of the infrastructure-to-come at PARC for the past four years, in the form of inch-, foot-, and yard-sized computers we call Tabs, Pads, and Boards. Our prototypes have sometimes succeeded, but more often failed to be invisible. From what we have learned, we are now exploring some new directions for ubicomp, including the famous "dangling string" display.

즉 유비쿼터스화의 의미는 우선 물리 공간에 존재하는 컵, 화분, 자동차, 벽, 교실이나 사람들이 지니고 다니는 옷, 안경, 신발, 시계 등의 사물들에 다양한 기능의 컴퓨터와 장치들이 심어지는 것이다. 나아가서는 이들은 보이지 않는 네트워크로 연결됨으로써 기능적·공간적으로 사람·컴퓨터·사물이 하나로 연결되고 이들 간에 정보가 자유롭게 흐를 수 있게 된다. 이것이 물리 공간과 가상공간이 연결된 제3의 공간이고 이를 가능케 해주는 기술적 개념이 바로 유비쿼터스 컴퓨팅이다.

유비쿼터스화는 유비쿼터스 컴퓨팅과 유비쿼터스 네트워크를 기반으로 물리 공간을 지능화함과 동시에 물리 공간에 펼쳐진 각종 사물들을 떨어져 있는 것이 아니라 네트워크로 연결시키려는 노력이라고 말할 수 있다. 인터넷이 여기 저기 떨어져 있던 컴퓨터를 연결시켰다면 유비쿼터스화는 환경 속에 떨어져 존재하는 도로·다리·터널 등과 같은 물리적 사물들을 연결하는 것이다. 따라서 유비쿼터스화는 사물들의 인터넷화를 지향한다. 결국 유비쿼터스화란 사람, 컴퓨터, 사물들을 네트워크로 연결하고 3차원으로 정보를 수신, 발신하게 되는 컴퓨팅의 발전 단계를 의미한다.

나) 유비쿼터스 컴퓨팅과 제3공간

인터넷과 같은 가상공간(cyberspace)의 탄생은 거대한 정보 공간의 등장만을 의미하는 것이 아니다. 가상공간이 확대되면 될수록 물리 공간의 위상은 더욱 위축될 수밖에 없다. 물리 공간에 존재하던 각종 기능들을 가상공간이 대체하면서 물리 공간과 가상공간 사이에는 팽팽한 긴장 관계가 형성됐다. 물리 공간에 존재하던 상품과 소비자, 막대한 부(富)가 가상공간으로 옮겨갔기 때문이다.

하지만 근본적으로 가상공간은 허구의 세계다. 가상공간의 허구는 현실보다 더 현실적이지만 허구성의 이면에 존재하는 취약성으로 인해 가상공간은 언제나 불안정하다. 실체가 없는 허구이기 때문에 모방하기도 쉽다. 더욱이 가상공간상의 소비자들은 쉽게 변한다. 가상공간에서 벌어지는 유행은 수 시간 만에 바뀔 수 있다. 가상공간의 현실 결핍성은 가상공간의 효율성을 한순간에 거품으로 만들어 버린다. 가상공간에서는 무제한의 정보를 이용해 초스피드로 작업이 이뤄지지만 본질적으로 창조되거나 생산되고 제조되는 것은 없다. 사이버 공간은 사이비 공간으로 폄하되기도 한다.

그러나 물리 공간으로 돌아가거나 안주할 수는 없다. 이미 인류는 가상공간의 매력에 빠져 있다. 물리 공간에는 거리적 제약이 존재한다. 물리 공간에서의 여행은 그 자체로 막대한 노력과 비용이 필요하다. 물리 공간은 동시성의 제약에서도 자유롭지 못하다. 대화를 나누고 협상을 수행하기 위해서는 아무리 멀리 떨어져 있는 사람일지라도 반드시 같은 시간, 같은 장소에서 만나야 한다. 또 상품의 무게와 부피로 인해 저장과 유통에 많은 비용이 발생한다. 물리 공간에서는 사람과 상품이 존재하는 것 자체가 비용을 발생시킨다. 이와 같이 물리 공간은 원초적 비효율성을 안고 있는 것이다.

그런데도 가상공간과 물리 공간은 각각의 고유한 장점과 매력을 가지고 있다. 가상공간은 무제한성이라는 장점을 지녔다. 상상력만이 가상공간에서의 유일한 제약이며 상상할 수 있는 모든 것을 실현할 수 있는 곳이 바로 가상공간이다. 이에 반해 물리 공간은 현실성이라는 안전한 토대를 제공한다. 실체성은 장애와 마찰을 의미하지만 여간해서는 변하지 않는 안정성을 의미하기도 한다. 가상공간과 달리 물리 공간에는 마찰력과 제동 장치가 내장되어 있다. 그래서 물리 공간은 안정적이지만 가상공간은 불안정하다. 가상공간은 창조와 혁신을 쉽게 받아들이지만 물리 공간은 모든 변화에 저항한다. 가상공간에 대한 낙관은 곧바로 물리 공간에 대한 비관으로 이어진다. 거꾸로 물리 공간의 중요성이 지나치게 강조될 때는 가상공간의 성장에 한계가 있을 수밖에 없다는 비관론이 전개된다.

이처럼 가상공간과 물리 공간의 경쟁 구도에는 두 가지 상반된 전망이 존재한다. 그래서 가상공간과 물리 공간이 서로 악순환의 관계라는 관점도 있다. 가상공간이 성장할수록 점점 더 많은 기능들이 여기로 이주하면서 물리 공간에서는 공동화(hollowing) 현상이 발생한다. 이와는 반대로 가상공간과 물리 공간 사이에는 선순환의 관계도 존재한다. 가상공간이 성장할수록 경제·문화 활동의 규모는 더욱 커지고 그 결과 물리 공간에 대한 수요도 갈수록 증가한다는 관점이다. 따라서 물리 공간에는 더 많은 병목 지점들이 발생하고 이를 극복하기 위해 물리 공간에 대한 대규모의 투자가 이뤄지게 된다. 이러한 과정을 거치면서 가상공간과 물리 공간은 균형 잡힌 성장을 하게 된다. 이러한 관점은 가상공간에 대한 비관론을 제기할 수도 있다. 물리 공간의 고도화는 오랜 시간을 필요로 하며 그만큼 가상공간의 성장은 늦춰질 것이기 때문이다. 가상공간과 물리 공간을 융합시켜야 하는 목적이 바로 여기에 있다.

가상공간과 물리 공간은 충돌과 융합을 반복하면서 진화할 수밖에 없다. 두 공간은 상이한 특성으로 인해 충돌할 수밖에 없으며 이 과정에서 두 공간의 고유한 장점을 동시에 추구하기 위한 융합이 끊임없이 시도된다. 가상공간과 물리 공간의 충돌과 융합은 서로 모순 관계가 아니다. 두 공간을 융합하는 데 필요한 에너지가 다름 아닌 두 공간의 충돌에 의해 발생하기 때문이다. 가상공간과 물리 공간의 충돌은 거대한 에너지를 분출한다. 그래서 제3공간의 탄생은 요란할 수밖에 없다. 가상공간의 한쪽에서는 지진이 발생하고 다른 한쪽에서는 폭발이 일어나는 등 예상치 못한 충격이 발생할 것이다. 폭발적으로 성장하던 가상공간상의 기업들이 갑자기 붕괴되는 아픔도 각오해야 한다. 하지만 자유분방한 가상공간이 안정적인 물리 공간과 연계될 때 비로소 경제적·정치적 활동을 수행하기에 안정적인 공간으로 그 모습을 확연히 드러낼 것이다.

가상공간과 물리 공간의 충돌을 어떻게 극복할 것인지에 대한 관점은 세 가지로 구분될 수 있다.

- 양극화: 가상공간과 물리 공간의 양 공간에 적합한 기능으로 특화한다는 관점
- 동시화: 동일한 기능이 양 공간에 중첩되어 존재할 것으로 보는 관점
- 융합화: 가상공간과 물리 공간이 유기적으로 연계되어 긴밀히 상호작용을 할 것이며 그 결과 양 공간의 융합이 이뤄질 것이라는 관점

양극화의 관점은 가상공간에 적합한 기능은 물리 공간에서 사라지고 가상공간으로 이전된다고 보는 시각이다. 거꾸로 가상공간에서 비교 우위가 없는 기능은 물리 공간으로 특화한다. 이러한 양극화의 관점은 가상공간과 물리 공간의 경쟁적 관계에 주목한다. 물리 공간을 이용하기 위해서는 비싼 임대료를 지불해야 하지만 가상공간은 비싼 임대료를 요구하지도 않을 뿐만 아니라 물리 공간에 비해 훨씬 더 효율적이다. 따라서 가상공간의 비교 우위가 높아지면 높아질수록 공간 교체 현상은 더욱 심화될 것이다. 그러나 공간 교체는 많은 부작용을 초래하고 있다. 가상공간은 엘리트의 공간으로서 가상공간에 특화된 기능들은 엘리트만이 향유할 수 있다는 점에서 불평등이 제기된다. 또한 가상공간은 마찰 제로의 공간적 특성으로 인해 조그만 충격에도 시스템 전체가 붕괴될 수 있다. 이 같은 디지털 도미

노 현상으로 인해 가상공간은 근원적으로 불안정성을 지니고 있다.

양극화의 관점에 비해 동시화의 관점은 동일한 기능이 물리 공간과 가상공간에 복수로 존재할 것이라고 보는 관점이다. 양극화의 관점이 효율성에 초점을 두었다면 동시화의 관점은 형평성을 강조한다. 특히 공공 서비스의 영역에 있어서는 아무리 비효율적이라고 하더라도 물리 공간에서 이뤄지는 서비스를 폐쇄할 수는 없다. 민간 영역에서도 동시화가 적용될 수 있다. 물리 공간과 가상공간을 서로 분리하여 물리 공간과 가상공간의 소비자를 모두 확보할 수 있기 때문이다. 그러나 가상공간과 물리 공간에 중첩된 기능은 새로운 문제를 불러올 수 있다. 가상공간상의 업무와 물리 공간상의 업무가 긴밀하게 연계되지 못할 경우 데이터의 과잉, 정보 흐름의 불일치가 발생할 수 있다. 또한 과도한 비용 발생도 각오해야 한다. 또한 정보 소외 계층을 위한 공공 서비스의 동시화와 효율성 제고를 위한 동시화의 제거가 동시에 고려되면서 서로 갈등을 일으킨다.

융합화의 관점은 물리 공간과 가상공간을 유기적으로 통합해 제3의 공간을 창출한다는 견해다. 제3의 공간은 물리 공간의 비효율과 가상공간의 불안정성을 최소화한 새로운 공간이다. 융합화의 관점에서 물리 공간과 가상공간은 상호 의존적인 공간으로 인식된다. 가상공간과 물리 공간이 서로 기능 최적화에 기여함으로써 궁극적으로 최적 시스템을 구현할 수 있다. 가상공간만으로 사회가 운영될 수는 없으며 그럴 필요도 없다. 가상공간의 궁극적인 발전도 물리 공간과의 조화로운 공존을 지향한다. 가상공간과 물리 공간이 조화되고 융합된 공간이 바로 제3공간이다.

가상공간과 물리 공간 간의 기능 융합과 재배치 논리는 국가 사회의 기능을 재편함으로써 양 공간의 발전을 최적화할 수 있다는 데 근거한다. 이같은 최적화는 두 공간 사이에서 발생하는 공간 시너지 효과에서 출발한다. 정보화와 네트워크화의 발전으로 분산됐던 다양한 플랫폼과 조직체들이 상호 연합하면서 시너지 효과는 정보화의 상징처럼 여겨졌다. 제3공간의 공간 시너지 효과는 그 범위와 영역이 무한대로 확장될 수 있다. 물리 공간과 가상공간의 양 공간을 넘나들며 연쇄적인 파급 효과도 불러올 수 있다.

 가상공간과 물리 공간의 융합이 가져올 시너지 효과는 물리 공간이 갖는 장점인 효율적인 실물 재화의 유통 기반과 가상공간의 장점이라 할 수 있는 시간과 공간의 제약 극복성과 양 방향 커뮤니케이션을 적극 활용하는 데서 출발한다. 더군다나 물리 공간과 가상공간의 융합은 그 속에 존재하던 모든 기기와 기능, 사물 간의 융합으로 이어진다. 가상공간에서 인터넷과 방송이 융합됐다면, 물리 공간과 가상공간이 융합되는 제3공간에서는 통신 공간은 물론이고 일상적인 생활공간까지도 하나로 융합된다. 이를 통해 공간 시너지 효과는 상상을 불허할 정도로 확대되고 제3공간은 거대한 공간 시너지 효과의 잠재력을 가지게 된다.

 물리 공간과 가상공간의 융합은 각 공간에 분산된 여러 기능들의 유기적인 연계에서부터 출발한다. 공간 간 기능들이 상호 연계를 통해 공생적·협력적 관계를 도모할 때, 가상공간과 물리 공간의 수익성을 모두 극대화할 수 있는 지점에서 제3공간 시대에 맞는 새로운 비즈니스 모델이 탄생한다. 따라서 공간 간 구조 조정 전략이 요구된다. 공간 간 구조 조정은 정부, 금융 그리고 교육 등 공공 부문과 기업의 활동 구조에서 어떤 기능을 현실 공간에서 퇴출시키고 가상공간으로 진입시킬 것인가를 고민하는 혁신이다. 결국 제3공간을 향한 가상공간과 물리 공간의 분화와 융합은 공간 간 기능 재편과 연계, 그리고 제3공간으로의 융합과 새로운 모색이 끊임없이 이어지는 변증법적 순환으로 이해될 수 있다. 순환 과정에서 중요한 것은 어느 것이 먼저냐가 아니고 순환이 멈추지 않고 이어져야 한다는 점이다. 제3공간을 향한 정책적 노력은 물리 공간과 가상공간의 역동적인 관계 변화를 토대로 한다. 따라서 제3공간의 개척에는 그만큼 역동적인 반응이 요구된다.

 인간의 역사는 공간과 함께 한다. 과학 기술이 아무리 발전한다고 해도 인간이 삶을 영위하는 공간을 불멸의 공간으로 만들 수는 없다. 그러나 컴퓨터와 정보 기술을 활용해 공간과 공간에서의 활동을 좀 더 완전하게 만들 수는 있다. 유비쿼터스 컴퓨팅과 네트워크 기술로 부상하고 있는 제3공간이 바로 완전 공간의 원형이라고 할 수 있다. 제3공간의 완전성은 유비쿼터스 컴퓨팅과 네트워크 기술을 통해 물리 공간과 가상공간의 한계를 극복하고 이 두 개의 공간을 긴밀하게 연계, 통합하여 실현된다.

표 2-5. 제3공간의 특성

구 분	물리 공간	가상공간	제3공간
공간 원소	원자	비트	원자+비트
공간 지각	유형 공간	무형 공간	만지지 않아도 알 수 있는 공간
공간 형식	유클리드 공간, 실제적인 현실	논리적 공간, 컴퓨터상에서 가상현실	지능적 공간, 지능적으로 보강된 현실
컴퓨터 활용	메인 프레임 다수 사용자 대 단일 컴퓨터	PC 개인 대 단일 컴퓨터	유비쿼터스 및 편재 컴퓨팅 대인 대 다수 컴퓨터
기반 네트워크	도로망, 철도망	P2P 인터넷	T2T 인터넷
공간 개발 기술	토목, 건축	IT(컴퓨터, 통신, 방송 융합)	IT+NT+BT 융합

물리 공간은 원자(atom)를 기본 원소로 하는 만질 수 있는 공간이며 실존하는 공간이다. 이에 반해 가상공간은 비트(bit)를 원소로 하는 만질 수 없는 공간이며 논리적이고 가상적이다. 한편 제3공간인 유비쿼터스 공간은 원자와 비트가 원소로 연계되고 직접 만지지 않아도 공간에 존재하는 원하는 정보를 이용자가 알 수 있는 현실적이고, 지능적으로 증강된 공간이다. 제3공간은 언제, 어디서나, 도처에 존재하는 유비쿼터스 네트워크와 센서, 칩 등과 같이 아주 작은 컴퓨터가 내재된 물체의 연결과 통합으로 구성된다.

제3공간의 출발점은 특정 기능이 내재된 컴퓨터가 환경과 사물에 심어짐으로써 환경이나 사물 그 자체가 지능화되는 것에서부터 시작한다. 사물의 일부로서 사물 속에 심어진 컴퓨터들은 주변 공간의 정황(context)을 인식할 수 있고 공간 속에서 그 자체 또는 주변 환경과 사물들의 변화를 어느 정도 떨어진 거리에서까지 지각, 감시, 추적할 수도 있다. 뿐만 아니라 사물 속에 내재된 컴퓨터들끼리 무선 네트워크로 연결돼 사람이 인식하지 못하는 상황에서도 정보를 주고받는다. 이 같은 역할을 통해 제3공간은 물리 공간과 가상공간을 최적으로 연계하고 통합한 새로운 기능을 제공할 수 있게 된다.

향후 제3공간에서는 물리 공간이나 가상공간과는 다른 새로운 비즈니스와 정보 산업이 전개될 수 있다. 모든 환경과 사물의 창조, 이동 등을 식별, 감식, 추적, 최적화하는 전 방위 공간 비즈니스와 산업이 독립적으로 또는 다른 산업과 연계돼 부상할 것이다. 통신과 방송은 물론이고 전자 정부·교육·의료 보건·상거래 등의 각종 공간 기능들도 강화하거나 재편될 수밖에 없다.

다) 유비쿼터스의 개념

앞서 살펴본 바와 같이 최근에 와서 '언제, 어디서나(anytime, anywhere) 동시에 널리 존재한다'는 뜻이 있는 유비쿼터스라는 개념이 정보 기술 분야에서 화두로 급부상하고 있다. 유비쿼터스라는 용어는 제록스사의 마크 와이저가 1988년에 시작한 '쉬운 컴퓨터 연구'라는 프로젝트를 추진하면서부터다. 차세대 컴퓨팅 비전을 어디에서든지 컴퓨터에 액세스할 수 있는 세계를 제시하기 위하여 처음으로 유비쿼터스 컴퓨팅이라는 용어를 착상한 데서 비롯했다.[5] 그가 제시하는 유비쿼터스 컴퓨팅의 목표는 컴퓨터가 우리 주변의 생활환경이나 업무 활동에 조용하게 스며들도록(pervasive computing)하여 인간 중심적인 컴퓨터 환경을 구현하겠다는 것이었고 향후 21세기 컴퓨터의 기본 방향이자 사상이 될 것으로 예상하였다.

와이저와 그의 동료들은 미래 컴퓨터의 바람직한 모습을 연주하는 동안에 끊임없이 악보와 주법을 염두에 두는 아마추어 연주자와 단지 음악의 완성도에만 신경을 쓰는 프로 연주의 사례에서 찾고자 하였다. 예컨대, 최

---

5) 하원규 (2003. 3. 4.). 유비쿼터스 컴퓨팅의 전개와 극복 과제. 정보 산업지.

상의 도구란 사용자로 하여금 그 도구를 이용하고 있음을 자각하지 못하고 수행하고 있는 일에 집중하게 함으로써 업무의 효율성을 높이는 것이라고 생각한 것이다. 이러한 인식을 바탕으로 그들은 기존 정보 기술이 업무의 보조 수단이 아닌 그 자체가 중심이 되어 버린 것을 비판하며 인간 친화적인 컴퓨팅 기술, 즉 사용하기 쉬운 컴퓨터 개념으로서 유비쿼터스 컴퓨팅 비전을 강조하게 되었다.

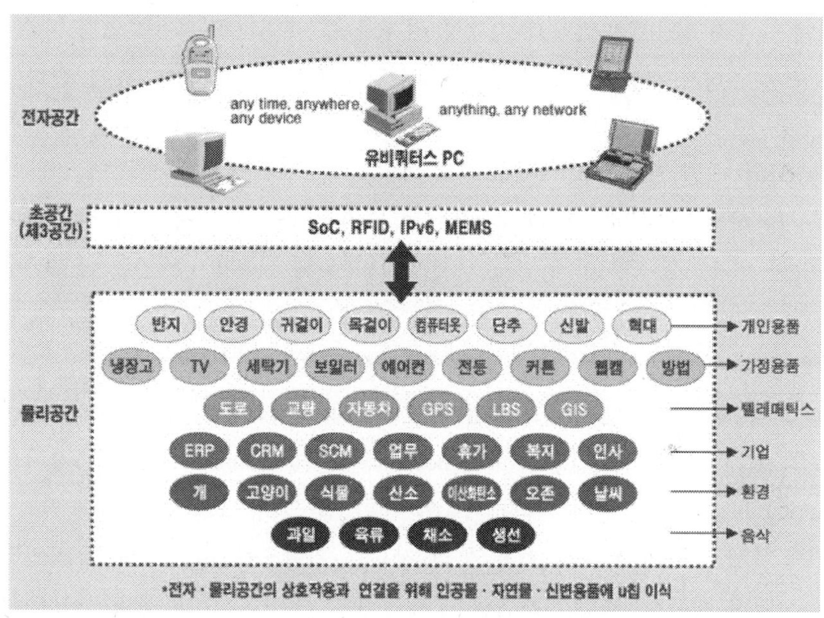

자료: 전자신문, 2003. 8. 11.

그림 2-4. 미래의 유비쿼터스 PC 활용도

한편 마크 와이저는 유비쿼터스 컴퓨팅의 특징을 다음과 같이 네 가지로 정의했다.

첫째, 네트워크에 연결되지 않은 컴퓨터는 유비쿼터스 컴퓨팅이 아니다.

둘째, 인간화된 인터페이스(calm technology)로서 눈에 보이지 않아야 (invisible)한다.

셋째, 가상공간이 아닌 현실세계의 어디서나 컴퓨터의 사용이 가능해야 한다.

넷째, 사용자 상황(장소, ID, 장치, 시간, 온도, 명암, 날씨 등)에 따라 서비스가 변해야 한다.

그는 1996년에 발표한 자신의 논문 "The coming age for calm technology"에서 많은 사람이 대형 컴퓨터 한 대를 공유하던 메인 프레임 시대에서 80년대부터 시작된 PC 시대와 90년대 중반 이후 광역 분산 컴퓨팅을 제공하는 인터넷 시대를 거쳐, 개개인이 환경에 편재된 수많은 컴퓨터에 둘러싸이는 유비쿼터스 컴퓨팅 시대가 올 것이라고 예측하였다.

즉 컴퓨터가 진화해 가는 과정도 컴퓨터 기술과 인간과의 관계 변화에 초점을 맞춰 새롭게 정의했다. 제1의 물결은 1대의 고가 컴퓨터를 다수가 공유하는 메인 프레임의 시대로, 제2의 물결은 한 사람이 한 대의 컴퓨터를 사용하는 퍼스널 컴퓨터의 시대로, 그리고 다양한 사람들이 내장형의 다양한 컴퓨터를 의식하지 않고 네트워크를 통해 사용할 수 있는 제3의 물결인 유비쿼터스 컴퓨팅의 시대로 정의하면서 2005~2020년에 이 기술의 변화는 전혀 새로운 유비쿼터스 문화를 탄생시킬 것으로 예견했다.

그리고 이 같은 유비쿼터스 컴퓨팅을 구현하기 위해서는 가시성(visibility), 복잡성(complexity), 간결성(abstraction), 연결성(connection), 비가시성(invisibility)과 같은 다섯 가지 이슈에 대한 연구가 필요하다고 주장했다.

즉 현재 발표된 논문과 이론 등의 자료를 기반으로 10년 후의 유비쿼터스 시대의 컴퓨터 시스템 모습을 구체화해야 하며(가시성), 유비쿼터스 시대에 적합한 망 기반의 응용을 제시해야 하고(복잡성), 구현될 유비쿼터스 컴퓨터는 나노 기술이나 병렬 시스템 등의 기술을 통해 현재의 컴퓨터보다 고성능, 고기능, 고집적도를 이룩해야 하며(간결성), 유비쿼터스 네트워크는 개선된 인터넷 및 통신 속도의 고속화·안정성·효율성 그리고 광대역 채널의 확보를 통해 더 큰 스케일의 컴퓨팅 공간을 클라이언트 쪽으로 확장해야 하고(연결성), 마지막으로 현재의 키보드나 마우스 등의 컴퓨터 인터페이스 환경을 극복한 더 인간 중심의 사용자 인터페이스가 구현돼야 한다는 것이다(비가시성).

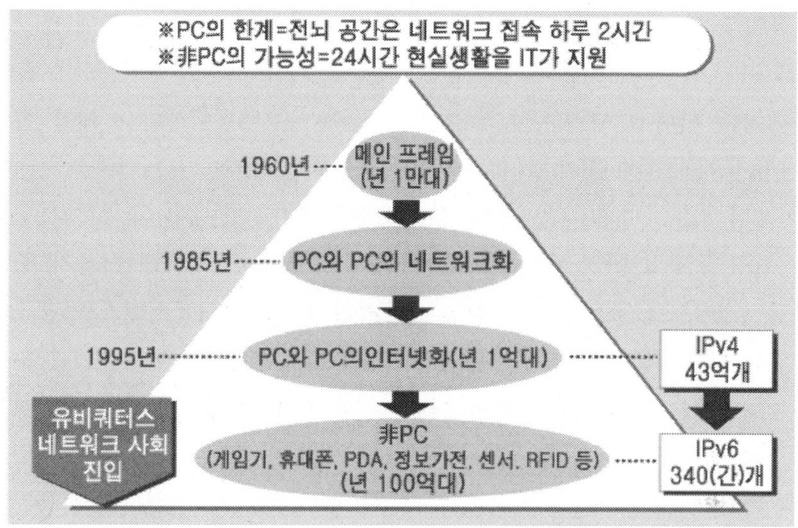

자료: 전자신문, 2003. 11. 17.

그림 2-5. 유비쿼터스 네트워크 시대로의 진전 예상도

이러한 연구 중 유비쿼터스 컴퓨팅 환경의 간결성을 확보하기 위해서는 현재 설계 집적도의 한계라고 할 수 있는 50개 컴포넌트 내지는 10만 개 컴포넌트 수준을 뛰어넘어 100만 개 이상의 요소로 구성되는 고집적 컴포넌트 설계 기술이 요구된다. 또한 1,000개 이상의 프로세서 병렬 구조를 가질 수 있는 병렬 시스템 기술의 발전도 필요하다. 연결성 확보 측면에서는 통신망 스케일의 변화가 일어나 수많은 채널 제공이나 모든 채널의 멀티미디어화 등과 같은 서비스의 질적 측면 또는 서비스 환경에 있어서의 변화가 요구된다.

일상생활의 모든 오브젝트가 서로 연결되려면 가상공간의 주소도 32비트로 제한된 기존 IPv4에서 128비트의 길이를 지닌 IPv6 주소 체계로 전환돼야 한다. 개인과 주변 환경을 자연스럽게 연결하기 위해서는 증강 현실(AR) 기술과 언제 어디든 들고 다니거나 입을 수도 있는 착용형 컴퓨팅 기술이 필수적이다. 인터넷과 같은 백엔드(back end) 광역 통신망의 대역

폭 확대를 통해 기존의 컴퓨팅 공간도 확장돼야 한다. 이와 동시에 블루투스(Bluetooth) 등의 근거리 유선통신 기술에 의한 프런트 엔드(front end)의 대역폭 확대로 새로운 클라이언트 컴퓨팅 공간이 탄생하고 이를 통해 미래의 물리적 컴퓨팅 환경의 확대가 이루어져야 한다.

현재의 키보드나 마우스 등의 컴퓨터 인터페이스 환경을 극복하기 위해서는 표정·제스처·음성·신체 변화 인식 등 다양한 형태의 사용자 중심의 인터페이스가 구현되어야 한다. 사용자가 필요로 하는 서비스를 제공하기 위해서는 일상 곳곳에 편재된 센서 및 컴퓨터들이 수집한 각종 환경 정보를 효과적으로 상호 공유하여 사용자 및 주변 환경의 정황을 알아내는 유비쿼터스 에이전트의 역할이 요구된다. 정보 수집·처리·통신 등의 기능을 지진 각각의 컴퓨터들 사이를 기능적·공간적으로 연결하여 사용자에게 필요한 정보나 서비스를 즉시 제공하기 위해서는 다양한 형태의 데이터 저장 및 유무선 네트워킹 기술이 상호 연동되어야 한다.

이밖에도 유비쿼터스의 근간이 될 정보 보호와 개인화, 무선 기기의 에너지 공급, 칩·통신료·에너지의 저가격 실현, 유비쿼터스 컴퓨팅 확산을 위한 교육 그리고 나노 기술보다 더욱 미세한 페르미(fermi) 기술로 구현해야 할 양자 전자 장치의 실현 가능성 등 아직도 해결해야 할 많은 과제들이 남아 있다. 또한 유비쿼터스 컴퓨팅 기술이 인간의 정신적인 측면까지 포함하여 삶의 질을 높이는 역할을 하기 위해서는 유비쿼터스 컴퓨팅 혁명이 가져올 사회 변혁과 유비쿼터스 컴퓨팅 시대의 인간에 대한 인문·사회학적인 해석도 함께 고민될 과제이다.

그러나 이러한 여러 가지 난제에도 희망적인 사실은 이미 세계는 기술의 통합, 융합, 협업화를 전제로 클러스터 인프라 기반의 신기술과 신개념이 출현하는 등 정보 기술 발전 주기가 더욱 빨라지고 있다는 것이다. 특히 세계 각국은 다양한 신기술의 상업화 시도를 통해 인터넷이 가능한 휴대폰, PDA, 정보 가전, 원격 진료, 무선 인터넷 서비스, P2P 서비스, IPv6 등을 잇달아 내놓고 있다.

2. 유비쿼터스 컴퓨팅의 기반 분야

가) 유비쿼터스 컴퓨팅의 출발점

유비쿼터스 컴퓨팅의 기반을 구축하는 시작은 물질 공간에 가상공간을 심는 일이다. 물질 공간 구석구석에 더 많은 가상공간을 심음으로써 국토 공간의 제3공간화, 즉 유비쿼터스 공간화의 밀도를 높여야 한다. 유비쿼터스 공간화 밀도가 높아야 산업 경제나 일상생활에 대한 효과가 극대화할 수 있다. 이를 실현하는 데는 세 가지 측면이 강조된다.

첫째, 물질 공간에 가상공간을 심는 데 있어 부처나 행정 구역의 경계를 초월해야 한다. 범국가적인 차원에서 모든 기능의 유비쿼터스화가 필요한 것이다. 또 광역 지역 공간이나 제한된 범위의 특정 공간은 물론, 사무실이나 집과 같은 아주 좁은 공간까지도 개별 기능에 특화된 유비쿼터스 공간화가 필요하다. 이 과정에서 공간을 구성하는 모든 환경과 사물에 빠짐없이 가상공간을 심어야 한다. 그리고 제3공간의 기본 이념을 어떻게 실현할 것인가 역시 반드시 고려해야 할 문제다.

체계적인 전략 아래 물질 공간에 심어질 가상공간의 실체는 유비쿼터스 컴퓨팅과 네트워크로 구성된다. 사물들 속에 컴퓨터와 같은 가상공간 요소를 집어넣어 지능화시키고 이들을 이음매 없는 네트워크로 연결함으로써 제3공간의 가시성을 높이는 것이다.

현재 물질 공간에 심어질 요소들은 살펴보면 다음과 같다. 내장 (embedded) 시스템은 컴퓨터 하드웨어와 소프트웨어를 조합한 전자 제어 시스템으로 자동차나 컴퓨터, 가전, 특정 용도의 센서나 칩에 내장된다. 무선 ID 태그는 기존의 바코드 기능을 뛰어넘어 사물의 위치나 정보 내용을 자동으로 인식하고 무선으로 정보를 저장, 입출력, 공유할 수 있는 기술이다. 차세대 인터넷 주소 체계인 IPv6은 제3공간에서 사물, 사람, 네트워크, 단말기 등의 정체성과 위치, 네트워크 주소를 언제, 어디서나, 어떤 플랫폼에서도 일체화할 수 있는 기반을 제공한다. 초소형 정밀 기계인 MEMS (micro-electro-mechanical system) 또한 사물이나 생물에 심어져 지능적으로 동작하고 정보 처리 업무를 수행할 수 있다.

이러한 유비쿼터스 컴퓨팅 요소들이 물리 공간에 심어지고 유비쿼터스 네트워크가 사물과 플랫폼, 단말기 등을 서로 연결하면 제3공간을 개발하는 기초가 마련되는 셈이다. 앞으로 물질 공간에 더 많은 가상공간을 심으면 심을수록 우리의 국토 공간도 더욱 지능화되고 사회·경제적인 가치도 훨씬 커질 것이다.

나) 유비쿼터스 컴퓨팅의 작동 원리

인간의 몸을 구성하는 수많은 세포들은 네트워크로 연결되어 있다. 그리고 네트워크에는 생명 유지부터 정신적, 육체적 활동까지를 가능케 하는 정보와 물질이 흐른다. 우리 몸에 존재하는 네트워크는 정보를 전달하는 뉴런 네트워크와 혈액 등을 운반하는 혈관 네트워크가 핵심을 이룬다. 인간의 능력이 개발되고 생명이 유지되는 것은 이러한 네트워크들 간의 연계가 이루어지고 있기 때문이다. 그래서 인간의 몸은 정보의 흐름과 물질의 흐름이 가장 고도로 연계된 제3공간이라고 할 수 있다.

우리 몸의 신경망에는 언제, 어디서나 오감을 통해 느끼고 주변 환경의 변화를 지각할 수 있는 신선한 정보가 실시간으로 흘러 다닌다. 또한 뇌로부터 나오는 명령은 사람의 각 신체 기관에 곧바로 전달돼 필요한 행동을 즉각적으로 취하도록 한다. 우리 몸에서 이러한 기능을 담당하는 것이 바로 뉴런(neuron)이다. 제3공간의 작동 원리도 인간의 뉴런이 작동하는 원리와 유사하며 궁극적으로 뉴런과 같은 연계 구조를 지향한다. 제3공간의 작동 원리를 뉴런 관점에서 살펴보면, 광대역 유선망과 3세대 모바일 및 초고속 무선 랜 등의 네트워크가 물리 공간에 널리 편재돼 있어 언제, 어디서, 어떤 기기를 이용하더라도 자유롭게 접속해 필요한 정보를 교환할 수 있는 유비쿼터스 네트워크는 우리 몸의 모든 세포를 연결하고 있는 연합 뉴런(interneuron; association neuron)과 같다. 이는 연합 뉴런에 의해 우리 몸의 모든 '신체 기관 간의 네트워크화(organs-to-organs)'가 완벽하게 이루어지는 것과 같은 이치다.

그리고 인간이 삶을 영위하는 데 커다란 영향을 미치는 환경과 사물들에 각종 센서들을 삽입해 이들을 지능화하는 것은 감각 뉴런(sensory neuron)의 원리와 같다. 제3공간에는 특히, 사물들에 심어진 센서들이 환경의 변화를 정확히 인식하고 추론할 수 있도록 맥락 정보(context)를 받아들이고 이를 전달하는 핵심적인 기능이 있다. 바이오칩이나 마이크로머신(MEMS) 기술을 응용한 센서와 무선 ID(RFID) 태그, 스마트 레이블(smart label) 등과 같은 센서들은 사물의 공간적 위치와 형태는 물론이고 밀도, 속도, 온도 등의 이상 유무와 결함, ID 확인 및 인증, 성분 검출, 유체 흐름, 화학반응 여부 등과 같은 각종 변화들을 감지하거나 분석하고 추적할 수 있게 해준다.

마지막으로 제3공간을 작동시키는 뉴런 구조로는 구동 장치(actuator) 역할을 맡는 운동 뉴런(motor neuron)을 들 수 있다. 제3공간의 가장 대표적인 운동 뉴런은 MEMS와 바이오 마이크로머신(bio-MEMS), 로봇 등을 꼽을 수 있다. 제3공간에서의 이들 운동 뉴런들은 사람을 대신해 사람이 의식적으로 조작하지 않아도 스스로 행동을 취하거나 문제를 해결하는 기능을 제공한다. 예를 들어, 에어백 안에 심어져 있는 MEMS는 자동차가 충돌했을 경우 마이크로모터와 기어, 마이크로 펌프 등의 기술을 활용해 아주 빠른 시간 안에 충격의 크기와 방향을 감지하고 에어백을 부풀린다.

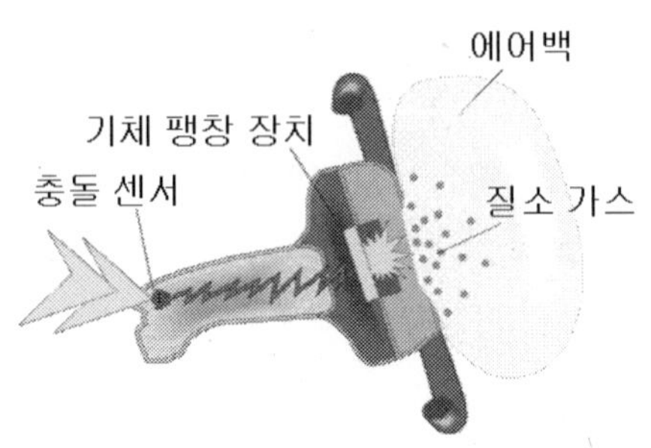

자료: HowStuffWorks.

그림 2-6. MEMS와 에어백

제3공간의 뉴런(u-neuron) 구조와 뉴런 간의 연결 체계는 갈수록 더욱 고도화할 것이다. 제3공간에서 뉴런 구조의 고도화는 물리 공간과 가상공간을 연결하는 정보의 흐름과 물질의 흐름을 긴밀하게 통합할 수 있도록 한다는 점에서 중요한 의미가 있다. 인간이 더 질 높은 삶을 영위하고 비즈니스를 전개하며 공공 관리 업무를 수행하는 데 필요한 신선한 정보를 언제, 어디서, 어떠한 단말기로 의식하지 않고서도 실시간으로 주고받을 수 있게 해주기 때문이다. 또한 제3공간은 사람이 일일이 조작해야만 움직이는 물리적 환경과 사물이 아니라 사람이 의식적으로 조작하지 않아도 스스로 문제를 해결하거나 사전에 이를 감지해 조치하고, 최적의 상태를 유지할 수 있는 상태를 지향한다.

다) 유비쿼터스 정보 기술(UIT)

마크 와이저에 의해 처음 제시된 유비쿼터스 컴퓨팅 개념은 그가 상상하지 못했던 영역으로까지 확장되고 있다. 그는 단순히 물리 공간에 편재된 컴퓨팅과 네트워킹을 상상했다. 그러나 컴퓨팅 기능과 네트워킹 기능이 이식된 물리 공간은 더 이상 기존의 물리 공간으로 남을 수 없었다. 지능화된 물리 공간은 가상공간과 융합할 수 있는 요건을 갖추게 된 셈이다. 가상공간과 결합된 물리 공간은 와이저가 상상했던 것보다 훨씬 거대한 변혁을 가져오고 있다.

제3공간이 새로운 문명이 이뤄지는 공간이라면, 그 공간을 떠받쳐 주는 기술을 포괄해 유비쿼터스 정보 기술(UIT: Ubiquitous Information Technology)이라고 할 수 있다. 그러나 유비쿼터스 정보 기술은 단순하게 정보 기술의 한 부분이 아니다. 오히려 유비쿼터스 정보 기술은 정보 기술과 물리 기술을 아우르는 폭넓은 개념이다. 유비쿼터스 정보 기술은 물리 공간에 산재해 있는 정보를 디지털화할 뿐만 아니라 가상공간에 가득한 정보를 물리 공간으로 투영하는 역할을 수행하기 때문이다.

제3공간의 토대가 되는 유비쿼터스 정보 기술은 크게 두 가지 관점에서 이해될 수 있다. 첫째는 가상공간을 물질화하는 측면이며, 둘째는 물리 공간을 전자화하는 측면이다. 이처럼 물질화한 가상공간과 전자화한 물리 공간이 서로 만날 때 비로소 제3의 공간이 태어난다.

마크 와이저의 관점에서 유비쿼터스 컴퓨팅에 있어 주요한 키워드는 컴퓨터와 네트워크, 인간, 응용이다. 이들 키워드를 중심으로 현존하거나 이머징 기술들 중에 유비쿼터스 컴퓨팅에 활용 가능하며 주요한 역할을 수행할 기술들을 정리하면 표 2-6과 같다.

표 2-6. 현존 및 이머징 기술의 유비쿼터스 컴퓨팅 기술 관점에서의 분류

기술 분야	현존 기술 및 이머징 기술	유비쿼터스적 기술 진화
컴퓨터	·마이크로컴퓨터 칩 ·나노 병렬 등 고집적 기술 ·개인 인증 및 보안 기술	·소형/내장형/비가시화 기술
네트워크	·네트워킹(IPv6) ·장치 접속 기술(P2P/Grid 관련 기술 포함)	·심리스한 접속 기술
인간 (인터페이스)	·수동/능동형 센서 기술 ·근거리 무선 기술 (블루투스, RF I/F 등)	·인간과 사물 간 자율형 직접 인터페이스 기술
응용	·P2P/그리드 기술 ·WWW, 자바, WAP, XML	·망 기반 복합 응용 /미들웨어 기술

물리 공간을 전자화하기 위해 가장 필요한 기술이 바로 센싱(sensing) 기술이다. 센싱 기술은 물리 공간에 존재하는 상품과 사물, 그리고 사람의 존재와 그 정보를 인식하고 이를 가상공간에 전달하는 역할을 한다. 그리고 위치 추적 기술은 인식된 물리적 대상이 물리 공간상에서 어떻게 움직이는지를 추적한다. 센싱 기술과 위치 추적 기술은 물리 공간의 좌표에 존재하는 사물을 가상공간의 데이터베이스에 연결시키는 역할을 수행한다.

이처럼 물리 공간이 전자화할수록 가상공간의 영토는 빠르게 확산된다. 더 이상 기존 주소 체계로 가상공간의 구획을 나눌 수 없게 된다. 과거에는 한 가정에 하나의 인터넷 주소로도 충분했다. 그러나 수십 개의 정보 가전에 수천 개의 칩이 집안 곳곳에 이식될 경우 요구되는 가상공간의 주소는 수천 배에서 수십만 배로 늘어난다. 따라서 32비트의 길이로 제한된 기존 IPv4 인터넷 주소 체계는 폐기될 수밖에 없다. 그 대신 128비트의 길이를 지닌 IPv6 주소 체계가 새로이 등장하는 제3공간의 주소 체계로 자리 잡을 것이다. 수천, 수만 개의 IP 주소들을 선으로 연결한다는 것은 상상하기 어렵다. 이들 주소들은 무선 ID에서 블루투스에 이르는 다양한 무선 방식에 의해 연결될 것이다. 그만큼 무선 인터넷이 광범위하게 적용될 수밖에 없다. 무선 인터넷이 표준으로 정착되면서 다양한 종류의 포스트 PC 제품들이 속속 등장하고 있다. 이미 휴대폰과 PDA가 융합됐듯이, 전자 종이에 워드 프로세서의 모든 기능이 이식될 것이다. 무선으로 연결된 다양한 인터넷 기기들과 정보 가전들에 의해 물리 공간과 가상공간의 결합은 더욱 가속화한다.

물리 공간의 사물들이 가상공간으로 송신되고 가상공간의 정보들이 물질세계에 투영되면서 증강 현실(AR: Augmented Reality)이 구현되고 있다. 기존 가상공간에서는 고도의 정보를 집적함으로써 가상현실(VR: Virtual Reality)을 만들었으나 물리 공간과 가상공간이 융합된 제3공간은 증강 현실 기술을 통해 구체화된다. 현실을 증강시키는 안경을 끼고 건물을 수리하는 사람은 물리 공간에 존재하는 건물 모습은 물론이고 전기 배선도, 상하수도, 통신선 등에 관한 정보를 동시에 볼 수 있다.

자료: HowStuffWorks.

그림 2-7. 증강 현실 시스템상의 디스플레이 에

유비쿼터스 정보 기술은 물리 공간에 편재돼 있는 컴퓨팅과 네트워킹을 강조한다. 물리 공간 어느 곳에서라도 가상공간에 접근할 수 있어야 하기 때문이다. 이는 미래 정보 기술 발전의 무게 중심이 바뀔 수 있음을 시사한다. 그동안의 정보 기술은 초고속망을 구축해 속도를 높이는 데 초점을 뒀다. 그러나 유비쿼터스 시대에는 속도뿐 아니라 접근의 다양성도 중요하다. 따라서 미래 정보 기술과 산업의 성장 궤도도 빠른 속도보다는 다양한 접근성에 중점을 둘 수밖에 없다. 벽 속에 숨어 있는 칩으로부터 벽을 통과하는 무선 인터넷에 이르기까지 다양한 방식으로 인터넷에 접근할 수 있는 개방된 기술만이 제3공간의 유비쿼터스 환경을 구현할 수 있다.

유비쿼터스 컴퓨팅 시대는 서버 중심의 컴퓨팅 기술에서 PC, AV 기기, 정보 가전, 휴대전화, 게임기, 제어 기기 등과 같은 다양한 기기가 접속됨으로 인하여 소형화 기술, 휴대전화 기술, 정보 가전 기술, 전자 제어 기술, 네트워킹 제어 기술 등이 주요한 원천 기술로 대두될 것으로 예측된다. 이러한 측면에서의 유비쿼터스 컴퓨팅에 대한 기술 분류는 표 2-7과 같다.

표 2-7. 유비쿼터스 컴퓨팅 기술 분류

기술 분류	내 용
기반 기술	−어디서나 안전하게 컴퓨터를 사용할 수 있는 기술 −개인 인증 기술 보안 기술
하드웨어 기술	−하드웨어 성능 향상 인터페이스 기술 , −인간 중심의 비가시적 입출력 기술 −기억 장치 기술 −소형화 기술 −저소비 전력화 기술 −나노 병렬 등 고집적 기술 , −내장형 기술
접속 기술	−하드웨어의 네트워킹 및 장치 기술 −네트워킹 및 근거리 무선 기술 −장치 접속 기술
응용 기술	−사용자 서비스 제공 기술 −WWW, 자바, WAP, XML −P2P 기술
모바일 기술	−휴대폰, PDA 등

한편 일본의 '유비쿼터스 네트워크 프로젝트'상의 기술 분류는 유비쿼터스 시스템 기술, 고성능 네트워크 기술, 애플리케이션 고도화 기술, 정보 가전 기술, 플랫폼 기술과 같이 다섯 분야의 대분류와 세부 기술 내용으로 분류하고 있다.

이상과 같이 유비쿼터스 기술의 분류는 분류 목적이나 프로젝트가 추구하는 방향에 따라 달리 분류되고 있으며 표준화된 분류 체계는 아직 존재하고 있지 않다고 보아야 할 것이다.

라) 유비쿼터스 컴퓨팅과 IT, BT, NT

인류의 기술 발전을 이끄는 근본적인 힘은 지능화와 인간화의 엔진에서 기인한다. 지능화의 엔진은 인간을 둘러싼 모든 환경(자연, 사물, 시장, 조직 등)의 존재와 변화에 대한 정보를 시간의 지체 없이 획득해 연산 또는 축적하고 실시간으로 주고받음으로써 의사 결정, 문제 해결, 미래 예측의 역량을 극대화하려는 욕구에서 비롯된다. 인간화의 엔진은 인조인간 로봇을 만들려는 욕구에 비유할 수 있다. 인간은 자신이 만들어 낸 기계나 사물이 인간을 대신해 마치 인간처럼 보고, 듣고, 느끼고, 인식함과 동시에 인간처럼 말하고 보여주며 일을 처리해 줄 수 있도록 부단한 노력을 기울이고 있다.

제3공간은 물리 공간과 가상공간의 연계를 기반으로 이 같은 지능화와 인간화의 욕구를 실현할 수 있도록 해준다. 이를 위해서는 기술적으로 정보 기술(IT), 생명 기술(BT), 나노 기술(NT)의 융합이 필수적이다. 제3공간의 뉴런들은 빌딩처럼 거대한 공간과 세포와 같은 아주 작은 공간은 물론이고 물질적 공간부터 사람의 간과 같은 생물체적 공간까지 어디서든 가상공간과 물리 공간, 사람을 긴밀하게 연계할 수 있어야 한다. 이 같은 '제3공간의 뉴런'을 만들어 환경과 사물 속에 심기 위해서는 IT, BT, NT의 융합이 필수적이다.

최근 '제3공간의 뉴런 기술'로서 IT, BT, NT를 융합한 새로운 차원의 신기술이 속속 등장하고 있는 것도 이 때문이다. IT, BT, NT를 융합한 결정체로는 칩 센서, 바이오 칩, 로봇 등이 대표적이다. 이 중 바이오칩은 생물학적 마이크로 칩으로서 유전자 결함이나 반응 양상, 미세한 신경 자극 등을 분석하고 방대한 양의 데이터를 고속으로 처리할 수 있다. 또한 언제, 어디서나 정보를 송수신할 수 있도록 하는 시스템 온 칩 기술도 급진되고 있다.

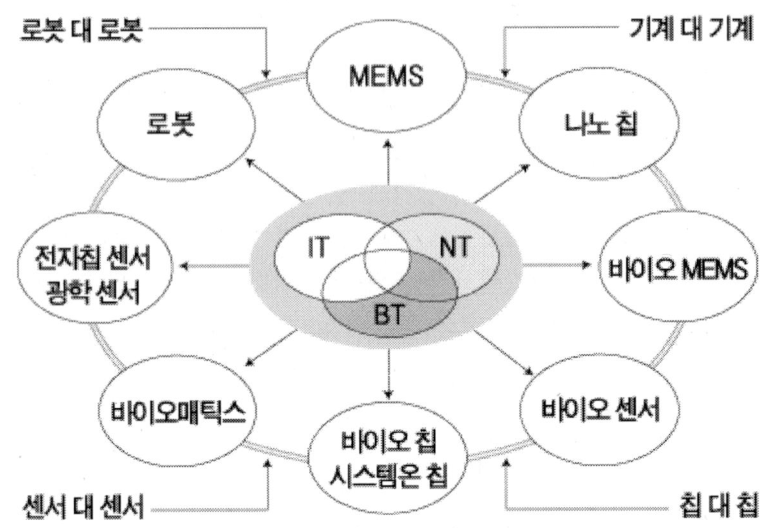

자료: 전자신문, 2002. 6. 4.

그림 2-8. IT · NT · BT 융합 기술

마) 유비쿼터스 컴퓨팅과 유선통신망

유비쿼터스 혁명은 유선 위에서는 성공할 수 없다. 유비쿼터스 혁명은 점조직과도 같은 무선망에 의해서만 성공할 수 있다. 전파는 입자로서의 물리적 특성과 파동으로서의 정보적 특성을 동시에 지닌다. 전파라는 무선 매체에 의지할 때 유비쿼터스 혁명은 급속히 확산될 수 있으며 무선 매체에 의해 창출되는 제3공간만이 물리 공간과 가상공간을 통합할 수 있다. 같은 필요성에 따라 최근 무선 정보 통신 기반은 다양한 모습으로 발전하고 있다. 무선 정보 통신 기반은 그 범위와 이동성을 기준으로 센서, 홈 랜, 무선 인터넷, 이동 통신 등으로 구분할 수 있다. 이들은 각기 고유한 수요를 충족시키기 위해 발전해 왔다.

센서는 근접 거리에서 기기의 상태를 감지하기 위해 사용된다. 무선 ID(RFID)가 부착된 상품은 계산대를 통과할 때 점원에게 가격을 말해 주고 택배 직원에게는 어느 가정에 배달해야 하는지를 알려준다. 물리 공간상의 기기를 가상공간으로 연결시키는 데 있어 센서는 가장 기초적인 역할을 수행한다. 센서로 인해 물리 공간은 비로소 살아 있는 공간으로 변신한다.

무선 홈 랜은 집안 여기저기에 흩어져 있는 컴퓨터, 프린터, 헤드폰, 카메라, 오디오 세트, 텔레비전, 휴대폰 등을 무선으로 연결하는 역할을 한다. 무선 홈 랜을 구현하기 위한 기술로는 적외선 통신에 의존하는 IrDA, 전송 거리가 50m를 넘는 홈 RF(Home Radio Frequency), 블루투스 등이 있다. 블루투스는 무질서하게 흩어져 있는 정보 기기들을 조용히 통합시키고 있다. 블루투스를 활용하면 노트북과 PDA 그리고 휴대폰에 기억되는 모든 전화번호, 주소, 메모 등을 자동으로 일치시킬 수도 있다. 정보 기기들끼리 자발적으로 통신을 주고받으며 정보를 갱신한다. 이러한 점에서 블루투스는 '감추어진 컴퓨팅(hidden computing)'으로 평가되기도 한다. 비록 블루투스는 1Mbps의 속도와 10m의 전송 거리로 제한되지만 그 개방성과 시장성, 종합성으로 인해 홈 랜의 강력한 대안으로 부상하고 있다.

무선 랜은 IEEE 802.11 규격을 기초로 10Mbps에서 54Mbps에 이르는 고속의 무선 인터넷 환경을 제공한다. 또한 100m에 이르는 넓은 전송 거리를 확보하고 있다. 최근 들어 공중 무선 랜까지 등장해 무선으로 초고속 인터넷에 접속할 수 있게 됐다. 무선 랜은 빌딩이나 대학의 캠퍼스, 병원, 아파트 단지 등에서 노트북이나 PDA로 인터넷에 접속할 수 있도록 한다. 특히 무선 랜은 넓은 영역의 물리 공간을 통째로 가상공간에 연결시킨다. 이와 같은 유비쿼터스 기술은 사용자로 하여금 모든 장소에 존재할 수 있도록 해준다.

광범위한 이동 통신도 유비쿼터스 혁명을 완성하는 데 필수적인 무선 기반이다. 글로벌 이동 통신을 가능하게 하는 IMT 2000(3세대)은 인터넷처럼 개방된 네트워크를 형성한다. 다만, 이 새로운 네트워크는 끊임없이 이동한다는 점에서 기존의 인터넷과 다르다. 위성 통신 역시 끊임없이 변화하는 사용자의 위치를 추적한다. 유비쿼터스 네트워크는 더 이상 고정되어 있지 않다. 역동적으로 변하고 이동하며 사라졌다가 다시 나타난다. 무선 네트워크를 통해 창출되는 제3공간은 '언제', '어디서나', '무엇이라도' 접근해 추적하고 이를 통제할 수 있다. 제3공간은 끊임없이 이동하면서도 감추어져 있는 조용한 공간이다.

한편 제3공간이 얼마나 빠르게 구축될 것인가는 센서 기술이 얼마나 빠르게 발전할 것인가에 달렸다. 미래의 센서 기술은 세 가지 단계를 거쳐 발전할 것으로 전망된다.

첫 번째 단계는 센서가 생활공간에 확산되는 단계다. 정보 가전을 비롯해 소파와 침대, 도로 곳곳에도 작고 저렴하며 소비 전력이 낮은 센서들이 내장된다. 이들은 독립된 센서로서 고유의 기능을 수행한다.

두 번째 단계는 이들 센서가 연결되는 단계다. 기존의 전력선과 전화선을 활용한 네트워킹이 가속화하고 무선 랜이 보편화할수록 정보 기기 속에 숨어 있던 센서들은 단일 네트워크로 통합된다. 네트워크 속에 편입된 센서들은 각자의 정보를 주고받는다.

마지막 발전 단계는 각종 센서들의 정보가 종합화되는 단계다. 센서들이 제공하는 개별적인 정보만으로는 판단할 수 없었던 종합적인 문제에 관심을 기울이는 단계다. 교량에 부착된 수많은 센서들의 개별 정보는 통일된 의미로 형상화된다. 교량의 어느 곳에 문제가 있는지를 구체적으로 발견하기 위해서는 개별 정보들이 스스로 종합화되는 과정이 필요하다.

이 같은 센서의 발전 단계는 추상화의 과정으로 요약될 수 있다. 물리적 공간에 존재하는 원시정보들은 추상화 과정을 통해 활용 가능한 정보로 변화한다. 이 과정은 역으로 진행되기도 한다. 추상화된 정보를 근거로 각 센서에 구체적인 명령을 전달할 수 있다.

추상화를 통해 센서는 물리 공간을 가상공간의 세계로 끌어 올리고 구체화 과정을 거치며 가상공간의 의미를 물리 공간에 투영한다. 가상공간과 물리 공간을 연결하는 기초 단위로 살아 움직이는 센서는 이미 그 자체로 제3공간이다.

바) 유비쿼터스 컴퓨팅과 유비쿼터스 네트워크

물리 공간에 가상공간의 인자가 심어짐으로써 제3공간이 탄생한다. 제3공간에서 유비쿼터스 네트워크는 우리가 살고 있는 보이는 세상과 보이지 않는 세상의 도처에 편재돼 있다. 이를 통해 언제, 어디서, 어떠한 기기를 이용하더라도 고속으로 인터넷에 접속할 수 있다. 이 유비쿼터스 네트워크가 바로 제3공간의 뉴런들을 통해 사람을 중심으로 가상공간과 물리 공간을 연결하는 핵심체다.

유비쿼터스 네트워크는 센서와 태그 등을 통해 수집된 신선한 형태지 정보들을 이용자에게 수·발신하는 동시에 이용자들의 정보를 로봇이나 구동 장치, 칩 등에도 전달한다. 물론 유비쿼터스 네트워크를 통해 칩과 칩, 센시와 센시 긴의 긴밀한 언걸도 이뤄진다.

유비쿼터스 네트워크의 발전 모델을 감안하면 가입자 영역에서 최소한 수십에서 수백 Mbps급 정보의 수·발신과 처리가 가능해야 한다. 따라서 현재의 2.5세대 이동 전화나 무선 네트워크 수준으로는 크게 부족하다. 차세대 유비쿼터스 네트워크에는 대용량 멀티미디어 트래픽과 고속 무선 접속 지원, 고도의 이동성 관리, 무결절성 등을 구현하는 초고속 무선 랜 또는 초광대역 무선 기술이 요구된다, 이는 제3공간의 연결 뉴런을 고도화하는 작업이기도 하다.

단말기도 사람, 전자 공간, 물리 공간 등을 서로 연결하는 중요한 연결 매체다. 따라서 제3공간 환경에서는 멀티미디어 통합 서비스는 물론 개인의 요구나 특성에 따라 이용 환경을 설정할 수 있는 지능형 단말기와 자체에 인증 및 안전성 기능을 내장한 고신뢰, 고내성 단말기가 요구된다. 제3공간의 단말기는 감각 기관과 지능적 처리, 운동 및 행동체로서의 역할을 부여하는 방향으로 더욱 발전해 나갈 것이다.

이처럼 시스템과 기능을 연결하는 것은 물리 공간의 사물에 가장 최적화된 칩, 센서, 내장된 리얼 타임 소프트웨어, 내장된 에이전트 등을 심는 작업을 의미한다. 이는 가상공간과 물리 공간의 유전적 결합을 더욱 최적화함으로써 완벽한 제3공간 생명체를 만드는 일이다. 이처럼 시스템과 기능 간 연결이 확산돼 나가는 것이 바로 제3공간의 공간적 진화 경로다.

가상공간과 물리 공간 간의 상황 정보 연결도 필수적이다. 제3공간은 끝임 없이 스스로 움직이며 정보를 수신하고 발신하는 공간을 지향한다. 제3공간에서 신선한 정보 유통이 정지되는 것은 곧 공간의 죽음을 의미한다. 제3공간에서는 물리 공간에서 일어나는 모든 상황 변화에 대한 인식이 센서 등을 통해 문자·음성·동작·영상 등에 관계없이 수행되고 센서와 센서, 센서와 사람 간에 정보가 실시간으로 공유돼야 한다.

뿐만 아니라 제3공간에서는 가상공간과 물리 공간의 공통된 주소와 위치 기반이 확정되고 언제나 네트워크를 통해 이를 추적할 수 있어야 한다. 이를 위해서는 지리 정보 시스템(GIS)과 위치 측정 시스템(GPS) 그리고 물리 공간에서의 주소 등이 목적에 따라 다양한 방식으로 연결돼야 한다. 이밖에도 가상공간과 물리 공간의 윤리적, 법·제도적 업무 절차 등도 제3공간의 연결 체계에서 매우 중요한 문제다.

가상공간과 물리 공간을 연결하는 다리는 차세대 컴퓨팅 기술을 통해 실현된다. 차세대 컴퓨팅 기술은 현재 사용되는 퍼스널 컴퓨터와 크기나 용도 면에서 크게 다르고 기능면에서도 차이가 난다. 차세대 컴퓨팅 기술이 어느 수준에서 개발되고 실용화되느냐에 따라 가상공간과 물리 공간을 연결하는 다리의 완벽성도 달라진다.

이런 가운데 '입는(wearable)', '노매딕(nomadic)', '퍼베이시브(pervasive)', '조용한(silent)', '감지(sentient)', '1회용(disposable)', '임베디드(embedded)', '이그조틱(exotic)' 등이 차세대 컴퓨팅 기술의 새로운 패러다임으로 부상하고 있다.

입는 컴퓨팅은 유비쿼터스 컴퓨팅 기술의 출발점으로 컴퓨터를 옷이나 안경처럼 착용할 수 있게 함으로써 컴퓨터를 인간 몸의 일부로 만드는 기술이다. 입는 컴퓨팅 기술은 앞으로 체내 이식형 컴퓨팅(implant computing) 기술로 발전해 나갈 것이다.

노매딕 컴퓨팅은 네트워크의 이동성을 극대화해 특정 장소가 아니라 어디서든지 컴퓨터를 사용할 수 있게 하는 기술로 이른바 '어디서든 연결된 (always connected)' 환경을 실현한다.

그리고 퍼베이시브 컴퓨팅 기술은 모든 사물에 컴퓨터를 심어 도처에 컴퓨터가 편재될 수 있도록 하는 기술이다.

조용한 컴퓨팅은 사물에 심어진 컴퓨터들이 주인이 의식하지 않아도 마치 하인처럼 정해진 일을 묵묵히 수행하는 것을 실현하는 컴퓨팅 기술이며 감지 컴퓨팅은 센서 등을 통해 신선한 정보를 컴퓨터가 미리 감지해 사용자가 필요로 하는 정보를 제공하는 기술이다.

또한 1회용 컴퓨팅 기술은 모든 사물에 컴퓨터를 심을 수 있도록 컴퓨터를 1회용 종이만큼이나 저렴하게 만드는 기술이다.

임베디드 컴퓨팅은 컴퓨터가 수행해야 할 기능을 미리 프로그래밍해 심는 기술이다. 임베디드 컴퓨팅 기술을 활용하면 빌딩 기둥 속에 건물의 안정성을 스스로 진단하고 문제를 사전에 조치할 수 있는 컴퓨터를 심을 수 있다.

이그조틱 컴퓨팅은 그야말로 스스로 생각해 물리 공간과 가상공간의 연계를 수행하는 컴퓨팅 기술이다. 이 기술을 통해 집에서 일어나는 모든 상황과 해야 할 작업들이 지능적으로 파악되고 실제로 수행되는 것이 가능해진다.

사) 유비쿼터스 컴퓨팅과 인터넷 주소 체계

우리가 살고 있는 공간 속에서 주소와 이름은 사람이나 사물의 위치와 실체를 표시하는 중요한 수단이다. 주소가 얼마나 이용하기 쉽고 체계적이냐 하는 것은 그 사회의 발전 정도를 나타낸다.

지금 물리 공간과 가상공간에서는 그동안 사용해 오던 주소 체계를 새로운 주소 체계로 바꾸는 작업이 한창이다. 이는 전통적인 주소 체계가 갖는 한계와 불완전성을 극복하고 이용의 편리성과 서비스 수준을 높이기 위해서다. 물리 공간에서의 새로운 주소 체계 부여는 일제 강점기에 만들어진 토지 지번 대신 도로 명과 건물 번호를 이용해 이뤄지고 있다. 서울시를 비롯해 전국적으로 진행되고 있는 새 주소 체계 부여 사업은 물류 이동과 재난 사고에 신속하게 대응할 수 있는 등 많은 장점을 지니고 있다. 가상공간에서는 지금까지 사용해 오던 32비트의 IPv4 주소를 128비트의 IPv6로 바꾸는 작업이 활발히 진행되고 있다. 새로운 IPv6 주소 체계의 도입은 단순한 주소 체계의 변경 차원을 넘어 차세대 정보 통신 혁명의 출발을 의미한다.

IPv6 주소 체계에 대한 연구는 43억 개의 주소밖에 만들어 내지 못하는 IPv4의 한계에서 출발한다. 무어의 법칙이 증명하듯 컴퓨터나 단말기·정보 가전 등이 기하급수적으로 보급되고 이에 따른 IP 주소에 대한 신규 수요를 더 이상 감당할 수 없게 된 것이다. 그러나 IPv6는 가상공간의 주소인 IP 주소의 부족 문제를 말끔히 해결해 준다. 이론적으로 IPv6는 거의 무한대에 가까운 340억 개의 주소를 생성시켜 준다. 그동안 치열했던 인터넷 주소 확보 각축전도 불필요하게 된다. 무수히 많은 디바이스의 인터넷화와 P2P(Peer-to-Peer) 시스템이 일반화돼도 더 이상 인터넷 IP 주소의 부족을 염려할 필요가 없다.

IPv6는 단순히 무한대의 IP 주소 생성이라는 가능성만 열어 놓은 것은 아니다. IPv6는 확장된 주소 공간, 자동 네트워크 실현, 단순화 효율화된 헤더 구조, QoS에 대한 향상된 지원, 내장된 보안 기능, 이동성 확보 등 여러 가지 측면에서 기술적으로 한 단계 진보된 특성을 갖는다. 그래서 IPv6는 유선과 무선이 통합된 차세대 인터넷의 핵심으로 인식된다.

IPv6 주소 체계 도입이 정보 통신 서비스나 산업 분야에 가져올 영향은 상당히 많다. 유무선 통합 인터넷과 All-IP 유선통신망의 보편화, IPv6 채택한 네트워크 장비, 차세대 단말기, 새로운 개념의 멀티미디어 응용 서비스와 인터넷 비즈니스 등이 새로운 수요와 시장을 창출한다.

IPv6 주소 체계의 도입이 갖는 가장 중요한 특성은 인터넷이라는 가상 공간에서 사용하는 주소의 유일성과 함께 언제(anytime) 어디에서나 (anywhere) 어떤 기기(any device)로도 모든 미디어(any media)를 하나로 통합하고 연결해 서비스를 제공할 수 있다는 데 있다. 또한 출장·이

사·차량 이동 등과 같은 상황에서 네트워크 간의 접속이 끊임없이 이어지고(모바일), 이용자가 일일이 IP 주소를 입력할 필요 없이 자동으로 연결(PnP) 가능한 인간적인 친밀성도 지니고 있다.

이 같은 특성들이 바로 유비쿼터스 컴퓨팅과 네트워크 혁명을 불러올 밑거름이다. 또 가상공간과 물리 공간을 실시간으로 연결해 주는 매개체이기도 하다. 유비쿼터스 컴퓨팅과 네트워크는 컴퓨터는 그냥 들고 다니는 단말기 차원을 넘어 모든 장소와 사물, 상품, 사람의 옷이나 신발 등에도 센서나 칩 컴퓨터를 심고 이들을 네트워크로 연결하여 시시각각 변하는 신선한 상황 인식 정보를 제공한다.

이 과정에서 IPv6는 사물들 속에 심어진 센서나 칩 컴퓨터를 네트워크에 연결해 '사물 인터넷(Internet of the things)'인 T2T(Things-to-Things)를 실현시키는 접속 프로토콜이 된다. 사물 인터넷에서 IPv6는 센서와 칩 컴퓨터의 네트워크 주소뿐 아니라 그 이상인 사물의 주소, 위치, 고유성(Identity)을 나타낸다. 사물 속에서 이루어지는 센서와 칩 컴퓨터, 무선 네트워크의 결합은 바로 유비쿼터스 혁명이 지향하는 공간 과학성을 실현해 준다.

공간 과학성의 근원으로서 IPv6는 공간 속의 환경과 장소, 사물들을 증강 현실(AR)화하는 과정에서 실체화의 매개체가 된다. 이를 통해 공간, 사물, 사람, 정보(Web presence)의 기능적 일체화가 이뤄지고 상황 인식 정보의 정확성이 제고될 뿐 아니라 사물의 지능화로 수집되는 사물지를 활용할 수 있게 된다.

유비쿼터스 컴퓨팅 및 네트워크와 IPv6의 접목은 불가분의 관계이며 그 응용 가능성도 무한하다. 공간에서의 사람, 장소, 사물, 일이 만들어 내는 관계성의 변화를 시시각각 감지하는 상황 인식 정보의 활용 가능성도 높아진다. 사물지를 활용한 새로운 정보 서비스도 가능해진다.

정부·연구소·기업들도 IPv6를 기반으로 한 차세대 인터넷 구축과 관련 장비, 소프트웨어, 응용 서비스의 개발에 적극 나서고 있다. 'IPv6 포럼 코리아'6)를 결성하는 등 세계적인 IPv6 기술 표준화 작업에도 적극적이다.

3. 유비쿼터스 컴퓨팅에 대한 연구 동향

가) 연구 기관별 동향7)

MIT의 산소 프로젝트

MIT의 AI Lab에서 진행하고 있으며, DARPA와 기업체로부터 총 5,000만 달러의 연구 기금으로 진행되고 있다. 산소(Oxygen) 프로젝트의 특징은 매우 동적이며, 다양한 인간 활동을 지원하기 위함이고, 많은 기술적인 도전들을 극복해야 한다는 점이다. 미래의 컴퓨팅 기술은 인간 중심이며 공기 중에 있는 산소처럼 자유롭게 어디에서나 이용할 수 있어야 한다.

산소 프로젝트는 사용자와 시스템 기술들을 조합하여 편재하며, 인간 중심형 컴퓨팅 기술을 가능하게 하며, 음성, 비전 기술들을 이용하여 우리가 다른 사람과 이야기하는 것처럼 시간과 노력을 절약시키는 데 있다. Enviro21s(E21)는 가정, 사무실, 자동차에서 우리의 삶에 영향을 미치며, 손바닥 절반 정도의 크기로서, RF 통신, 저전력의 특성을 가진다. Handy21s(H21s)는 우리가 어디에 있든지 통신하며, 컴퓨팅 기능을 가지며, PDA의 음성 인식/합성 기능을 말한다. 자율 설정 네트워크(N21s)는 동적이며, 우리가 도달하기 원하는 사람, 서비스, 자원들에 도달하도록 도와주며, 분산 처리 기반 컴퓨팅 시스템이라 할 수 있다.

- 산소 기기 기술: Embedded devices(E21)는 가정, 학교 건물, 자동차 등에 지능화 공간을 만든다. E21s는 많은 양의 내장 컴퓨팅 계산량을 발생시키며, 카메라, 디스플레이, 스크린 등의 기기에 인터페이스 역할을 하게 된다. H21s는 E21s에 의하여 조절되는 지능형 공간의 안이나 밖에서 사용자들을 위한 모바일 액세스 포인트를 제공한다.

---

6) http://www.ipv6.or.kr
7) 박우출, 이석필, 조위덕 (2003). 유비쿼터스 컴퓨팅. TTA 저널, 85. 한국정보통신 기술협회.

H21s는 음성과 비주얼 입력을 받고, 다양한 통신 프로토콜들을 제공한다.

- 산소 네트워크 기술: N21s는 저전력의 점대점(point-to-point) 통신 기능, 건물 크기, 대학 캠퍼스 크기를 위한 다중통신 프로토콜들을 제공한다. N21s는 완벽하게 naming, 위치 특성의 decentralized 동작 원리와 resource discovery, 안전한 정보 접근 방식을 제공한다.
- 산소 소프트웨어 기술: 산소 소프트웨어 환경은 변화에 지원하기 위하여 만들어졌다. 변화란 사용자들을 위한 맞춤화를 하거나, 사용자들의 요구, 응용 프로그램의 요구, 현재 작동 조건, 새로운 소프트웨어, 업그레이드, 또는 다른 여러 가지 원인에 의하여 발생할 수가 있다.
- 산소 인지 기술: 마우스나 키보드 대신에 음성이나 비전 기술을 이용하는 것을 중심으로 하는 상호 작용 방식이다. 음성, 비전 등을 통합하여 인지 기술의 효율성을 증가시켰다. 인지 기술은 산소 프로젝트의 핵심 기술이라고 할 수 있다.
- 산소 사용자 기술: 여러 가지 사용자 기술들은 산소의 막대한 계산, 통신, 인지 자원을 이용한다. 산소의 시스템 기술들은 자동화, 협력, 지식 접근 기술들을 포함한다. 시맨틱 웹 기술을 이용하여 메타 데이터 관리 및 이용을 통한 개인화 정보 관리 및 협동을 제공하는 데 있다.

Washington 대학의 Portolano 프로젝트

컴퓨팅과 통신 기술들이 발전하여, 다음 세대 컴퓨팅 기기는 기술 중심형 일반적인 기기에서 사용자의 요구에 따라 쉽게 사용할 수 있고, 관리하기 편하고, 들고 다니며, 매우 신뢰할 만한 기기로 이동을 하고 있다. 이 기기들은 컴퓨팅 속도, 통신 대역폭에 의하여 제한되는 것이 아니라, 크기, 형태, 전력 소비에 의하여 제한을 받는다. 기기에서 발생한 데이터들이 다양한 무선 미디어에 의하여 인터넷에 접속되고, 제공된 서비스들에서 수집된 데이터들은 다시 기기에 접속하며, 어디에 있든지, 언제나 네트워크에 접속할 수 있어야 한다.

Portolano 프로젝트의 비전은 다음과 같다.

① 사용자의 의도에 따른 다중 사용자 인터페이스 기능

② 네트워크에 기초한 수평적 계층적 서비스 기능

③ 액티브 네트워크, 분산 처리 기반

● 사용자 인터페이스

다중 인터페이스 기능: 분산 서비스를 위하여 다중화된 접근 방식이다. 예를 들어 집에서 전자 신문을 자신의 컴퓨터 디스플레이에서 보다가 차를 타고 나가면, PDA에 보고 있던 전자 신문을 디스플레이 할 수 있는 기능이다.

상황 인지 컴퓨팅(Context Aware Computing): 사용자의 직무, 감정, 위치에 대하여 인지하여 사용자가 직접 입력하지 않고, 컴퓨팅이 알아서 해 주는 것을 말한다.

● 분산 서비스

사용자들에게 상황에 맞는 다양한 사용자 인터페이스를 제공하여, 똑같은 서비스와 같이 상호 작용을 할 수 있도록 한다. 예를 들어 스케줄링 서비스를 제공한다고 하면, 가정에서의 홈 디스플레이어, PDA, 자동차 PC 시스템에서 음성 인식/합성 기능을 가지는 동일한 형태의 서비스를 이용할 수 있도록 하는 것이다.

수평적 통합(Horizontal Integration): 현재의 통합 서비스 구조는 수직적 계층화 구조를 이루고 있으나, 수평적 구조로 바꾸어야 한다. 수평적 구조의 장점은 수직적 구조는 어떤 서비스를 제공하기 위하여 모든 구조가 갖추어야 하는데, 수평적 구조는 저비용에 유연한 구조적 특성을 가진다.

에이전트(agent) 기술: 많은 지능화된 서비스를 제공하기 위해서는 에이전트 기반 서비스가 제공되어야 한다. 에이전트 기술이란 사람을 대신하여 임의의 임무를 수행하기 위한 대신 활동할 수 있는 소프트웨어, 하드웨어적인 요소를 말한다. 에이전트를 구현하기 위하여 프로토콜과 관련 기술에 대하여 잘 설명되어 있으며, 모바일 환경에서의 간헐적 연결과 분산 데이터 소스에 대한 연구가 계속해서 진행되고 있다.

- 기반 구조

자원 복구(Resource Recovery): 최종 사용자의 도움 없이 네트워크 서비스를 발견하고, 서로 통신할 수 있도록 되어야 한다. 자원 복구는 RDP와 SLP 프로토콜을 포함하여 많은 연구가 진행되고 있으며, Berkeley의 Service Discovery Service, 선 마이크로시스템즈의 자바 스페이스, Jini, IBM의 T-Space, 마이크로소프트의 UPnP, 가전 컨소시엄의 HAVi 등이 있다. 이 제품들은 응용 영역에서의 의도하는 바에 의하여 약간씩 차이가 있다.

데이터 중심 네트워킹(Data-Centric Networking): 액티브 데이터가 네트워크에서 목적지를 행하여 진행하는 기능을 말한다. 예를 들면 사진 데이터를 케이블이나 기본 스테이션 없이 전송하고자 할 때, RF 전송 단은 주기기인 손목시계, 무선 전화기, 인터넷 응용 제품들과 통신을 하는 기능이다. 데이터 중심형 네트워킹은 네트워크에서 데이터 객체의 위치, 이름을 위한 데이터 중심형 네트워크에 작동과 구성에 대하여 연구를 해야 한다.

분산 컴퓨팅(Distributed Computing): 분산 처리 컴퓨팅을 위하여 자바 기반의 Jini, Liquid Software, 액티브 네트워크 툴 킷들이 있다. 이러한 모델들은 클라이언트에서 바이트 코드의 다운로드 후 실행하는 것을 한다. 자바 RMI를 이용하여 클라이언트들은 다른 디바이스의 서비스를 사용할 수 있다. CORBA와 마이크로 소프트의 COM 기반 솔루션 등이 있다.

간헐 연결성(Intermittent Connectivity): 비가시적이면서 무결점의 연결 설정, 해제를 위한 네트워크 프로토콜이 존재해야 한다. 간헐 연결성은 블루투스, HomeRF 기반 표준을 이용하여 소규모 영역에서 RF 네트워크의 임시(ad-hoc) 네트워크의 협력, 제거 등을 할 수 있다.

CMU의 AURA 프로젝트

CMU의 Aura 프로젝트의 비전은 다음과 같다. 컴퓨터 시스템에서 가장 중요한 자원은 프로세서, 메모리, 디스크, 네트워크가 아니고 인간의 집중도(attention)이다. 집중도란 컴퓨팅 작업을 할 때, 사용자가 네트워크 지연이나, 프로세서 성능에 의하여 작업의 집중 여부를 말한다. Aura 프로젝트에서는 퍼베이시브 컴퓨팅 환경에서의 사용자의 집중도를 떨어뜨리지 않고, 작업할 수 있는 컴퓨팅 환경 구성을 주요 목표로 하고 있다.

IBM의 퍼베이시브 컴퓨팅

IBM의 퍼베이시브 컴퓨팅은 모든 네트워크상에서 임의의 장치를 사용하여 어떤 정보라도 전달하며, 개인화 기능을 이용하면 사용자가 선택하는 언어 또는 그 업무에 가장 적합한 스타일(예: 음성, 감촉, 사이트)로 정보를 전달할 수 있는 것을 뜻한다. 퍼베이시브 컴퓨팅은 비즈니스에서 임베디드 컴퓨팅 기술(유선 및 무선)을 활용하여 e-비즈니스 기회 및 신규 애플리케이션을 사용, 통합, 확대한다. IBM의 퍼베이시브 컴퓨팅은 기업들이 이 차세대 컴퓨팅 장치를 위한 애플리케이션과 서비스를 생성하는 데 도움이 되는 소프트웨어, 하드웨어 및 솔루션을 제공하는 데 목적이 있다.

나) 기업별 동향8)

선마이크로시스템즈

최근 10년 내에 컴퓨터 그 자체보다 컴퓨터가 연결된 네트워크가 진짜 컴퓨터(The network is the computer)라는 선마이크로시스템즈(Sun Microsystems)의 개념은 유비쿼터스 컴퓨팅과 공통적인 면이 있다. 한번 프로그래밍하면 모든 환경에서 동작한다(Write Once, Run Anywhere)는 개념으로 개발된 선의 자바는 차세대 휴대전화에 탑재하기 위해 차세대 휴

---

8) 김완석, 박태웅, 이성국, 김정국, 백민곤 (n.d.). IT 리더들의 유비쿼터스 컴퓨팅 전략과 핫이슈. http://postnology.wenetcom.co.kr/ ucta.pdf에서 2004. 6. 20. 인출.

대전화용 규격인 'MIDP NG'의 규격화를 검토하고 있다. 또한 내장형 리눅스용·자바 환경의 제공을 2001년 1월에 발표함으로써 PC나 휴대전화 이외의 전자 기기기상의 자바 내장에도 민감하게 대응하고 있다. 한편 전자 기기들을 서로 연동하여 분산 동작케 하는 시스템인 지니(Jini)는 대형 컴퓨터에서부터 전자레인지, TV, 디지털 카메라, 스마트카드 등의 모든 정보 기기가 지니 환경에서 칩만 내장하면 네트워크에 접속되는 서비스를 제공할 수 있다.

마이크로소프트

마이크로소프트는 기존의 소프트웨어 판매의 비즈니스 모델에서 자사의 기술 및 제품을 인터넷을 전제로 한 웹으로 제공하는 비즈니스 모델로 전환하는 노력을 하고 있다. 그래서 인터넷을 기반으로 하는 복수의 운영 체제 응용 등을 플랫폼에 관계없이 상호 연동하여 모든 장치가 접근할 수 있는 분산 환경 구축 전략으로 닷넷(.Net) 전략을 2000년 6월에 발표하였다. 이 닷넷 구상을 기반으로 하여 사용자가 장치나 응용에 무관하게 인터넷상에서 자신의 데이터에 접근하거나 응용 서비스를 이용할 수 있는 웹 서비스를 실현하는 플랫폼의 코드명은 'HailStorm'이다. 따라서 PC나 휴대전화, PDA 등의 정보 단말을 통하여 전자우편이나 주소 관리 서비스 등을 제공하고 있다.

마이크로소프트의 홈 네트워킹인 '접속하면 바로 사용한다'는 UPnP (Universal Plug and Play)라는 인터넷 프로토콜을 사용하여 PC나 여러 가지 전자 기기들을 네트워크상에서 서로 통신하게 하는 기술이다. Windows XP를 탑재한 PC를 사용하여 컴퓨터상의 어떠한 설정도 없이 가정 내에 있는 모든 기기가 자동으로 서로 인식하여 통신하게 하는 것이다. 예를 들어 공유기를 설치한 네트워크 환경에서 MSN 메신저를 사용하는 경우 해당 애플리케이션에서 이와 같은 환경을 자동으로 인식하여 사용에 문제가 없도록 하는 기술이다.

IBM

IBM의 퍼베이시브 컴퓨팅은 네트워크상에 연결된 무수한 기기를 어디서나 언제라도 네트워크에 접근하여 e-비즈니스까지 행할 수 있는 환경을 의미한다. 이 개념은 유비쿼터스 컴퓨팅과 매우 유사한 개념으로 상당히 오래 전부터 추진되어 왔다. 'Pervasive'의 사전적 의미는 넓힌다, 보급한다는 의미이다. 퍼베이시브 컴퓨팅이란 항상 온라인 상태로 정보를 표시하는 네트워크 환경을 기반으로 하는 정보 융합 기술이다. 컴퓨터란 표시하는 방법으로 사람과 상호 작용을 할 수 있어야 하며, 정보를 표시하는 측면에서 퍼베이시브 컴퓨팅은 유비쿼터스 컴퓨팅을 능가한다. 장차 퍼베이시브 컴퓨팅 환경은 에이전트는 사람들의 요구에 따른 다양한 업무 처리 방법을 배워서 각 개인을 식별하여 각 개인들이 행동해야 하거나 결정해야 할 사항에 대한 지원 정보들을 스스로 결정하여 서비스하게 될 것이다.

인텔

휴대전화나 휴대형 PC 등은 고성능인 동시에 소형으로 저소비 전력에 대응해야 한다. 인텔은 소형의 저소비 전력으로 인터넷 대응의 XScal 구조를 탑재한 프로세서를 차세대 휴대전화 서비스인 2001년부터 시장에 공급하였다. 그리고 최대 1GHz로 동작하며 최대 1개월의 전지 수명을 가진 'Wireless Internet on Chip' 기술을 개발 중이다. 인텔은 유비쿼터스 컴퓨팅의 중요한 근거리 유선통신 기술인 블루투스의 SIG나 마이크로소프트의 장치 접근 기술 UPnP 포럼, 전력선에 의한 홈 네트워크 기술인 Homeplug의 Powerline alliance에 적극적으로 참가하고 있다.

NTT

NTT는 NTT 동서 지역 회사가 중심이 되어 ADSL 분야의 50%의 시장을 확보하고 있으며, 2001년 8월부터 광 접속 서비스도 제공하고 있다. NTT 동서 회사는 PC를 사용하지 않고 가정의 전화기로 인터넷을 접속하는 L-모드 서비스도 제공하고 있다. NTT 도코모는 2001년 6월 말 약

2,500만 명의 사용자를 확보한 무선 휴대전화 i-모드의 성공을 배경으로 일본 최대의 인터넷 사업자로 입지를 굳혔다. 2001년 10월부터 동경을 중심으로 지역별로 휴대전화를 통한 고속 통신 서비스 FOMA(Freedom of Mobile Multimedia Access)를 세계 최초로 개시하였다.

4. 유비쿼터스 컴퓨팅의 현황

가) 유비쿼터스 시대의 컴퓨터와 사용자 관계

폐쇄된 공간에서 전문가들만 컴퓨터를 사용하던 대형 컴퓨터 시대에는 컴퓨터가 희소 사원이었고 많은 사람들이 한 내의 내형 컴퓨터를 공동으로 사용해야 했다. 그러나 80년대에 개인용 컴퓨터가 등장하면서 사용자들은 비로소 자기만의 컴퓨터를 소유할 수 있게 됐다. 유비쿼터스 컴퓨팅 시대에는 사용자와 컴퓨터의 관계가 역전된다. 한 명의 사용자가 수백 개에서 수만 개의 컴퓨터와 통신 기기를 사용한다.

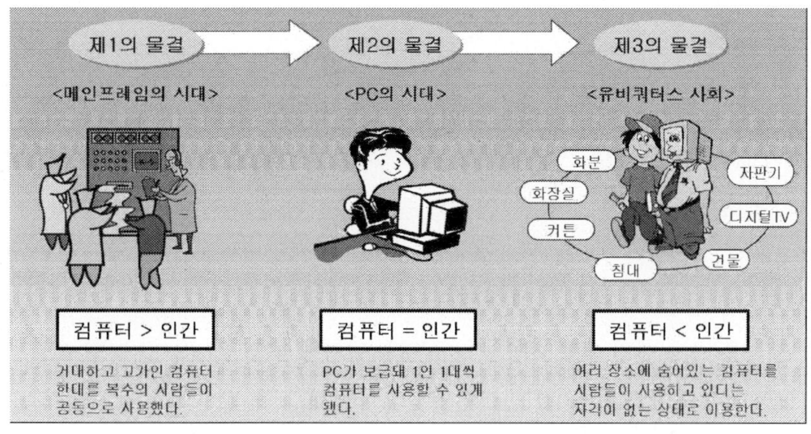

그림 2-9. 제3의 물결: 유비쿼터스 컴퓨팅

사용자와 컴퓨터, 그리고 통신 기기 간에 존재하는 희소성의 역전은 이미 가시화되고 있다. 이른바 골드 칼라들은 직장과 집안의 컴퓨터와 노트북, PDA 등 4, 5대의 컴퓨터를 동시에 사용한다. 통신 기기 역시 마찬가지다. 10개의 전화번호와 팩스 번호를 사용하는 사람도 있다. 유비쿼터스 시대가 오면 한 명의 사용자가 다루어야 할 정보 기기들의 숫자는 상상을 초월한다. 옷에 부착된 칩으로부터 수십 대의 정보 가전과 집안 곳곳에 부착된 센서들은 고도의 컴퓨팅과 통신 기능을 수행한다.

더 이상 컴퓨터와 통신 기기는 희소 자원이 아니다. 오히려 사용자가 희소해진다. 감당하기 힘들 정도로 많아진 정보 기기들로서는 사용자를 귀찮게 하지 않고 조용히 기다리는 것이 중요한 덕목이 된다. 조용한 기술(calm technology)이 요구되는 것도 이 때문이다.

나) 유비쿼터스 시대의 정보 통신 산업 지도

21세기를 표현하는 키워드로 블러(blur)와 접속(connection)이 있다. 오늘날 우리는 성(gender), 과학 기술, 상품, 공간, 원자와 비트들 간의 경계가 허물어지고 있는 모습을 도처에서 보고 있다. IT, BT, NT의 결합처럼 이론과 기술에서부터 이른바 경계가 불분명한 블러의 세계로 가고 있는 것이다.

블러화와 접속화의 특성을 합한 것이 유비쿼터스화다. 유비쿼터스는 가상공간과 물리 공간의 경계가 허물어져 하나로 결합되고 모든 것이 실시간으로 정보를 주고받음으로써 인간을 끊임없이 괴롭혀 왔던 합리성의 제약을 극복할 수 있는 세계다. 유비쿼터스화가 진전되면 더 많은 산업이 등장해 지금의 산업 지도를 크게 바꾸어 놓을 것이다. 이는 새로운 가치 창조의 기회를 의미한다. IT 산업은 기존의 영역에서 모든 산업 영역으로 그 경계를 확장해 나갈 것이다. 인터넷 기반의 무수히 많은 새로운 서비스가 등장하면서 정보 통신 산업 지도를 제작하는 일은 이미 의미 없는 작업이 돼 버렸다. 유비쿼터스 혁명이 진행되면 정보 통신 산업 지도는 더욱 옛 모습을 찾아보기 힘들 것이다.

GPS과 유선통신, 지리 정보 시스템(GIS), 웹 서비스 그리고 모든 부품에 컴퓨터 칩과 같은 센서가 심어지고 이것이 차량용 네트워크 시스템(CAN: Controller Area Network)으로 연결된 것이 미래 자동차의 모습이다. 따라서 우리는 자동차의 시동을 켜는 것이 아니라 컴퓨터처럼 '자동차를 부팅(booting)한다'고 해야 할 것이다. 기껏해야 차량에 설치하는 이동통신 시스템이 고작이었던 과거와 비교하면 미래의 자동차는 정보 통신 산업 지도가 어떻게 바뀔 수 있는지를 분명하게 보여준다. 유비쿼터스 환경에서 정보 통신 산업 지도는 모든 산업에 편재된 형태의 모습으로 등장할 것이다.

새로운 정보 통신 산업 지도를 상상하려면 IT 산업의 변화의 본질부터 이해해야 한다. 첫 번째 변화의 본질은 신선한 정보의 유통이다. 지금까지 네트워크를 통해 수신되고 발신되며 공유되던 정보들은 그 형태가 어떻든 간에 이미 편집된 정보다. 시장이나 건설 현장 등에서 문제 해결 능력과 의사 결정의 정확성을 높이고 새 지식을 창조하기 위해서는 신선한 정보의 유통이 필요하다.

두 번째 변화의 본질은 유비쿼터스 환경과 함께 각종 유무선 네트워크, 휴대형 가전, 내장형 시스템과 리얼 타임 소프트웨어, 서비스와 애플리케이션 등이 매우 다양해지고 특정 용도 및 기능을 중심으로 특화된다는 사실이다. 그리고 각종 스마트 센서와 칩, 라벨 등의 기술 발달에 힘입어 상태 감시와 추적의 능력이 확대되고 있다는 것도 중요한 변화다. 이는 정보와 지식을 증폭시키는 서비스의 도래를 의미한다.

이러한 유비쿼터스 환경과 산업 변화는 전혀 새로운 모습의 산업 지도를 그려 나갈 것이다. 당장, 물리 공간에 존재하는 사람, 사물, 장소들의 연결 체계를 웹상에 그대로 옮겨 놓고 웹 현실화 장치(Web presence device) 등을 통해 현실과 '현실 월드와이드웹'이 상호 작용할 수 있도록 통제하는 차세대 웹 서비스 산업을 꼽을 수 있다.

위치 및 속성 정보를 수, 발신하는 칩을 설계하고 이를 식재함으로써 모든 사물과 상품을 지능화시키는 스마트 칩 산업은 주문 반도체 수준을 뛰어넘어 도·소매업이나 위험 물질의 관리 등으로까지 확대된다. 사물과 환경의 변화를 실시간 감지, 추적하는 특정 용도의 센서 산업과 특정 사물이나 공간을 연결하는 센서 네트워크 구축 산업도 방범 및 안전 관리, 의료, 국방, 경찰 등의 분야에서 수많은 비즈니스 기회를 창조할 것이다.

또 광역 계측 산업은 모든 사물, 상품, 동식물, 기계에 센서와 칩이 심어지고 이를 네트워크로 연결해 감시, 추적할 수 있게 됨으로써 광역적인 도시 시설 관리, 교통 관리, 폐기물 및 쓰레기 관리, 국토 관리 등을 실시간으로 구현하는 새로운 산업 분야로 부상할 것이다.

21세기 마케팅 산업은 소비자의 신상이나 소득, 직업과 같은 죽어 있는 정보가 아니라 상황 인식을 통해 실시간으로 획득된 신선한 정보를 토대로 한 마케팅 산업이 각광을 받을 것이다. 예를 들어, 우리가 길을 걷거나 전철을 타고 이동할 경우 휴대 단말기에 실시간으로 주변 레스토랑의 메뉴, 쇼핑센터의 세일 여부와 상품 목록, 위치 정보 등을 제공하고 추가 정보도 조회할 수 있도록 하는 새로운 마케팅 산업을 상상해 볼 수 있다. 유비쿼터스 네트워크와 바이오칩, 센서, 에이전트 시스템 등을 이용해 건강관리, 미용, 쇼핑, 취미, 안전, 교육, 간호, 비만 관리 등을 서비스함으로써 개인의 특성과 요구를 최대로 실현해 줄 수 있는 최적 고객 지향적 사업 모델(ubiquitous concierge services)이 새로운 산업으로 부상할 것이다.

따라서 미래 정보 통신 산업 지도는 유비쿼터스 산업 지도로 바뀔 것이다. 가상공간과 물리 공간이 고도로 연계된 제3공간에서 유비쿼터스 산업은 기존의 정보 통신 산업을 능가하는 국부의 원천이 될 수 있다. 사람과 사람, 사물과 사물이 연결되는 유비쿼터스 네트워크에서의 가치는 사용자 수인 사람만의 제곱이 아니라 사물의 제곱까지도 포함해야 한다. 그만큼 유비쿼터스 산업의 가치 창출력은 무궁무진하다.

다) 유비쿼터스 시대의 정보 통신 서비스

유비쿼터스 컴퓨팅과 네트워크 기술을 기반으로 한 유비쿼터스 서비스는 전통적인 정보 통신 서비스와는 근본적으로 다르다.

전통적인 정보 서비스들은 사용자가 원하는 정보를 검색해 제공하는 포털 서비스가 주류를 이룬다. 물론 VOD나 전자 민원, 원격 교육과 같이 양방향성이 강하기도 하며 사회 경제적 시스템의 기능에 근접한 서비스들도 있다. 하지만 이들 서비스는 이미 편집된 정보(문자, 음악, 동영상 등)를 주고받는 수준으로 개인의 욕구에 최적화된 서비스가 아니다. 반면 유비쿼터스 서비스는 정보 그 자체만의 서비스가 아니다. 상황에 따라 필요한 행위까지도 사물이나 컴퓨터가 지능적으로 수행하고 사용자 욕구에 가장 근접한 신선한 정보 제공에 초점을 두는 서비스가 주류를 이룬다.

유비쿼터스 서비스는 사물이나 시스템의 지능화 수준에 따라 계층별로 'u-커뮤니케이션 서비스', 'u-정보 제공 서비스', 'u-상황 고지 서비스', 'u-행위 제안 서비스', 'u-지능형 서비스' 등 다섯 가지 형태로 나눌 수 있다.

u-커뮤니케이션 서비스는 광대역망, 모바일 네트워크, 초고속 무선 랜, IPv6 등을 결합한 유비쿼터스 네트워크를 단순히 전송로로 활용하는 서비스다.

u-정보 제공 서비스는 사용자의 요구가 있을 때마다 실시간으로 원하는 정보를 검색, 추적해 제공하는 서비스다. 집에 있는 화장실 문에 심어져 있는 센서나 카메라를 통해 가족의 건강 상태에 관한 정보를 사용자의 PDA로 제공받는 것이 이 서비스에 해당한다.

u-상황 고지 서비스는 사용자가 지시한 내용에 따라 센서나 태그 등이 상황을 스스로 파악해 원하는 정보를 알아서 제공하는 서비스다.

u-행위 제안 서비스는 앞의 서비스 단계에서 사용자의 요구를 추측해 필요한 행위 정보나 조치를 미리 사용자에게 제안하는 서비스 단계다.

u-지능형 서비스는 완전히 자동화된 스마트 서비스로서 문제 상황을 지능적으로 파악하고 여기에 필요한 행위를 스스로 수행하는 서비스다.

결국, 미래의 정보 통신 산업은 이 같은 5계층 서비스를 제공하기 위해 각종 유비쿼터스 인프라를 구축하고 이를 계층적으로 연계하거나 수평적으로 연관하기 위한 서비스와 관련 기기 및 콘텐츠 개발 산업의 형태로 발전할 것이다.

라) 유비쿼터스 시대의 경제 시스템

21세기 초반의 기술 혁신은 '언제나, 어디에서나, 무엇이라도'로 집약되는 유비쿼터스화를 가속시키고 있다. 유비쿼터스 혁명의 여파는 사회 전 분야로 확산된다. 인류의 역사에 있어서 증기 기관의 발명이 자본주의를 태동시켰듯이 유비쿼터스 기술 혁명은 제3공간을 개화시키고 있다. 제3공간은 사회의 하부 구조인 경제 시스템에서부터 모습을 드러내기 시작한다.

제3공간의 경제 시스템은 두 가지 측면에서 이해할 수 있다. 첫째, 경제 활동의 내용물인 재화의 성격이 변화된다. 제1공간 경제 시대에는 물리 공간상에 존재하는 물질재가 중요한 거래 대상이었다. 제2공간 경제 시대가 되자 가상공간상에 존재하는 정보재(information goods)가 중요한 재화로 등장하기 시작했다. 뉴스·방송·서적 등의 정형적인 정보뿐 아니라 네트워크 게임 같은 역동적인 정보까지 인터넷을 통해 거래된다.

제3공간 경제 시대는 물질 재화와 정보 재화에 이어 공간재(space goods)가 등장하는 시기다. 유비쿼터스 공간에 존재하는 각각의 사물에는 정보가 들어간다. 사물과 컴퓨터는 긴밀히 정보를 교환하면서 언제든지 서비스를 제공할 준비를 하고 있다. 유비쿼터스 공간은 그 자체가 하나의 살아 있는 시스템이다. 유비쿼터스 공간에서 사용자는 어느 하나의 사물로부터 서비스를 받기보다는 공간 그 자체로부터 서비스를 받는다.

재화의 특성은 경제 시스템의 모습을 결정짓는다. 물질 재화는 소유의 대상이다. 얼마나 많은 물질 재화를 소유하고 있는가에 의해 재산의 많고 적음이 측정된다. 이와 달리 정보 재화는 소유의 대상이 아니다. 정보 재화를 많이 소유했다고 부자가 되는 것은 아니다. 정보 재화는 소유되기보다는 접속된다. 정보 사회에 있어서 소유는 더 이상 경제를 움직이는 동인이 되지 못한다. 컴퓨터를 소유했다고 해서 그 기능이 발휘되는 것은 아니다. 인터넷에 접속할 때 비로소 그 기능을 충분히 사용할 수 있다. 네트워크를 타고 흘러 다닐 때 정보는 비로소 살아 있는 것이며, 이렇게 살아 있는 정보를 얻기 위해 접속이 요구된다.

공간재는 소유의 대상도, 접속의 대상도 아니다. 공간재는 거주(living)의 대상이다. 유비쿼터스 공간의 곳곳에 식재돼 있는 센서들을 소유한다고 해서 재산이 증가하는 것이 아니며, 그 센서들에 접속해 정보를 수집한다고 해서 효용이 증가하지도 않는다. 센서들의 총합으로 형상화되는 유비쿼터스 공간이 제공하는 공간 시각화 서비스, 증강 현실(AR) 서비스, 방범 방재 서비스 등이 중요하다. 이들 서비스는 유비쿼터스 공간을 소유하거나 접속하는 것이 아니라 '그 안에 거주함'으로써만 누릴 수 있다.

개개의 물질 재화를 소유하는 데 초점을 두는 경제를 1차원(선) 경제라고 한다면 인터넷을 통해 상호 연결된 수많은 정보 재화로의 접속을 강조하는 경제를 2차원(면) 경제라 할 수 있다. 1차원 경제에 비해 2차원 경제는 소비 패턴을 유연하게 바꾼다. 동일한 내용을 인쇄된 책으로 볼 수도 있지만 노트북 컴퓨터나 PDA, 휴대폰을 통해서 읽을 수도 있다. 제3공간의 공간 재화는 3차원(공간) 경제라고 할 수 있다. 공간의 3차원 경제는 그 풍부함이나 유연성에 있어서 면의 경제나 선의 경제를 능가할 것이다. 공간 속에 정보가 내장돼 있으며 어느 공간에서든지 원하는 정보를 얻을 수 있기 때문이다.

제3공간 경제의 두 번째 특징은 경제 활동이 이루어지는 공간이 바뀐다는 점이다. 산업 사회에서 경제 활동은 보이지 않는 손이 지배하는 '시장'을 중심으로 이루어져 왔다. 물질 재화의 공급자와 수요자가 만나는 물리 공간상의 공간이 바로 시장이다.

정보 사회로 진입하면서 시장은 그 위력을 잃고 인터넷이라는 네트워크가 그 빈자리를 메우고 있다. 보이지 않는 손이 지배하던 시장 경제는 보이지 않는 가상공간으로 사라진 것이다. 시장의 가격 조정 메커니즘에 의한 균형은 점점 더 찾아보기 어려워졌다. 가상공간상에서는 네트워크 외부성과 수확 체증의 법칙이 지배하는 것으로 이해되고 있으며, 소수의 독과점 기업이 전 세계 시장을 지배하는 현상을 쉽게 목격할 수 있다. 네트워크에 가입자가 많을수록 그 네트워크의 매력이 증가한다. 그렇기 때문에 더 많은 가입자가 그 네트워크에 가입한다. 이러한 선순환은 기존의 시장 논리를 붕괴시켰다. 가격 조절 메커니즘으로 인해 균형이 유지되리라는 시장 논리는 가상공간상에서 설득력을 잃고 있다.

제3공간 경제는 네트워크를 공동체로 넓힌다. 공동체란 유비쿼터스 공간에 함께 거주하는 사람과 사물을 통칭한다. 이 공간의 거주자들은 언제든지 어디에서든지 무엇이라도 공유할 수 있다. 정보만이 아니라 공간을 공유할 수 있다. 공간을 공유할 때 비로소 공동체라고 할 수 있다. 동일한 공간에 존재할 때 서로 영향을 주고받으며 의지할 수 있기 때문이다. 제3공간의 소비자와 공급자는 이러한 공동체를 통해 만난다.

공동체에서 공급자와 수요자, 생산자와 소비자의 구분이 모호해진다. 공동체에 속한 거주자 자신이 생산자인 동시에 소비자인 프로슈머(prosumer)가 된다. 시장의 논리나 네트워크의 개념을 공동체에 적용하기가 어려워진다. 오히려 제3공간의 경제는 정치에 가깝다. 공동체의 의사 결정이 토론과 협상과 투표에 의해 이루어지는 만큼 공동체를 통한 생산과 소비는 경제적인 행위라기보다는 정치적인 행위로 이해될 수 있기 때문이다.

제3공간은 정보에 물질적 특성을 부과하며, 물질에 정보적 특성을 심는다. 제3공간에서 정보는 무거워지고, 물질은 가벼워진다. 물질로부터 해방됐던 정보가 다시 물질 속으로 들어간다. 분리됐던 물질과 정보가 재결합된다. 이렇게 지능을 부여받은 물질들로 구성된 공간은 그 자체가 상품이자 서비스다. 이렇게 공간 자체가 가치를 지닐 때 공간재라고 한다.

공간재는 제3공간이 제공하는 핵심적인 상품이자 서비스다. 공간재에 내재된 가치는 정보재의 그것에 비해 훨씬 안정적이다. 정원을 복제할 수 없듯이 공간재는 복제하기 어렵다. 공간재는 어디에서나 접근할 수 있지만 공간재 자체는 물질재보다도 더 고정적이라는 특성을 지닌다. 공간재는 정보재는 물론이고 물질재에 비해서도 훨씬 안정적인 가치를 지닌다. 정보재에 기초한 위태로운 지식 경제와는 달리 공간 재화에 기초한 제3공간의 유비쿼터스 경제(u-Economy)는 안정적인 가치의 토대를 지닐 것이다.

마) 유비쿼터스 시대의 지식 경영

유비쿼터스 네트워크의 등장은 지식 경영에 일대 혁명을 몰고 올 것이다. 실제로 일본의 노무라 연구소는 기존의 암묵지(tacit knowledge)와 형식지(explicit knowledge)에 추가해 새로운 형태지(visible knowledge)가 등장할 것이라고 예견했다.

암묵지는 사람의 머릿속에 존재하는 지식이며 형식지는 다른 사람들과 공유할 수 있도록 표현된 지식이다. 감성이나 숙련된 기술 및 노히우와 같은 지식은 일목요연하게 형식지로 나타내기 어렵다. 이러한 종류의 지식들은 문자나 기호로 표현되기 어려우며 오히려 동영상으로 전달될 수 있다. 이를 형태지라고 부른다. 유비쿼터스 네트워크의 등장으로 인해 비로소 형태지를 자유롭게 주고받을 수 있게 됐다.

형태지는 사물에 내재된 지식이 가상공간에서 표현된 것이라고 해석할 수 있다. 숙련된 지식이나 노하우는 사람의 육체에 내재된 지식이라고 할 수 있기 때문이다. 지식이란 사람의 머릿속에 존재할 수도 있지만 사물에 내재될 수도 있다. 이제까지 지식은 사람의 머릿속에만 존재하는 것으로 간주돼 왔다. 그러나 자연물에는 신의 지식이, 인공물에는 인간의 지식이 내재돼 있다.

지식의 주체는 사람과 사물로 나눌 수 있다. 사람의 머릿속에서 밖으로 나온 지식을 형식지라 한다면 사물의 밖으로 나온 지식을 형태지라고 할 수 있다. 사람의 머릿속에 머물러 있는 지식을 암묵지라고 한다면 사물에 내재돼 있는 지식을 사물지(invisible knowledge)라고 할 수 있다.

유비쿼터스 혁명이 진행될수록 사물지와 형태지의 비중은 급격히 증가한다. 각각의 사물에 지능이 숨겨지면서 사물들이 서로 대화하고 지식을 나누면서 스스로의 지식을 변화한다. 음식물의 조리법이 비밀이라면 사물 지는 겉으로 드러나지 않도록 숨겨져야 한다. 하지만 조리법에 근거한 명령은 지속적으로 전자레인지에 전달돼야 한다.

사물의 지식을 어느 범위까지 공유할 것인가는 피할 수 없는 문제다. 사물 간의 지식 경영이 필요한 것도 이 때문이다. 또한 사람이 사물의 지식을 어느 정도까지 알아야 하는가의 문제도 중요하다. 모든 사물의 지식을 아는 것은 불가능하다. 그러나 사물에 내재된 지식에 대해 전적으로 무지한 사람은 사물을 통제하기 어렵다. 결국 사람과 사물 간에 어느 정도까지, 어떠한 방식으로, 어떤 지식을 공유할 것인가의 문제가 제기된다. 이 역시 기존의 지식 경영과는 전혀 다른 접근을 요구한다.

사물 간, 사람 간, 그리고 사물과 사람 간의 다차원적인 지식 경영은 사물지와 형태지, 암묵지와 형식지가 어떻게 순환하면서 새로운 지식을 창출할 것인지를 결정할 것이다. 따라서 미래의 지식 경영은 지금보다 훨씬 더 복잡한 양상으로 전개될 수밖에 없다. 미래의 복잡한 지식 경영은 시스템 사고를 통해 적절하게 이뤄질 것이다.

바) 유비쿼터스 시대의 인터페이스

물리 공간 시대의 중요한 정보 매체는 책이다. 인쇄를 통해 활자와 그림을 조율함으로써 사람과 정보 간의 인터페이스가 디자인된다. 하지만 전자 공간 시대는 사람과 정보를 연결하는 새로운 매개체로 컴퓨터와 인터넷 즉, 사람과 컴퓨터 간 인터페이스(HCI: Human-Computer Interface)가 등장했다.

제3공간 시대에도 컴퓨터는 여전히 중요한 매개체다. 그러나 제3공간 시대에서 컴퓨터는 여러 매개체들 가운데 하나일 뿐이다. 제3공간은 정보만을 매개하는 공간이 아니라 정보와 사물들을 매개하는 공간이기 때문이다. 제3공간은 사람과 컴퓨터의 인터페이스는 물론이고 사람과 사물 간의 인터페이스(HTI: Human-Thing Interface)가 중요해진다. 제3공간에서 사물들은 더 이상 단순한 사물이 아니다. 사물들 속에 정보가 들어 있다. 사물에 대한 인터페이스는 물리적인 측면뿐 아니라 정보적 측면도 함께 고려돼야 한다. 사람과 사물 간의 인터페이스를 풍부하게 하기 위한 증강 현실에서는 사물에 탑재된 정보를 캐내고 사물과 연결된 가상공간상의 정보를 불러온다. 그리고 사물과 정보를 혼합한 새로운 인터페이스를 구성한다. 제3공간의 사물은 정보를 품고 있는 살아 있는 물질이다.

제3공간의 인터페이스는 과거와 비교할 수 없을 정도로 복잡하다. 인터페이스의 주체가 사람을 넘어 사물까지 포함하기 때문이다. 인간과 사물 모두가 살아 있는 인터페이스의 주체가 된다. 사물들은 직접 컴퓨터에 접근해(TCI: Thing-Computer Interface) 필요한 정보를 요청한다. 스마트 전자레인지는 인터넷에 연결된 컴퓨터에 조리법을 문의한다. 스마트 냉장고는 처음 보는 상품이 들어오면 인터넷으로 그 상품의 적정 온도가 얼마인지를 문의한다.

사물들끼리의 인터페이스가 이뤄지기도 한다. 피자를 조리하고자 하는 스마트 전자레인지는 냉장고에 요리 재료가 충분한지를 물어본 후 냉동된 요리 재료들을 녹여 줄 것을 요청할 수 있다. 사물 간 인터페이스(TTI: Thing-Thing Interface)를 구현한 이 제품은 어린이들로부터 폭발적인 인기를 끌었다.

제3공간 시대에도 컴퓨터와 컴퓨터 간 인터페이스(CCI: Computer-Computer Interface)는 여전히 중요한 역할을 한다. 다만 컴퓨터와 컴퓨터가 인터넷을 경유하지 않고 직접 연결되는 비중이 확대될 것이다. 무선으로 컴퓨터를 연결하면 분산된 정보들을 실시간으로 조직화하고 동기화시킬 수 있기 때문이다. 이 같은 정보 교환과 조직화는 조용히, 그리고 지속적으로 이뤄진다. 이를 위해 소프트웨어 에이전트(software agent)가 광범위하게 활용될 것이다. 특히 소프트웨어 에이전트는 가상공간뿐 아니라 물리공간에서도 활발하게 사용된다. 정보 가전이나 자동차와 같은 물리 공간의 사물들도 정보 교환과 조직화를 요구하기 때문이다.

이처럼 제3공간의 매개체는 다양하고 복잡하다. 제3공간의 매개체는 가상공간과 물리 공간의 모든 기기와 사물들을 연결한다. 인터넷(Inter-net)이 네트워크의 네트워크라면, 제3공간의 매개체는 공간을 연결하는 인터스페이스(Inter-space)다. 따라서 제3공간의 인터페이스(Interface)는 근본적으로 인터스페이스(Inter-space)라고 할 수 있다.

이처럼 공간을 넘나드는 연결은 우리가 인식하지 못하는 사이에 이미 우리 생활 속에 깊숙이 들어와 있다. 교통 카드로 버스를 타거나 전철 개찰구를 통과할 때 카드 속에 내장된 정보는 물리 공간에 존재하는 센서와 신호를 주고받는다. 그 순간 교통 카드는 가상공간으로부터 충전 받은 금액을 지불한다. 거리 곳곳에 설치된 현금 출납기는 신용카드에 들어 있는 가상공간상의 정보를 물리 공간의 현금으로 전환시킨다. 제3공간 시대에는 이러한 카드가 훨씬 다양한 영역에서 활용될 것이다.

미래의 유비쿼터스 카드(u-Card: Ubiquitous Card)는 교통 카드, 신용카드, 현금 등은 물론이고 신분증, 자격증, 주차 카드 등을 통합한다. 또한 유비쿼터스 카드는 현재의 카드와는 달리 정보의 흐름을 보여주는 그래픽 화면과 카드 정보를 수정할 수 있는 입력 장치가 제공된다. 단 한 장의 u-카드로 가상공간과 물리 공간을 넘나들 수 있을 때 제3공간은 우리의 손과 호주머니 안에서 구현된다. 가상공간과 물리 공간이 모두 u-카드 속에 접혀져 조그만 지갑으로 들어오는 셈이다.

사람과 컴퓨터 간 인터페이스(HCI)는 입력과 출력 기능을 통해 구현된다. 입력 장치가 사람이 컴퓨터에 접근할 수 있게 한다면 컴퓨터는 출력 장치를 통해 사람에게 접근한다. 입·출력 방식은 1차원에서 3차원으로 구분할 수 있다. 문자 중심의 입출력은 1차원적인 방식으로 볼 수 있다. 키보드나 키펀치와 같은 입력 장치는 입력하고자 하는 순서대로 개개의 지점들을 누른다. 그리고 문자만을 표시하는 초기 컴퓨터 화면은 순서대로 입력된 문자들을 하나의 기호로 출력한다.

정보화가 급진전된 지난 20년간, 1차원의 입·출력 방식은 2차원 방식으로 발전했다. 마우스와 펜을 이용해 평면 위의 곡선들도 자유롭게 입력할 수 있게 됐다. 또한 2차원의 화면은 역동적인 그래픽 메시지도 전달한다.

매킨토시와 Windows는 그래픽 사용자 인터페이스(GUI: Graphic User Interface)라는 획기적인 인터페이스 혁명을 불러왔다. 컴퓨터의 인터페이스는 인터넷에도 그대로 적용된다. 하이퍼텍스트 기능을 제공하는 넷스케이프, 익스플로러 등의 웹 브라우저가 등장하면서 인터넷 공간은 화려한 그래픽 인터페이스로 채워졌다.

제3공간 시대는 2차원을 넘어 3차원의 인터페이스를 요구한다. 제3공간의 입력 장치는 공간을 떠도는 음성뿐 아니라 허공을 가르는 몸짓까지도 포착해야 한다. 커다란 몸짓만이 아니라 미세한 눈동자의 움직임도 포착한다. 이들은 2차원 평면이 아닌 3차원 공간과 4차원의 시공간 속에 존재하는 신호들이다. 제3공간 시대의 출력 장치는 2차원 화면과 프린터 수준을 넘어 3차원 홀로그램이나 소형 공작 기계까지 포함한다. 3차원 형상을 실제 제조할 수 있는 소형 공작 기계는 책상 위에 초소형 공장을 세우는 것과 같은 의미다.

특히 제3공간 시대의 유비쿼터스 환경은 입력과 출력을 단일 기기로 한정하지 않는다. 사용자 음성과 몸짓은 수십, 수백 개의 기기에 동시 입력되고 그 결과 역시 수십, 수백 개의 기기를 통해 출력된다. 음악 지휘자의 몸짓이 수십 개의 악기에 독립적으로 입력되고 출력되듯이 유비쿼터스 인터페이스(UI: Ubiquitous Interface)도 다(多)입력, 다(多)출력의 형태로 구현된다.

사) 유비쿼터스 시대의 기술 진보

오늘날의 과학 기술로 컴퓨터의 파워를 존재하게 할 수 있는 곳을 크게 나누어 보면 가상공간과 실세계이다. 따라서 유비쿼터스 컴퓨팅은 가상공간상에서의 가상 컴퓨팅(메일 서버, 웹 서버, 데이터베이스 서버 등)과 같은 인터넷 기반 서버의 이용과 실세계의 리얼 컴퓨팅(마이크로컴퓨터, 휴대 단말, MEMS, 센서 등)과 같은 인터넷·비인터넷 클라이언트의 이용으로 구성되는 것으로 볼 수 있다. 컴퓨팅 파워를 구성하는 두 공간의 구조를 살펴보면 유선, 무선, 근거리 무선을 매개로 하는 통신상에의 서버 컴퓨팅(가상 컴퓨팅의 실체)과 클라이언트 컴퓨팅(리얼 컴퓨팅의 주체)이 공존하고 있다.

가상 컴퓨팅은 IP 기반의 네트워크상에서 활용되는 백엔드의 컴퓨팅 영역이다. 리얼 컴퓨팅은 근거리 유선통신을 기반으로 하는 프론트 엔드의 컴퓨팅 영역이며 비 IP 기반의 NFC를 통한 자율형 컴퓨팅 객체들이 협업으로 제공하는 서비스 혹은 응용의 세계이다. 오늘날 가상공간의 가상 컴퓨팅은 일반화되어 있으나, 실생활 공간상의 리얼 컴퓨팅은 초보 단계라고 볼 수 있다. IT 환경이 유선, 무선, 유무선 통합, 근거리 유선통신 그리고 서버, 센서, PC, 포스트 PC, MEMS, 초소형 컴퓨팅 객체(칩)로 전개됨에 따라 가상공간과 실세계는 사실상 서로 통합 혹은 융합이 되고 있다. 모든 객체가 하나로 되는 글로벌화(표준화 및 인터넷화)가 진행되는 동시에 모든 객체가 특화되는 개인화, 다양화, 전자적 사물화라는 서로 상반된 두 가지 기술 진화의 방향이 실세계와 가상공간에서 조화된 세 차례의 파동을 일으키면서 하나가 되고 있다.

서버 기술과 유선통신 기술 영역은 이음매 없는 망 통합(첫째 파장)으로 진화되고 있으며, 클라이언트와 포스트 PC기술과 무선 및 유무선 통합 망 기술은 초고속 대용량의 멀티미디어 데이터에 대한 브로드밴드 접속 서비스(둘째 파장)를 제공하고 있다 또한 내장 초소형 컴퓨팅 객체와 MEMS, 센서 기술 및 근거리 유선통신 기술은 자율형 컴퓨팅 환경(셋째 파장)을 제공하는 방향으로 진화하고 있다. 셋째 파장의 특성은 내장 초소형 컴퓨팅 객체와 MEMS, 센서 기술 및 근거리 유선통신 기술에서 찾을 수 있는 동시에 세계 각국의 주요 유비쿼터스 컴퓨팅 프로젝트의 특성을 통해서도 확인할 수 있다.

따라서 셋째 파장 영역이 유비쿼터스 컴퓨팅의 영역이며 근거리 유선통신, 센서, MEMS, 소형 컴퓨팅 칩 기술이 유비쿼터스 컴퓨팅의 기반 기술로 판단된다. 대부분의 유비쿼터스 컴퓨팅 프로젝트들은 자율형, 통신 플랫폼, 이동성을 특성으로 한다. 이와 같이 정보 기술은 세 차례의 순차적인 파동을 통하여 정보 기술에 관련한 모든 기술적 스펙트럼을 제시하였다고 여겨진다. 이렇게 순차적으로 진화하던 정보 기술의 모든 스펙트럼이 제시된 이후부터는 세 영역이 동시에 성숙 단계로 전환되고 있다.

이러한 정보 기술 진화 파장에 따라 성숙된 IT 기반 구조를 바탕으로 하는 정보 기술 간의 융합(유무선 통합 등), IT와 서비스의 융합(IT 통신, IT 방송, IT 가전, IT 금융 등), IT와 타 기술 영역과의 융합(IT · NT, IT · BT 등)으로 기술 성장 동인 고부가 가치성 혹은 시장성이 이동하고 있다. 즉 성숙된 IT는 다양한 서비스 산업과 타 기술 산업 영역들을 고도화하는 차세대 성장 인프라의 핵심이 되고 있다.

한편 정보 기술 진화 파장을 제1파장(1985~2000), 제2파장(2000~2005), 제3파장(2005~2020)으로 나누어 기술과 사업성을 살펴보면 다음과 같다.

제1파장에서 생성된 IT 산업은 H/W(IBM), OS(MS), 응용(Oracle)으로 상업적으로 대성공을 거두었다. 제2파장에서 NTT 도코모가 i-모드 서비스를 통하여 성공하였지만, 냅스터는 많은 사용자를 확보하고도 지적 재산권에 대한 규제로 상업적으로 실패하였다. P2P 기술 기반의 망 응용인 메신저도 많은 이용자들을 확보하고 있지만 성공적 사업 모델은 도출되고 있지 않은 상태이다. 오락, 게임, 아바타 등의 콘텐츠와 VDSL, i-모드 등의 유유선통신 서비스를 통하여 상당한 수익이 발생하지만, 제1파장에서의 IT 산업이 보여준 시장 폭발력은 사실상 제2파장에서는 재현되고 있지 않다. 되돌아보면 전자우편, FTP, 웹 등도 많은 이용자가 존재하지만 과금하는 방법이 존재하지 않아 오래 전에 비즈니스 모델로는 무의미한 기술로 치부되었다.

IT 서비스 위력은 전자우편, FTP, 웹, P2P의 냅스터, 메신저 등에 대한 폭발적인 이용자 수를 통하여 확실하게 증명되고 있다. 이와 같은 IT 서비스에 대한 폭발적인 이용자의 확산에도 불구하고 사업 모델은 여전히 모호하기만 한 것이 현실이다. 이제 제3파장인 유비쿼터스 사업과 서비스가 서서히 출현하고 있다.

1988년에 제록스사에 의하여 처음 제시된 프론트 엔드 측 영역의 유비쿼터스 컴퓨팅 개념에서 백엔드 측의 인프라 기반 사업자들을 위한 사업 모델에 대한 모색은 쉽지 않았다. 1998년 IBM에 의하여 유비쿼터스 컴퓨팅 개념을 기반으로 하는 사업자 입장의 백엔드 기술 개념으로 퍼베이시브 컴퓨팅이 기술 비전으로 제시되면서 블루 그리드 프로젝트가 지향하는 e-비즈니스나 RFID 태그와 같은 유비쿼터스 컴퓨팅의 사업화는 활기를 띠게 되었다. 한편 일본의 NTT의 IT 비전은 기술 발전에 따라 멀티미디어 브로드밴드 커뮤니케이션을 통한 윤택한 커뮤니티 사회의 제시를 거쳐 정보가 공명하거나 파동쳐 전달되는 공진(共振, resonant) 커뮤니케이션 사회 실현을 비전으로 제시하고 있다. 이와 같이 IT 리더들은 단순한 서비스나 제품 개발을 넘어 기술 기반으로 새로운 IT 개념과 신사회 실현을 비전으로 제시하고 있다.

그러나 유비쿼터스 사업과 서비스가 상업적으로 거대한 시장을 창출할 수 있을까? 사실 유비쿼터스 컴퓨팅은 많은 미래학자 혹은 인터넷 몽상가들 중의 한 사람인 마크 와이저가 제시한 IT를 기반으로 하는 미래 복지에 대한 비전으로, 모든 것이 질서 정연하고 체계적이며 계속되는 산업 발전에 대한 장밋빛 미래만을 그리고 있다. 그러나 또 한편의 미래학자들은 부정적인 경제 상황의 시나리오로 2015년부터 석유 생산량의 감소 현상이 일어나면서 전 세계적인 인플레 현상이 일어날 것으로 예측하여 경기 침체, 전쟁, 글로벌 재난, 자원 고갈, 공해 등으로 인한 혼동의 상황을 언급하고 있다. 그래서 미래는 지금보다 더 경제적으로 각박해지고 자원이 부족해지는 시대에서 살아남기 위한 에너지 절약, 산업 효율성 극대화의 경제 환경이 필요해 질 것이라는 분명 유비쿼터스 컴퓨팅 사회와는 다른 그림을 제시하고 있다.

유비쿼터스 컴퓨팅 사회의 IT 진화론에는 기술로 닭을 만들어 내는 기술 발전에 대한 이야기는 잔뜩 들어 있으나 알을 만드는 기술의 상용화에 대한 계획은 결여되어 있다. 예를 들어 백엔드 측의 페타(peta)급 백본망이 필요하게 될 만큼의 복잡하고 방대한 미래의 프론트 엔드 측 정보 서비스 산업 중의 하나가 될 엔터테인먼트 산업을 상업적으로 성공시킬 수 있는 유비쿼터스적 서비스 상용화 전략은 무엇인가? 인터넷 기반의 다양한 기술들이 상업적으로 성공하지 못한다면 지속적인 기술 발전은 기대할 수 없다. 따라서 유비쿼터스 IT 기반의 가상 네트워크, 망 기반 브로커, 리얼 컴퓨팅 서비스에 대한 기술 개발 못지않게 무형(intangible) 서비스와 사업에 대한 상용화 모델과 성공적 사업 전개 방법론에 대한 깊은 연구가 수행되어야 한다. 기존의 산업 사회의 유형(tangible) 서비스와 제품의 사업화에 대한 모델과는 차별화되는 비가시적 서비스와 디지털 콘텐츠에 대한 사업화 패러다임을 제시할 수 있을 때 유비쿼터스 컴퓨팅에 대한 사업 전망이 밝아질 것이다.

5. 유비쿼터스 컴퓨팅의 활용

가) U-도시

도시는 물리 공간의 기능이 가장 고도로 집적된 동시에 온갖 종류의 문제점을 안고 있는 공간이다. 즉 국가 경쟁력의 원천이면서도 주택, 교통, 환경, 범죄 등 해결해야 할 수많은 문제점을 안고 있는 골칫거리 공간이기도 하다. 도시에는 수많은 공간(space)과 사물(things), 사람(people)들이 각자의 활동을 수행하며 존재하고 있다, 유비쿼터스 도시 혁명의 발상은 이들을 하나로 연결시키는 데 있다. 물리적인 요소들만을 대상으로 하는 전통적인 도시 계획은 이들을 하나로 연결하지 못했다. 그것은 계획의 실패라기보다는 물리적 공간의 특성, 즉 시간과 거리 그리고 공간의 고정성이라는 제약에서 기인한 것이다. 인터넷과 같은 정보 기술의 발달은 이러한 물리적 공간의 제약을 극복할 수 있는 단서를 제공한다. 현재 새롭게 부상하고 있는 유비쿼터스 정보 기술 혁명은 공간, 사물, 사람 그리고 활동을 어떻게 하나로 연결할 수 있는가에 대한 해답을 제시해 주고 있다.

그렇다면 과연 유비쿼터스 도시(ubiquitous city, U-city)는 어떻게 공간,

사물, 사람, 활동 등을 하나로 연결할 수 있을까. 도시에는 수많은 크고 작은 공간이 존재하며 이들 공간 속에는 각각 다른 사물, 활동, 사람, 활동 등이 존재한다. 도시 공간들 간의 연결은 3차원으로 이루어진다. 광대역 유선 네트워크(broadband network), 모바일 네트워크(mobile network), 무선 네트워크(wireless network)가 언제, 어디서, 어떤 단말기로든 공간을 연결해 주는 기반 구조이다. 이를 유비쿼터스 네트워크(ubiquitous network)라고 부른다.

고속도로처럼 광대역의 초고속 정보 통신망은 모든 도시 공간을 네트워크로 연결한다. 모바일 네트워크도 모든 공간을 동일한 방식으로 빈틈없이 연결한다. 특히 무선 네트워크는 도시 공간의 크기와 종류에 따라 수없이 많은 백화점, 박물관, 시장, 교량, 학교, 아파트 등 특정 용도의 내부 요소들을 하나로 연결한다.

도시 공간에 존재하는 사물 간의 연결은 센서, 안테나, 집적 회로(IC) 기능 등을 하나의 칩으로 만든 컴퓨터를 사물 속에 집어넣고 이들을 네트워크로 연결함으로써 실현된다. 이를 센서 네트워크(sensor network)라 부른다. 이를 통해 사물이 지능화되고 사람과 사물은 서로 정보를 주고받을 수 있게 된다.

도시에 살고 있는 사람(또는 공동체)의 연결은 사람과 공간, 사람과 사물, 사람과 사람들 간의 연결을 의미한다. 사람이 중심이 된 이러한 연결들은 지금보다 훨씬 사용하기 쉽고, 사람의 신체처럼 자연스럽게 일체화된 '입는 컴퓨터'나 단말기를 통해 구현된다. 특히 공간, 사물, 사람 간의 연결은 IPv6라는 새로운 주소 체계를 통해 공간적 위치성이나 식별성은 물론 정체성이 더욱 고도화되고 실시간으로 연결도 할 수 있게 된다. 여기서 중요한 변화는 사람이 스스로 의식하지 않아도 원하는 공간, 사물, 사람들과 연결된다는 사실이다.

이러한 도시 공간, 도시 사물, 도시 사람들 간의 연결 체계 속에 우리가 추구하는 도시 기능을 실현하기 위한 생생한 정보들이 공간, 사물, 사람 간에 실시간으로 흘러 다닌다. 사람이 사물에게 지시를 하거나 사물 스스로 사람이 원하는 활동을 선택적으로 수행할 수 있게 된다. 이러한 공간, 사물, 사람 간의 전 방위적인 연결은 유비쿼터스 도시에서 정부, 기업, 시민 등이 수행하는 다양한 활동들을 더 투명하고, 정확하고, 지능적이고, 편안하고, 안전하고, 효과적으로 실현해 준다.

유비쿼터스는 평온하고(calm), 지능이며(intelligent), 도시민의 요구에 가장 적합하며(tailored), 소모적이지 않고 생산적인(yield) 도시를 실현시켜 줄 것이다. 따라서 도시 정부도 고도로 연계된 가상공간과 물리 공간 속에서 공간, 사물, 사람, 활동 등이 하나로 연결된 유비쿼터스 도시 창조를 위한 새로운 'U-도시' 계획을 준비할 때다.

유비쿼터스 시대의 도시 경쟁력은 전통적인 개념의 사회 간접 자본이 아니라 새로운 시스템 온 칩(SoC: System-on-a-Chip) 기술에 의해 좌우될 것이다. 도로망, 철도망, 상·하수도망 등 지금까지의 도시 인프라는 더 이상 도시 발전을 주도할 수 없다. 도시 발전을 이끌 새로운 대안인 도시형 SoC 인프라에 대한 투자가 필요한 때다.

SoC 인프라는 도시 활동을 더욱 지능화하는 칩과 칩의 네트워크(chip network) 또는 센서와 센서 네트워크(sensor network)로 구성된다. 도시 공간과 환경, 도시 정부의 공공시설을 구성하는 모든 사물에 감지(sensing), 추적(tracking), 감시(monitoring), 구동(actuator) 역할을 수행하는 칩을 식재하고 이들을 네트워크로 연결한 'SoC 네트워크'는 도시의 기능을 높이는 기본적인 인프라로 활용될 것이다.

나) U-교육

개인용 컴퓨터의 급속한 보급으로 컴퓨터가 보편적인 생활필수품이자 학습 도구로 자리 잡았다는 데는 이론의 여지가 없다. 초·중등학교 학생이 있는 대부분의 가정에는 초고속 인터넷에 연결된 컴퓨터가 있다. 부모들은 자녀들에게 컴퓨터를 사주며 컴퓨터와 인터넷을 공부하는 데 많은 도움이 될 것으로 기대한다. 그러나 컴퓨터가 인터넷에 연결되는 순간부터 많은 위험이 다가온다. 부모들은 자녀들이 컴퓨터를 통해 학습하고 교사와 대화하기를 바라지만 불행하게도 채팅이나 게임의 유혹에 빠지고 음란물에 노출되기 쉽다. 따라서 가정의 컴퓨터와 인터넷이 과연 자녀들의 학습에 얼마나 도움이 되는지는 충분히 따져 봐야 할 문제이기도 하다.

정부도 전국 초·중·고등학교에 컴퓨터 교실을 설치하고 무료로 초고속 인터넷 서비스를 제공하는 등 교육 정보화를 위한 다각적인 노력을 펼쳐 왔다. 그러나 PC 보급이나 인터넷 연결과 같은 인프라가 바로 교육 발전과 직결되지는 않는다. 가정에서 자녀들에게 컴퓨터를 사주고 인터넷만 연결한다고 학습에 무조건 도움이 되지 않는 것과 같은 맥락이다.

이런 가운데 유비쿼터스 컴퓨팅과 네트워크 패러다임은 미래 교육 시스템이 나가야 할 새로운 방향을 제시한다. 이른바 '유비쿼터스 교육(u-education)'의 시대가 오고 있는 것이다. u-교육은 학교나 가정뿐 아니라 기업·정부·군대 등 모든 분야에서 인적 자원을 육성하기 위한 새로운 학습 환경 및 도구들과 관련된다.

학생들이 언제 어디에서나 어떤 내용에 상관없이, 어떤 단말기로도 학습할 수 있는 교육 환경을 조성해 줌으로써 더욱 창의적이고 학습자가 중심이 된 교육 과정을 실현하는 것이 유비쿼터스 교육의 목표다. 유비쿼터스 교육 환경은 획일적이거나 강제적이지 않다. 학생들은 각자의 개별화된 욕구에 따라 학습한다. 이 같은 학습 환경에서 부모와 교사들 간의 상호 작용도 자연스럽게 이뤄진다.

학습자가 사용하는 컴퓨터는 책상에 고정돼 있지 않다. 인터페이스나 휴대도 편리하다. 이를 통해 학습자와 친밀한 상호 작용을 돕는 학습 에이전트(learning agent) 역할을 수행한다. 학습 공간도 학교와 교실에 제한되지 않는다. 모든 실제 세계의 공간이 학습 공간이 된다. 센서나 칩 형태로 컴퓨터가 심어진 지능화된 사물도 학습에 도움을 줄 수 있으며, 학생들은 휴대하고 있는 학습 단말기를 통해서도 관련 정보를 제공받는다.

유비쿼터스 교육 체제로 가는 지름길은 크게 세 가지로 정리된다. 무엇보다 손으로 들고 다니거나 호주머니에 넣고 다닐 수 있는 '유비쿼터스 교육용 컴퓨터(ubiquitous handheld educational PC)'가 모든 교사와 학생들에게 보급돼야 한다. 그리고 이를 무선 네트워크로 연결해 언제 어디서나 학생, 교사, 학부모, 교육 행정 시스템, 학습 도구 및 사물들을 하나로 연결하는 '학교 핫스폿 네트워크(school hot-spot network)'를 구축해야 한다. '학교 핫스폿 네트워크'와 '유비쿼터스 교육용 컴퓨터'를 통해 학교생활에 대한 부모의 의견과 예·복습 자료, 과제물 접수 및 제출, 수업 내용 및 실험 결과 반복 학습과 저장 등이 언제 어디서나 실시간으로 이뤄진다.

학교 핫스폿 네트워크와 함께 교육 공간을 구성하는 모든 교육용 사물들이나 학교의 교구들에 센서와 칩, RFID 태그 등을 심어 지능화하고 이를 네트워크로 연결하는 교육용 칩 네트워크(educational chip network)도 구축해야 한다.

마지막으로 u-교육 관련 연구 개발에 대한 적극적인 투자를 통해 기술 역량을 확보하고 준비해야 한다. 학생들이 간편하게 들고 다닐 수 있는 유비쿼터스 교육용 컴퓨터의 개발과 교육용 무선 네트워크의 표준화, 교육용 SoC, 칠판·책상·학습판·교구의 지능화와 네트워크화를 위한 실시간 운영 체계 등이 필요하다. 그리고 유비쿼터스 교육 환경에서 예상되는 정보 격차 등을 해결하기 위한 정책적 연구도 시급하다.

산업 시대에는 학생들이 교실을 찾아다니며 공부했고 정보화 시대에는 학생들이 인터넷을 통해 학습 정보를 얻었다. 그러나 유비쿼터스 교육 시대는 학습 정보가 학생들을 스스로 찾아다니는 시대다. 새로운 유비쿼터스 교육 환경은 맞춤형 교육을 통해 지금의 교육 문제를 해결해 준다.

다) U-정부

2001년 8월 미국 캘리포니아 주 샌디에이고에서 열린 CIO 100 심포지엄에서는 '정보화 시대의 종료(End of the Information Age)'를 선언하며 광대역 정보 전송(broadband data transmission), 유선통신(wireless communication), 저렴한 유비쿼터스 센서(cheap and ubiquitous sensors) 등 3개 기술이 선도

하는 새로운 시대가 시작됐다는 연설이 있었다. 캘리포니아에 있는 미래 연구소 소장인 사포(Paul Saffo)의 이 주장에 따르면 신경제의 상징이라고 할 수 있는 AOL이 타임 워너사를 합병한 2001년 1월 11일을 그 종료 시점으로 보고 이후의 시기를 '통신의 시대(Age of Communication)'로 명명하였다.9)

이 같은 인식의 전환과 함께 차세대 전자 정부가 부상하고 있다. 액센추어사는 차세대 정보 기술을 기반으로 현재의 전자 정부(e-Government)를 대체할 새로운 정부 체제를 '유비쿼터스 정부(u-Government)'라고 부른다. 2001년 액센추어가 25개국 공·사 부문의 이사급 관리자 840명을 대상으로 한 설문 조사에서는 정부 관리자 90%와 민간 기업 관리자 83%가 유비쿼터스 컴퓨팅 기술이 향후 정부에 미칠 영향력이 훨씬 더 클 것이라고 대답했다.

정보 기술 패러다임의 발전 단계에서 볼 때는 유비쿼터스 정부가 전자 정부의 연장선상에 있지만 정보의 성격과 정보화의 대상, 컴퓨팅 환경, 정보 기반의 특성 등 여러 분야에서 많은 차이가 난다. 정보의 성격 측면을 보면 전자 정부의 정보는 종이로 된 자료, 문서를 디지털화한 것인 반면에 유비쿼터스 정부에서의 정보는 공간 속의 환경, 사물, 사람과 이들 간의 연계에 관한 상황 인식 정보(위치 변화, 동작, 정체성 식별, 물리적·화학적·생물학적 상태, 대화·표정)다.

정보화의 대상도 다르다. 전자 정부에서 정보화는 문서나 자료를 디지털화해 정부 기관 간 또는 정부와 민간이 이를 공유하거나 전자 민원을 통해 행정 업무를 처리하는 수준이다. 그러나 유비쿼터스 정부에서의 정보화는 센서나 태그를 통해 수집된 상황 인식 정보를 실시간으로 수집, 공유하고 사람이 개입하지 않아도 사물이나 컴퓨터가 스스로 필요한 의사 결정이나 행동 조치를 취할 수 있도록 하는 작업을 의미한다. 지금까지 전자 정부의 사업 영역이 아니었던 사물과 기계의 지능화와 행동화도 정보화의 대상이 되는 것이다. 그만큼 정보화의 영향력과 정부 효율성이 높아진다는 의미다.

---

9) http://www2.cio.com/conferences/august2001/coverage14_content.html

컴퓨팅 환경도 크게 차이가 난다. 전자 정부 시대의 컴퓨팅 환경이 PC와 웹 기술을 활용한 것이었다면 유비쿼터스 정부 시대의 컴퓨팅 환경은 임베디드된 컴퓨터나 증강 현실 기술 등을 통해 사람이 인식할 수 없을 정도로 공간이나 사물(기계, 상품 등) 속으로 스며든다. 따라서 언제든지 가지고 다닐 수 있도록 입거나 착용할 수 있고, 사용도 매우 간편하다. 특히 유비쿼터스 정부 시대의 컴퓨팅 환경은 사람이 의식하거나 별도의 조작이 필요 없는 환경을 지향한다.

또한 전자 정부의 정보 기반은 유선 네트워크 중심인데 반해 유비쿼터스 정부는 유선·모바일·무선 이동 통신을 통합한 인프라를 정보 기반으로 한다. 그리고 특정 공간 서비스에 최적화된 지능적 시스템이나 센서 네트워크와 같은 기능적·지능적 네트워크를 토대로 한다. 그래서 확장성과 주소 체계가 무한하다.

유비쿼터스 정부 시대에는 행정 효율성은 물론 국민들에게 제공되는 서비스 수준도 전자 정부 체제보다 훨씬 뛰어나다. 유비쿼터스 정부에서는 지금까지 기술과 인력 때문에 제한돼 왔던 공공 관리의 영역이 크게 확대됨은 물론 그 수준도 높아질 것이다.

따라서 유비쿼터스 정부 구현은 공공 부문의 주요 문제점인 정부의 효율성, 공공 안전, 개인적 요구에 맞춘 대민 서비스 역량 제고, 정부의 신뢰성과 투명성을 획기적으로 향상시킬 수 있는 열쇠라고 할 수 있다.

하지만 유비쿼터스 정부를 구현하기 위해서는 많은 노력과 투자가 필요하다. 무엇보다 필요한 것이 유비쿼터스 정보 기술의 등장과 가능성에 대한 인식의 전환이다. 인식과 목표 전환은 새로운 투자를 불러오고 투자는 성과로 연결되며 이는 다시 인식을 강화한다.

또한 유비쿼터스 정부의 보편적 정보 기반을 확보하기 위해 국민과 기업의 다양한 수요 공간에 맞는 광대역 유선망, 모바일, 무선 간 통합 네트워크(유비쿼터스 네트워크)의 고도화와 표준화가 요구된다. 다양한 정부 기능에 최적화된 센서나 칩의 개발과 유비쿼터스 컴퓨팅 기술과 접목된 새로운 차원의 업무 프로세스 혁신, 관련 법제도의 정비도 빼놓을 수 없는 과제다. 전 국민들이 언제, 어디서나 이용할 수 있는 핸드헬드 단말기나 스마트카드의 개발과 보급, 관련 서비스 플랫폼의 구축도 필요하다.

라) U-헬스 케어

10여 년 전 정보 사회의 도래와 함께 혁신적인 의료 서비스 등장에 대한 기대도 높았다. 그러나 아직까지 대부분의 의료 서비스는 물리 공간상에서 이뤄지고 있다. 물리 공간과 절연된 가상공간은 의료 서비스를 전달하는 데 있어서 제한된 역할만 수행 중이다. 근원적으로 의료 서비스의 대상인 육체가 물리 공간상에 존재할 수밖에 없기 때문이다.

하지만 유비쿼터스 혁명과 함께 등장하는 제3공간은 현재의 의료 서비스에 엄청난 변화를 불러올 것이다. 제3공간은 의료 서비스가 제공되는 의료 공간 자체를 변화시키기 때문이다.

그동안 의료 서비스가 제공되던 공간은 물리적으로 병원 건물의 내부로 한정됐다. 유비쿼터스 혁명은 문자 그대로 의료 공간을 생활공간 전역으로 확장시킨다. 생활공간 곳곳에 의료 서비스와 관련된 칩과 센서를 식재함으로써 자연스럽게 의료 서비스를 제공할 수 있다. U-헬스 케어는 무슨 병이라도 언제, 어디에서나 치료받을 수 있는 편재된 의료 서비스를 약속한다. U-헬스 케어는 편재된 의료 공간을 의미한다. 병원 건물뿐만 아니라 집·학교·직장·극장·백화점·공원·도로는 물론 숲과 산까지도 의료 공간으로 확대된다.

로체스터 대학의 미래 건강 센터(Center for Future Health)가 수행하는 스마트 의료 홈 프로젝트는 의료 공간의 확대를 연구하는 가장 대표적인 사례다. 로체스터 대학 병원 내부에 설치된 스마트 의료 홈 실험실은 실제 가정의 공간을 그대로 본떠 설계됐다. 스마트 의료 홈은 다섯 개의 방으로 이뤄져 있으며 적외선 센서, 컴퓨터, 바이오센서, 비디오카메라 등으로 구성된다. 이들은 유비쿼터스 기술을 활용해 가정을 의료 공간으로 변화시키기 위한 각종 아이디어를 테스트하고 시제품을 고안한다.

먼저 스마트 의료 홈은 다양한 스마트 센서들의 네트워크로 구성된다. 스마트 센서들은 환자의 의료 정보를 수집하는 역할을 수행한다. 스마트 거울은 피부의 변화는 물론 암 발병의 가능성까지도 체크한다. 칩이 내장된 스마트 밴드는 상처의 치유 상태를 지속적으로 체크한다. 또 집안 곳곳에 설치된 비디오 센서들은 환자의 움직임을 관찰하여 환자의 상태를 체크한다. 혈당 센서가 부착된 허리띠와 심장 박동을 측정하는 센서가 부착된 휴대폰 등도 시시각각 변하는 환자의 건강 상태를 체크한다. 이러한 스마트 센서들은 네트워크를 통해 연결돼 있으며, 이들 센서들이 산출한 정보들은 '개인 의료 상담' 시스템으로 전달된다.

개인 의료 상담(PMA: Personal Medical Advisor) 시스템은 자연스러운 대화를 수행할 수 있는 인터페이스를 제공한다. 개인 의료 상담 시스템은 환자의 의료 정보를 수집하고 환자의 약품 복용을 관리해 줄 수도 있다. 개인 의료 상담 시스템은 환자가 궁금해 하는 의료 정보들을 검색해 제공해 주기도 한다. 환자는 가정의 곳곳에 설치되어 있는 오디오·비디오 시스템을 통해 개인 의료 상담 시스템과 대화를 나눈다.

개인 의료 상담 시스템에 의해 기록된 데이터는 병원의 의사나 간호사·간병인 등에게 전송된다. 이때 어떤 데이터를 언제 보낼 것인가는 환자가 직접 통제할 수 있다. 환자의 데이터를 전달받은 의사·간호사·간병인은 처방전을 회신하거나 상황에 따라 가정을 직접 방문할 수도 있다. 처방전을 전달받은 개인 의료 상담 시스템은 환자에게 그 내용을 설명하고 처방에 따른 병세의 차도를 관찰한다.

이 같은 스마트 의료 홈은 환자의 개인 정보가 쉽게 노출될 수 있다는 취약점을 지니고 있지만 의료 서비스의 새로운 구도를 보여준다. 기존에는 환자가 병원에 예약하고 의사를 찾아가 진료를 받았지만 유비쿼터스 시대에는 의사가 환자를 찾아간다는 점이다. 환자의 상태를 지속적으로 체크하다가 치료가 필요하다고 판단될 때 의사가 환자에게 전화를 걸어 예약하고 찾아가 진료를 한다. 최근 메디다스에서 사명을 바꾼 국내 의료 정보화 업체인 유비케어(UBCare)는 이를 두고 '찾아가는 병원'의 시대가 왔다고 표현한다.

유비쿼터스 혁명에 의한 의료 공간 확대는 병원과 요양 시설에 갇혀 지낼 수밖에 없었던 환자·장애인·노인들의 생활공간을 확장시킨다. 거꾸로 의료 서비스로부터 단절된 생활을 수행하던 바쁜 사람들에게 별도의 시간을 빼앗지 않으면서 의료 공간에 참여할 수 있는 기회를 제공한다. 일 년에 한 번 받던 건강 검진을 일 년 내내 받을 수 있으며, 발병과 치료의 시간 격차로 인한 피해를 최소화시킬 수 있다. 이렇게 생활공간으로 의료 서비스가 조용히 스며든다는 점에서 U-헬스 케어는 퍼베이시브(pervasive) 컴퓨팅과 캄(calm) 컴퓨팅의 전형이라고 할 수 있다.

U-헬스 케어는 가정보다 훨씬 광범위한 영역에서 수행될 수 있다. 치명적인 전염병을 감지할 수 있는 센서들을 도로와 공원의 곳곳에 심는 경우 도시 전체가 면역 공간으로 변모될 수 있다. 전염병을 전달시키는 곤충이나 보균자가 발견되자마자 비상 경계령을 발동시켜 시민들을 대피시킬 수도 있다. 가축의 전염병에 대해서도 U-방역 시스템을 설계할 수 있을 것이다. 소나 돼지의 구제역을 감지할 수 있는 센서를 도로와 축사에 심어 놓을 경우 구제역의 발생과 동시에 필요한 조치 수행이 가능해 축산 농가의 피해를 최소화한다. 따라서 U-헬스 케어와 U-방역 시스템은 도시 전체를 무균 공간으로 전환시킬 수 있다. 또 무균 공간으로 인증받은 도시는 보건 수준을 넘어 경제적인 차원에서도 경쟁력을 지닐 수 있다.

U-헬스 케어에 의해 의료 공간으로 변모되는 공간은 생활공간이다. 생활공간에는 의식주의 일상적인 활동은 물론이고 경제활동과 문화 활동까지 이뤄진다. 따라서 U-헬스 케어에 의한 의료 공간은 다른 활동과 결합됨으로써 새로운 차원의 서비스를 창출할 수 있다. 예를 들어 식생활이 이뤄지는 음식점과 U-헬스 케어 서비스가 결합할 경우 당뇨 환자의 식단도 쉽게 관리할 수 있다. 또 다이어트를 수행 중인 사람의 식단을 일정한 칼로리를 초과하지 못하도록 통제도 가능하다.

이제까지 병원은 병에 걸려야 가는 곳이었고 의료 서비스는 환자만 받는 것으로 생각해 왔다. 하지만 유비쿼터스 혁명은 이러한 인식을 바꾸고 있다. U-헬스 케어는 기존의 협소한 의료 공간을 가정과 직장은 물론 도로 등 생활환경 전체로 확장시킨다. 건강한 사람도 확장된 의료 공간 안에서 생활하고 의료 서비스를 받는다. 이렇듯 유비쿼터스 시대의 의료 공간은 일반인의 생활공간으로, 의료 서비스는 일상적인 서비스로 확대된다.

마) U-생활

유비쿼터스 컴퓨팅과 네트워크 기술의 발달은 인간 생활을 둘러싼 모든 공간 속의 환경과 사물(생물, 상품, 기계 등) 속에 특정 용도(위치 파악, 정체성 식별, 상태 감지, 행동화 등)의 컴퓨터를 센서, 칩, 태그와 라벨, 배지, 마이크로머신 로봇 형태로 심어 넣고 네트워크로 연결함으로써 공간적 상황 정보 인식의 왜곡과 불균형 문제를 해결할 수 있는 가능성을 보여준다. 더욱이 고도의 컴퓨터 조작 능력이나 복잡한 시스템을 요구하지도 않는다.

유비쿼터스화된 생활공간은 유비티즌의 생활 무대가 될 것이다. 이 속에서 새로운 생활양식이 등장하고 지금까지는 상상조차 할 수 없었던 생활 혁명과 삶의 질의 획기적인 변화가 일어난다. 유비쿼터스 생활공간 속에서는 환경과 사물들의 상태 변화에 대한 정보를 개개인의 욕구에 맞게 실시간으로 획득하고 환경과 사물 스스로 사람에게 필요한 정보를 고지하거나 상황에 적절한 조치를 취할 수 있다. 이것이 바로 유비쿼터스 컴퓨팅과 네트워크로 창조되는 유비쿼터스 생활 혁명의 진수다.

네티즌(netizen)과 유비티즌(ubitizen)은 정보 기술의 발달이 탄생시킨 새로운 인간상의 차이를 극명하게 보여준다. 네티즌이 지금까지의 정보인이었다면 유티즌이라고도 하는 유비티즌은 새로운 정보인이라고 할 수 있다. 유비티즌은 미래의 정보 생활인으로서 살아가게 될 우리들의 자화상이다.

네티즌은 가상공간을 무대로 활동하는 접속인을 말한다. 네트워크(인터넷)에 접속해 필요한 정보를 일일이 검색해 판단하고 컴퓨터를 조작해야 하는 네티즌들의 삶은 피곤할 수밖에 없다. 힘들게 얻은 정보마저 오래된 것이거나 자신에게 잘 맞지 않을 수도 있다. 네티즌들이 느끼는 문제의 근원은 네트워크와의 접속이 현실적인 생활공간과 연계돼 있지 않다는 데 있다.

반면에 유비티즌은 네트워크가 아니라 현실로서의 생활공간에 언제, 어디서나, 어떤 기기로든 접속돼 있다. 유비티즌이 접속하는 생활공간은 그것을 구성하는 환경과 사물들에 센서, 칩, 태그, 배지의 형태로 컴퓨터가 내장돼 있어 매우 지능적이다. 환경과 사물들이 지능적이고 사물과 사물, 사물과 이용자가 입거나 들고 다니는 단말기가 서로 연결돼 있기 때문에 유비티즌은 시시각각 변하는 생활공간 속의 신선한 상황 정보를 실시간으로 제공받을 수 있다. 때문에 유비티즌은 밤샐 일도 없으며, 컴퓨터 활용 능력을 비관하거나 수집된 정보를 놓고 반신반의 할 필요도 없다.

네티즌과 유비티즌이 정보 생활에서 얻을 수 있는 만족감의 차이는 편리함의 수준을 뛰어 넘는다. 생활공간에서 개개인이 추구하는 욕구는 각양각색이다. 그러나 네티즌이 네트워크에서 얻을 수 있는 정보들은 대부분이 집합적이고 획일화된 것이다. 반면, 유비티즌은 지능화된 생활공간에서 공간의 이동과 활동의 종류에 따라 자신의 욕구에 맞는 콘시에어지(concierge)형 서비스를 제공받을 수 있다. 공간과 서비스가 이용자를 따라 다니는 셈이다.

유비티즌은 자신의 욕구에 가장 적합한 정보를 사물과 수·발신할 뿐아니라 필요한 행동(조치)을 사물에게 수행할 수 있도록 한다는 점에서 네티즌과는 차원이 다르다.

앞으로 유비쿼터스 컴퓨팅과 네트워크를 구축해 유비티즌이 살아갈 새로운 삶의 공간을 만들고, 게임이나 오락보다는 가상공간과 물리 공간이 연계된 조용하고 신뢰성 있는 생산적 생활양식을 더욱 보편화시켜 나가야 할 때다.

바) U-커머스

디지털 경제의 버블이 붕괴되기 시작한 21세기는 새로운 전자 상거래로서 u-커머스가 항해를 시작한 시점이다. 유비쿼터스 상거래는 언제, 어디서나, 어떤 기기로도 기업가, 종업원, 고객, 사물들이 상거래를 위한 의사소통과 상호 작용이 가능한 상거래 환경을 의미한다.

u-커머스는 현재의 전자 상거래와는 다른 '무선 상거래(wireless commerce)', '음성 상거래(voice commerce)', '텔레비전 상거래(television commerce)', '고요한 상거래(silent commerce)'와 같은 다양한 형태로 등장하고 있다.

무선 상거래는 유비쿼터스 상거래로 가는 가장 기본적인 상거래 단계다. 이 단계에서는 2.5세대나 3세대의 이동 통신 또는 무선 랜과 다기능의 무선 기기들을 이용해 고객, 종업원, 사물 등이 쉬운 커뮤니케이션과 저비용의 채널을 통한 개인 서비스 전달, 종업원들의 영업 및 작업 반경 내에서의 이동성과 관리 능력, 생산성 향상을 위한 정보 접근과 실시간 지식 제공 등이 가능하다.

음성 상거래는 상거래 활동을 지원하기 위한 대화 인식, 음성 식별, 문자 대 음성 등의 자동화된 음성 기술을 이용해 정보나 서비스를 전달하고 거래와 결제를 수행하는 단계다. 또한 음성 포탈도 제공할 수 있다.

텔레비전 상거래는 궁극적으로 퍼스널 컴퓨터보다 더 가정에 많이 보급될 양 방향 디지털 텔레비전의 고선명·고음질·다채널·양 방향성 등을 이용해 시장의 상품 정보를 더 상세하게 제공하거나 소비자의 기호를 파악해 양 방향 텔레비전 뱅킹 서비스나 원격 의료용 텔레비전 서비스와 같은 새롭고, 친밀한 서비스를 제공하는 단계다.

유비쿼터스 상거래 발전의 최고 단계인 '고요한 상거래'는 상거래와 관련된 일상의 모든 사물을 추론하고 의사소통이 가능하도록 지능화시킨다. 이를 통해 공급망 관리(SCM)의 지능화는 물론이고 상거래 행위의 건전성과 안전성의 가치가 극대화되는 단계다. 고요한 상거래는 작고 저렴하면서도 컴퓨터 수준의 기능을 갖는 무선 인식(RFID) 칩이나 MEMS 칩을 상품과 사물에 식재해 SCM상에서 모든 상품의 식별과 상태 파악, 감지, 추적 등이 가능해진다. 기계 스스로가 고장을 진단하고 수명이 다 된 부품을 주문하는 등의 진보된 단계로까지 발전할 수 있다.

사) U-우체국

우편은 유비쿼터스 컴퓨팅이 가장 효과적으로 적용될 수 있는 분야다. 유비쿼터스 우체국은 전통적인 우편 업무를 수행하는 우체국(물리 공간)과 인터넷상의 전자 우체국(전자 공간)을 통합한 제3공간의 우체국이다. u-우체국에서는 모든 사물(우편물, 우체통, 차량 등)에 칩이 내장되고 사물은 네트워크로 연결돼 실시간으로 정보를 인식, 수집, 가공, 분석, 제시, 공유한다. 따라서 모든 우편물의 실시간 추적은 물론, 우편물이 파손되었을 때 역추적을 통해 우편 서비스 품질을 높이고 수시로 변하는 우편 물량의 정확한 분석으로 최적의 인력을 투입하는 우편물 처리의 지능화가 가능하다.

이는 물리 공간의 우편물 흐름과 가상공간의 정보 흐름이 서로 연결돼 우편물의 실제 현황과 웹상에서의 우편물 정보가 정확히 일치된다는 것을 의미한다. 또한 고객들은 언제, 어디서나, 어떤 기기를 통해서도 편안하고 조용하게 우편물을 발송하고 요금을 안전하게 결제할 수 있으며 수신자 건강 진단과 같은 인간 중심의 새로운 우편 서비스도 가능해진다. 컴퓨터와 인터넷을 제대로 사용하기 힘든 노약자도 교통 카드와 같은 u-카드를 이용해 편안하게 그 혜택을 누릴 수 있다.

u-우체국이 실현되면 우편물 처리 과정에서 다음과 같은 혁신이 일어난다. 우편물을 접수할 때 부착하는 u-우표에는 스마트 칩(RFID)이 내장돼 발신자 및 수신자와 우편물 정보(요금, 무게, 등급)를 자동으로 인식, 저장하고 다른 사물에게 실시간으로 전달한다. u-우체통에는 센서가 내장돼 가장 근접한 u-차량에 우편물 수집을 요청하고 아파트의 u-우편함은 필요한 우편물만을 선별해 수신자에게 원격으로 통지하고 부재 시 수령 확인 및 고지서 결제를 대행한다. 우편물을 발송지별로 구분하는 u-집중국에는 u-차량 및 다른 u-집중국과 실시간으로 우편 물량 정보를 교환하고 도착 물량을 사전에 파악해 최적화된 작업 일정에 따라 구분 작업을 수행한다. 우편물을 배달하는 u-집배원은 PDA를 이용하여 u-집중국으로부터 최적 경로로 정렬된 우편물 배달 경로를 검색하고 u-우편함과 연결해 수신자 부재

시에는 배달을 보류한다. 또 전화박스처럼 도처에 설치된 u-무인 창구는 고객이 u-카드를 연결하는 즉시 키오스크 역할을 수행하여, 우편물 접수 외에도 요금 결제 및 정보 검색 등 다양한 서비스를 제공한다.

이처럼 우체국 고유의 강점인 산간 구석까지 연결된 오프라인 우편망 (물리 공간)과 인터넷상의 전자 우체국(가상공간)을 결합한 새로운 개념의 u-우체국을 시급히 실현하는 것이야 말로 현재 우체국이 직면한 각종 문제 들을 근본적으로 해결할 수 있는 방안이 될 수 있을 것이다. u-우체국은 전통적인 우편 서비스에 유비쿼터스 컴퓨팅을 도입함으로써 우편물 처리 생산성을 획기적으로 개선함과 아울러 고부가 가치의 우편 서비스를 창출 할 수 있다. 최근 인터넷과 전자 상거래가 확산됨에 따라 우편물이 대폭 줄어들 것이라는 예상과 달리 우편물(고지서, 광고물)과 택배는 전 세계적 으로 계속 증가하고 있다. 그러나 이러한 현상은 결코 우성 사업의 미래가 밝다는 것을 의미하는 것은 아니며 디지털 시대의 확산에 따라 언제라도 퇴조할 수 있다. u-우체국은 전체 우편 서비스를 IT, BT, NT가 결합된 미 래의 서비스로 탈바꿈할 수 있다는 기회를 제공한다.

아) U-Logistics

현재 'Logistics'는 IT와 융합하면서 상당한 진보를 거두고 있다. EDI, 통 신 위성, 이동 전화 등은 기업의 통신 방법을 바꿔, 선도적인 우위의 소매 기업은 실시간으로 판매 재고 정보를 축적함과 동시에, 제품화 전략에 관한 정보를 공급망상의 동업자와 경영진에게 제공하기 위한 CCTV 네트워크 서 비스와 정교한 위성 시스템 등을 운영한다. 이러한 기술을 사용하는 기업은 경쟁자보다 더 빠른 속도로 핵심 사업 과정을 수행하는 경향이 있다.

바코드화와 스캐닝 기술의 사용으로 하류(downstream) 수중의 정보 즉, 시장 판매 정보를 신속하게 이용할 수 있게 되어 선택적이고 전통적인 예 측 기법이 필요 없게 되었다. 실시간으로 영업을 하는 기업은 자신의 위치 를 매 시간 또는 매 분마다 정확히 알 수 있다.

지난 몇 년 동안, 전통적 산업의 구조는 물론 경제 전반도 급격하게 변해 왔다. 합병과 인수 돌풍은 물류 서비스의 수요를 지속적으로 재구성하는 데 기여하여 왔다. 손익 확대적 차입 부채의 상환에 직면한 많은 기업들은 능률 향상과 자금 흐름 개선을 위해 물류 문제에 관심을 가져 왔다. 물류적 우위는 변화의 관리와 관련된다. 초점은 Logistics 프로세스의 활성화를 지원하기 위해 조직의 공약과 문화를 어떻게 변화시키느냐에 있다. 기업의 Logistics프로세스는 모든 내부 조직 단위를 포함하며 고객과 공급자까지도 포괄한다. Logistics 프로세스는 하루 24시간, 일주일 내내 광범위한 지리적 활동 영역에 걸쳐 발생한다. Logistics는 사무실이나 공장에 국한되지 않으므로 관리하기 어려운 프로세스이다. 물류적 우위는 움직이는 목표물이다.[10]

이전의 아날로그 환경에서 최근 몇 년간 디지털 환경으로 바뀌면서 Logistics의 정보화와 거래는 과거 몇 년 동안 탈바꿈을 경험하고 있다. 그러나 아직 완벽한 디지털 Logistics를 완료하지 못하고 있는 상태에서 또 다른 거대한 파도가 예고되고 있다. 유비쿼터스 컴퓨팅 기술을 물류 및 유통 산업에 접목시키는 'u-Logistics'가 바로 그것이다. 첨단 IT 인프라와 정책적 지원이 뒷받침되어야 하겠지만 이미 물류 업계는 향후 u-Logistics가 몰고 올 물류 시장의 변화와 새로운 비즈니스 창출 가능성에 주목하고 있다. 모든 공간과 시간 속에서 물류와 정보를 일치시킨다는 이 개념은 물류 산업에서 주목을 끌지 않을 수 없다. 그런데다 정부 차원의 동북아 중심 국가 건설이라는 비전의 한 축인 동북아 물류 허브 건설이라는 정책까지 등에 업고 있다. 하지만, 아직도 u-Logistics의 구상화된 모습에 대한 분명한 이해는 부족한 현실이다. 초기 e-Logistics에 걸었던 기대감과 사뭇 비슷한 모습을 보이고 있다. 수요자 유발 산업인 물류가 u-Logistics를 현실화하기에는 아직 넘어야 할 장벽이 많다.

현재 한국의 물류의 문제는 후진성을 면치 못하고 있다는 지적이 있다.

---

10) Bowersox, D. J. et al (1999). 21세기 물류 패러다임: 물류 성공 전략과 사례. (박양병, 이호준 역). 서울: 문영각.

한국의 국가 물류비는 GDP의 12.4%로 일본의 9.6%, 미국의 9.5%에 비해 월등히 높을 뿐만 아니라 기업들이 부담하는 물류 코스트는 높은 반면 실제 물류 종사자들의 처우는 보잘것없는 것이 오늘의 현실이다. 한국의 물류 인프라는 인천 공항, 부산항, 광양항, 고속철, 고속도로에 대한 막대한 투자에 힘입어 세계 수준을 치닫고 있지만, 이러한 첨단 네트워크를 효율적으로 운영하고, 필요한 IT 기반을 개발할 경영 주체가 없기 때문에 여전히 낙후되어 있는 것이다.

현재 한국에서 크다고 하는 물류 전문 회사들도 대형 외국 회사들에 비하면 30분의 1 정도 밖에 안 되는 영세한 규모다. 미국의 FEDEX와 UPS는 연 매출이 각각 200억 달러가 넘고 물류망의 효율적인 운영 및 고객 만족 경영에 많은 노하우를 가지고 있다. 독일의 DHL 역시 독일 정부에서 100% 투자한 유럽 최대의 물류 기업으로 국제 항공 물류에 상당한 노하우를 보유하고 있다. 미국과 유럽뿐만 아니라 이웃 일본과 중국에서도 정부 차원에서 물류 기술 및 경영에 대한 투자가 활발히 이루어지고 있다. 일본도 독일처럼 우정 공사를 물류 전문 기업으로 육성하기 위해 총재 및 부총재를 민간 기업에서 영입하는 한편 모바일 기술을 접목한 유비쿼터스 Logistics 구현에 박차를 가하고 있다.[11]

정보 기술 연구소인 IT 파인드의 최근 보고서에 따르면 'u-Logistics (Logistics in the Ubiquitous Computing Era)'란 공급망이라는 물리 공간 (physical space)에서 물류 활동에 참여 중인 자원과, 그 자원에 대한 가상 공간(cyberspace)의 정보를 일치시켜, 자동화, 지능화, 효율화를 이루고, 사용자 편의성을 증진시키는 유비쿼터스 컴퓨팅 시대의 물류 기술의 패러다임이라고 정의되고 있다. u-Logistics는 RFID, 센서 등으로 구성된 실물 네트워크를 활용한 실시간 상황 인지 및 자동 식별 기술을 이용해 물류 업무의 일대 혁신과 함께 새로운 비즈니스 모델을 통한 신개념 서비스를 가능케 하고, 또한 이러한 서비스를 이용하는 사용자에게 편리한 사용자 인터페이스를 통하여 획기적인 편의성을 제공하는 것을 그 목표로 하고 있다. 그 대

---

11) 주우진 (2003. 10. 8.). 세계적 물류 회사를 키우자. 한국경제신문.

상 영역은 육상, 해상, 항공에서의 운송, 유통, 교통, Logistics 등을 포괄한다. u-Logistics는 실물 네트워크상의 객체를 자동 식별 기술을 이용해 실시간으로 식별할 뿐만 아니라 실시간 데이터를 정보화한다. 또한 이것은 u-Logistics 플랫폼과 정보 어플라이언스 기술을 이용하여 능동적인 정보 전송, 가공 및 정보로의 접근을 가능케 하며 사용자가 불편을 느끼지 않고 물류 서비스를 사용할 수 있도록 하는 '능동형 기술'이다. 이러한 u-Logistics 기술은 유무선 통합 실물 네트워크 인프라, 자동 식별 기술, 사물 정보의 표준화된 표현 기술, 플랫폼 및 어플라이언스 기술 등으로 구성된다.

유비쿼터스 컴퓨팅은 '기술'보다도 '인간'에 중심을 둔 패러다임이다. 유비쿼터스 컴퓨팅 기술은 '조용한 기술(calm technology)'이라는 별명을 가지고 있다. 이 말은 여러 가지 이유에서 붙여진 이름이지만, 그 이유들 중 하나는 '인간 중심'이라는 유비쿼터스 컴퓨팅의 모토가 존재한다. 이러한 개념을 물류 산업에 적용시켜 볼 때, u-Logistics 개념은 적절한 업무 환경의 변화를 가져올 수 있다. 아무리 동적으로 변하는 물동량이라 하더라도, 접수에서부터 수집, 분류, 운송, 배달까지의 정보가 실시간으로 더 정확하게 공유되면, 최적의 인력 배치와 다른 자원들(차량, 자동화 기계 등)의 효율적 활동이 가능해진다. 또한, 과거에 존재했던 전수 검사를 통한 수량의 확인이라는 단순 반복적인 작업들이 u-운송장에 부착된 RFID 기술의 도움으로 오히려 쉬운 일이 된다. 게다가 교통 체증도 GPS, GIS, ITS(지능형 교통 시스템)의 도움으로 관리가 용이해진다. 한편 물류 서비스를 이용하는 고객의 입장에서 볼 때, u-Logistics 기술은 그들에게 편리하고, 믿을 수 있는 서비스를 제공하게 해 준다.

이를 실현하기 위해서는 센서, RFID를 이용한 식별 기술, 인식 기술인 상황 인지 기술(context awareness), 지능형 정보 기기 기술, 지능형 소프트웨어 기술 등이 필요할 것이다.

물류 센터에서부터 시작해 이동 차량, 배달원의 PDA를 연결하는 센서 네트워크 기술, 그리고 유·무선통신 기술을 이용해 실시간 데이터 획득 및 분석을 통하여 자원 활용을 최적화하는 기술 등이 앞서 언급한 상황인지 기술, 지능형 정보 기기 기술, 지능형 소프트웨어 기술과 결합했을 때 진정한 u-Logistics의 힘을 발휘할 수 있게 된다.

공급망에 적용할 경우 유통 업체를 중심으로 제조 업체에서 상품을 출하할 때 상품에 붙어 있는 RFID의 정보를 이용해 어느 차량에 실어야 하는지를 작업자에게 자동으로 지시한다. 유통 업체에 도착한 차량에서 상품을 내리면 관리 시스템이 RFID에 있는 제품 정보를 인식해 수량 및 품목을 자동으로 점검한 뒤, 납품을 승인하고 나서, 어느 곳에 배치될 것인지를 작업자에게 지시하며, 작업자가 해당 위치에 상품을 배치할 때 자동으로 재고 수량이 수정되어 반영된다. 또한, 고객이 상품을 구매할 때마다 구매량만큼의 재고 수량이 감소되고, 안전 재고에 미달할 때에는 자동으로 상품 발주가 유도된다. 한편, 고객은 쇼핑을 마친 후, 지금까지는 계산을 위해서 긴 줄을 선 뒤 순서를 기다려 결제를 하였지만, 유비쿼터스 컴퓨팅 시대에는 카트를 끌고 RFID 리더기를 지나는 순간, 이미 등록된 결제 정보를 이용해 자동 결제가 된다. 집에 도착한 고객은 구매한 상품을 냉장고 및 선반에 비치한다. 이때, 상품의 RFID에 들어 있는 유효 기간, 취급 유의 사항 등의 상품 정보가 냉장고 및 선반에 내장돼 있는 컴퓨터 시스템에 입력되어 관리된다. 물론, 적정 재고량 미달 시 자동 발주도 가능하다.

u-Logistics 기술이 유통 분야에 적용됐을 때, 능동적이며, 효과적인 재고 관리, 인력 관리, 수요 예측, 판매 성향 분석 등이 이루어 질 수 있을 뿐만 아니라, 지금까지 ERP의 고질적인 문제점 중의 하나였던, 데이터와 실물 정보의 불일치를 해결하는 혁신적인 변화를 가져올 것이다.

이미 국내의 물류업체 중에는 여러 곳에서 이러한 유비쿼터스 기술을 접목시켜 새로운 서비스와 비즈니스를 창출하기 위한 노력들을 경주하고 있다. 특히 택배 업계의 경우 제품의 생산 이후 포장, 집하, 분류, 운송을 거쳐 소비자에게 전달되는 물류 과정 속에서 유비쿼터스 기술은 최대, 최적의 효율로 획기적인 물류비 절감을 가져올 뿐만 아니라 수많은 새로운 비즈니스 모델을 수반함을 인식하고 유비쿼터스 기술을 택배 사업에 접목시키기 위한 청사진을 제시하고 있다. 즉, u-택배로 불리는 이 사업은 비용 절감과 운송 과정의 단축을 가져올 RFID 태그 기술에 초점이 맞추어져 있으며 막대한 도입 비용만 해결된다면 당장이라도 획기적인 물류 개선 효과가 있다고 한다.

택배 서비스의 유비쿼터스화, 즉 u-택배 서비스는 집하에서 최종 배송지까지 모든 택배물의 실시간 추적이 가능하다. 어떤 부적합한 서비스 상황이 발생해도 역추적을 통해 문제를 해결할 수 있다. 따라서 서비스 질이 향상되고 유동적인 택배 물량까지 정확하게 파악하고 분석할 수 있어 최적의 인원이 투입된 지능화된 택배 서비스가 가능해진다. 특히 택배 서비스의 지능화는 임의 배달, 위탁 배달, 배달 지연, 고객 불만 처리 등에서 더욱 발전된 서비스 패러다임을 제공할 수 있다.

u-택배의 초기 단계는 택배 업계의 일 마감 실현, 고급형 맞춤 서비스 구현이다. 조금 더 발전하면 유동적인 물량과 송·수하인 주소를 정확히 확인하고 최적의 인력과 장비 투입으로 물량 처리를 지능화하는 작업이 된다. 궁극적으로는 유비쿼터스 컴퓨팅과 유비쿼터스 네트워크 사례를 통해 널리 알려진 것처럼 '언제 어디서나 어떤 방법으로든' 택배물을 주고받고 심지어 택배 서비스 이용자의 건강 체크, 금융 서비스 등 신개념 생활 서비스까지 제공하는 것이다.

u-택배는 택배 사원을 중심으로 u-택배 차량·u-운송장·u-무인 창구 등 크게 세 부분으로 나뉘어 진행된다. 택배 사원은 u-PDA를 이용해 u-터미널로부터 최적의 배달 순서를 실시간으로 지시받는다. u-무인 창구는 수신된 송·수하인 부재 여부를 확인해 알려주며 고객으로부터 화물 집하 요청도 자동으로 받는다. 또 화물의 도착 여부도 고객에게 알려준다. u-택배 차량은 GPS, GIS, ITS와 연결돼 최적의 운송 경로를 자체에서 분석해 제공한다. u-터미널에서는 태그가 부착된 택배물의 정보를 읽어 도착지별로 자동 분류한다.

u-택배의 고도화는 제품 혁신과도 맞물려 있다. u-택배가 정착되면 사물의 일생 관리가 가능해지기 때문이다. 유비쿼터스 기술과 물류가 만나 제품 생산 이후부터 폐기되기까지 전 과정을 통합·관리할 수 있는 고도화된 '물류 전성시대'가 열리는 것이다.[12]

　또한 유비쿼터스 컴퓨팅을 이용하여 물류 분야에 많은 혁신을 가져올 수 있는 부분으로서 기존의 바코드를 태그로 대체하여 시간과 비용을 절약을 하는 동시에 정확한 물류 정보를 얻을 수 있다는 것이다. 세계 유통 시장의 근간을 이루는 바코드 시대가 저물고 RFID 시대가 다가오고 있다고 한다. 월마트, Tesco, Benetton, Gillette, Delta Airlines 등 세계 굴지의 업체들은 RFID에 기반을 둔 새로운 물류 및 유통 시스템 구축에 발 빠르게 움직이고 있다.

　RFID란 주파수를 이용해 무선으로 상품 정보를 주고받는 것으로 이미 지하철·버스 교통 카드에 포함돼 생활에 널리 사용되고 있다. 스마트 태그(smart tag) 또는 스마트 레이블(smart label)이라고도 하는 RFID는 줄 모양 이미지에 정보를 담는 바코드 시스템에 비해 무선으로 정보를 빠르게 처리하는 것이 장점이다. 현재 10m 안팎에서 부선으로 상품 정보를 즉시 읽을 수 있는 정도로까지 기술이 개발돼 있다.

표 2-8. 주파수별 RFID 구분 및 특성

주파수	저주파	고주파	극초단파		마이크로파
	125.134KHz	13.56MHz	433.92MHz	860~960MHz	2.45GHz
인식거리	60Cm 미만	60CM 까지	~50~100m	~3.5~10m	~1m 이내
일반특성	·비교적 고가 ·환경에 의한 성능저하 거의 없음	·저주파보다 저가 ·짧은 인식거리와 대중 태그 인식이 필요한 응용 분야에 적함	·긴 인식거리 ·실시간 추적 및 켄테이너 내부 습도, 충격 등 환경 센싱	·IC기술발달로 가장 저가로 생산 가능 ·다중태그인식 거리와 성능이 가장 뛰어남	·900대역태그와 유사한 특성 ·환경에 대한 영향을 가장 많이 받음
동작방식	·수동형	·수동형	·능동형	·능동/수동형	·능동/수동형
적용분야	·공정자동화 ·출입통제/보안 ·동물관리	·수화물관리 ·대여물품관리 ·교통카드 ·출입통제/보안	·컨테이너 관리 ·실시간 위치 추적	·공급망관리 ·자동통행료 징수	·위조방지
인식속도	저속 ←——————————————→ 고속				
환경영향	강인 ←——————————————→ 민감				
태그크기	대형 ←——————————————→ 소형				

자료: ETRI.

---

12) 전자신문 (2003. 5. 26.). 유비쿼터스 혁명이 시작됐다: u로지스틱스.

유통 업체와 물류 업체는 RFID의 이점을 이용해 물류 관리에서 시간과 비용을 획기적으로 줄일 수 있을 것으로 기대하고 있다.

현재 RFID 태그 개발 및 가격, 주파수 사용, 리더·라이터 보급 등의 상황에서 가장 실현 가능한 시범 사업으로 팔레트에 RFID 태그를 적용한 '팔레트 위치 추적 프로젝트'가 폭넓게 논의되고 있다.

제조·유통 업체에 공급하는 표준 팔레트에 RFID 태그를 부착하고 제조·유통 업체의 물류 센터에 리더를 설치하여, 팔레트 및 팔레트상의 제품 위치를 추적해 상품의 이동과 정보를 파악하는 데 활용하는 방식이다.

서적이나 의약품 분야의 경우 정형화됐고 부피가 작아 손쉽게 적용할 수 있을 것으로 거론되고 있다. 도서 운반 팔레트나 박스에 RFID를 적용, 도서 이동의 흐름을 파악하고 이를 통해 입출고 관리부터 주문 및 납품 확인 등 도서 유통을 자동화한다는 내용이다. 팔레트를 출하할 때 출구에 설치된 리더가 팔레트 태그를 읽고 이 정보는 팔레트 정보 서버에 전달돼 기본적으로 팔레트 관리에 이용된다. 주문 받은 도서를 팔레트에 싣고 출판사에서 물류 센터로, 다시 서점으로 이동할 때마다 각각의 출구에 설치된 리더를 통해 팔레트 태그에 담긴 도서 량과 도서 이동 정보가 전달, 처리된다. 물류 센터에 도착하고 물류 센터에서 분류돼 나가는 각각의 팔레트 및 도서 상자의 고유 코드를 리더가 판독해 중앙 서버에 전달하고 중앙 서버에서는 위치 정보를 이용해 해당 정보를 가공한 후 팔레트 정보 또는 도서 정보 서버에 전달, 처리한다. 최종 목적지로 이동한 도서 상자는 서점에 설치된 리더에 의해 읽혀지고 도서 정보 서버는 지정된 배송지로 도서 상자들이 정확히 배송됐는지, 어떤 경로로 배송됐는지, 경로마다 소요 시간은 얼마인지, 최종 배송 시간은 언제인지 등의 정보들을 기록·관리한다는 것이다.

제품이 입고돼 적재되고 패킹돼 출하되기까지 모든 과정과 그 과정에서 발생하는 데이터를 바탕으로 제품 보관 및 입고와 관련된 상황을 지속적으로 파악, 제품의 재고를 최소화할 수 있는 창고 관리 시스템(WMS: Warehouse Management System)도 RFID 기술을 활용할 수 있는 대표적인 시범 사업 분야다. 이 시스템을 활용하면 입고에서 출고까지 전 과정에서 제품 정보 및 위치 관리의 자동 파악이 가능하며 창고 내 전체 물품의 재고 파악이나 사람의 손이 미치지 않는 곳의 물품 확인도 가능하다.

RFID로 가능한 또 다른 시범 사업 분야인 제품 주기 관리(PLM)는 제품의 기획·설계·생산·AS·폐기 등 제품의 수명 주기를 관리하는 시스템이다. RFID를 이용한 PLM은 제품 사용의 전 구간에 걸쳐 정보를 관리, 추적, 제어할 수 있는 환경을 지원하고 사용자가 신속하고 편리하게 제품 및 자산 정보를 교환할 수 있는 환경을 제공한다. 개발 부서와 생산 부서, 유지 보수 운영 부서 간에 긴밀한 연관 관계를 가능하게 한다.

자동 분배 시스템, 카트 분배 시스템, 물품 선택 분배 시스템을 통해 더욱 신속하고 정확한 제품 관리와 창고 재고 관리의 편의성을 제공하는 물류 관리 시스템과 모든 제품에 특별한 코드를 설정한 RFID 태그를 부착해 위조에 의한 제품 판매 감소를 방지하는 위조 방지 시스템도 RFID를 활용할 수 있는 좋은 사례다. 위조품에 RFID 태그를 부착하고 위조 코드를 부여해도 제조 업체의 제품 정보를 담은 PML 서버를 통해 위조 여부는 쉽게 드러난다. 도난 방지 시스템(EAS)은 배송 일정에 의해 배송된 제품 또는 창고에 도착한 제품의 자동 매칭으로 납품 업체의 부정 납품이나 관리자의 오류 등을 제거할 수 있다. 또 실시간으로 제품의 이동 정보를 파악할 수 있어 점원이나 고객의 절도에 의한 손실도 획기적으로 줄여 준다. 차세대 MD 프로모션 역시 특정 상품을 선택한 고객에게 곧바로 감사 메시지를 보낼 수 있다. 판매대의 자동 재고 관리로 매장 관리자의 상품 관리가 자유로워지고 판매대에 있는 상품 정보를 지속적으로 읽을 수 있기 때문에 유통 기한이 임박한 상품에 대해 기간별 세일을 자동으로 처리한다.

또 상품에 내장된 칩에서 나오는 주파수를 따라가면 최종 소비자의 위치까지 추적할 수 있어 상품 기획에 필요한 정보도 얻을 수 있다. 예를 들어 의류 업체가 RFID를 장착한 제품을 대형 할인점 창고 문을 통과시키기만 하면 어떤 물건이 얼마나 들어왔는지가 할인점의 재고 데이터베이스에 자동으로 입력된다. 또 출고할 때도 자동으로 계산돼 재고 정보에 즉시 반영된다. 이것을 통하여 기존에 재고 관리 분야에서 문제점으로 인식되어 왔던 장부상의 재고와 실제 재고 정보의 불일치, 적절한 재고의 보충 시기를 파악하게 됨으로써 비용뿐만 아니라 비즈니스 전반에 걸쳐 많은 혜택을 누릴 수 있다. 센서가 심어지고 센서 네트워크로 연결된 생활공간 속 사물(냉장고 등)들로부터 직접 전달되는 주문을 처리하며, 실시간 감지·추적되는 개별 소비자의 상황 정보를 마케팅에 활용함으로써 더 많은 고객들을 확보할 수 있다.

쇼핑몰과 같은 매장에서는 모든 상품에 RFID 태그가 부착돼 소비자들에게 정보를 제공하거나 원하는 상품이 놓여진 진열대로 안내하며, 잘못된 상품 진열이나 도난을 방지할 수도 있다. 모든 상품에 보이지 않는 태그를 부착하는 것은 고급 의류나 패션 상품 메이커의 입장에서는 위조 상품의 유통을 방지할 수 있으며, 고객들에게 판매된 상품은 거리를 지나가다가도 이 브랜드의 제품에 관심이 있는 사람들을 만나면 개인 단말기를 통해 마케팅을 전개할 수도 있다.

이 같은 국내외 활발한 움직임에도 u-Logistics의 개념이 아직도 구체적으로 정립되지 않았다는 지적도 있다. u-Logistics가 도입될 경우 그 파장은 실로 엄청날 것이지만 문제는 현재 가지고 있는 Logistics 인프라뿐만 아니라 모든 사회 간접 시설의 구조를 바꾸어야 하는 부담이 있다는 것이다. 그런데다 u-Logistics의 효과가 검증된 상황이 아니어서 투자 대비 효과를 확신할 수 없다.

RFID 칩 장착을 통한 u-Logistics를 완벽하게 실현하기 위해서는 바코드 중심의 유통 정보 인프라를 뒤집어야 하며 정부 및 기업의 기간 시스템 변경, 프로세스의 전면 수정, 개개인 및 사회 각 집단의 패러다임 변화 등이 수반돼야 한다. 개별 기업 또는 부분적인 도입이 오히려 혼란과 부담을 초래할 수 있다는 것도 함께 지적되고 있다. 초기 e-Logistics의 모습이 그랬던 것처럼 기술 개발이 수요를 이끌어 내지 못했다는 것을 먼저 인식해야 한다.

그러나 u-Logistics를 먼저 실현하는 국가나 기업은 강력한 경쟁력을 가지게 될 것은 확실하다. 표준화를 어느 국가에서 가져가느냐에 따라 미래 국가 경쟁력은 크게 달라질 것이며 이는 정부에서 추진하는 동북아 Logistics 중심 프로젝트에 중요한 열쇠가 될 것이다.

6. 유비쿼터스 기술의 한계와 극복

가) IPv6로 전환 문제

현재 IPv4는 32억 개의 주소 생성이 가능하고 실제 유효한 주소 개수는 약 5-6억 개로 추정되는데 이것으로 주소 고갈 현상이 대두되고 있다. IPv6는 128비트 주소 체계로 거의 무한대의 주소를 생성할 수 있을 뿐만 아니라 편리한 네트워크 환경 설정 및 품질 제어, 보안 등을 더 용이하게 제공할 수 있다.

보안, 품질 등이 제어되면서 새로운 비즈니스 가능성이 보이는데 품질에 따른 차별 요금 제도 등을 도입할 수 있다. 이용자는 주소 재입력의 불편이 사라지게 된다. 국내 IPv6로의 망 고도화 정책을 살펴보면 1단계는 2001년까지 IPv4 체계, 2단계는 국가망, 연구망 등에 IPv6가 도입되고 상용망에서의 도입을 검토하는 시기(2002-2005년), 3단계는 적극 도입 시기로 이때 IPv4 와 IPv6 망과의 연동 체계 구축이 주요 이슈이며 정보 가전이 본격적으로 나오는 시기로 2006-2009년, 4단계는 IPv6 기반이 완성되는 시기로 2010년 이후로 추정하고 있다.

나) 극소형 제품 개발의 문제

나노 테크놀로지[13]

나노 기술은 나노 크기, 즉, 원자, 분자 구조의 수준에서 물질을 규명,

---

13) 김사혁 (2002). 나노 기술의 이해와 정책적 시사점. 정보 통신 정책, 14(17).

제어하고, 이를 바탕으로 재료, 기기, 시스템을 창조하고 이용하는 것을 의미한다. 나노 크기의 단위로 쓰이는 1nm는 10억분의 1m 크기(10^{-9}m)로 가장 작은 수소 원자 10개를 연결한 크기이다. 대체적으로 나노 기술은 1~100nm(10^{-9}~10^{-7}m)크기의 물질을 연구하는 것으로 정의되는데, 이는 100nm 이하의 크기를 가지는 물질은 중력에 의한 물리학보다는 양자 역학의 법칙에 따라 다른 특성을 가지는 영역이기 때문이다. 오늘날 집적 회로의 가장 작은 부분이 한 면 길이로 약 250nm이며, 세포에서 화학반응의 촉매 역할을 하는 프로틴의 크기가 1-20nm 가량이다.

나노 기술의 핵심은 원자, 분자 구조의 물질을 움직여 근본적으로 새로운 분자적 조직을 가진 더 큰 구조물을 만드는 능력이다. 즉, 나노 기술은 나노미터 크기로 인해 새로이 나타나는 향상된 물리적, 화학적, 생물학적 특성, 형상을 보이는 구조물로 구성된 물질과 시스템을 주 대상으로 한다. 나노의 특성 변화는 양자 역학, 파동 성질, 계면 현상에 의한 것이며, 이러한 나노 구조물은 인간이 만들 수 있는 가장 작은 물체이다.

나노 기술을 연구하는 목적은 원자, 분자 수준에서 구조물과 소자를 제어하는 능력을 얻음으로써 이러한 특성을 탐구하는 것이며, 또한 이러한 소자를 효과적으로 제어하고 사용하는 방법을 배우는 것이다. 나노 기술은 나노 크기에서 근본 성질과 형상을 제어하기 때문에 거의 모든 분야에서 인간이 만든 물체의 잠재력을 바꾸어 놓을 수 있는 힘이 된다.

나노 기술의 발전에는 새로운 물질을 디자인하고, 시뮬레이션 할 수 있는 강력한 컴퓨터의 등장과 나노미터 크기의 원자나 분자를 측정, 조작할 수 있는 최첨단 현미경의 등장이 결정적인 계기로 작용하였다. 나노 세계의 현상을 이해하고 설명하기 위해서는 입자의 파동적 성질을 나노 입자들의 상호 작용으로 기술하는 양자 역학적 고찰이 필요하다. 수학, 컴퓨터 모델링, 시뮬레이션 기술, 물리, 화학, 재료 등 전 분야에 걸친 유기적 협동이 나노 현상을 이해하고 나노 기술을 발달시키는 요건이다.

이러한 나노 기술의 연구는 매우 기초적인 학문 수준에서 이루어지며, 보통 10년 이상의 기간이 소요되고, 산업체에서 위험 부담이 상당히 크다.

따라서 경쟁적인 세계 시장에서 기업체들이 장기간 투자하기 힘든 것이 사실이다. 이러한 이유로 현재의 연구 개발은 정부와 대학을 중심으로 한 연구 기관에서 주로 이루어지고 있으며, 정부 주도의 정책으로 연구 개발이 진행되는 경우가 대부분이다.

나노 과학과 기술은 특성상 타 산업처럼 독자적인 영역을 구축하는 분야가 아니라 전체 산업의 기반이 되는 원천 기술로 보는 것이 타당할 것이다. 이는 독자적인 산업으로 분류될 수 없다는 의미를 가지고 있으며, 타 산업의 내재적인 기반 기술로 작용할 가능성이 크다.

나노 기술의 향후 발전 전망과 타 분야 기술에 미치는 영향에 대해서는 많은 예측이 나오고 있으나, 나노 기술의 태동기적 성격, 적용 범위의 크기 등으로 인해 다방면적인 효과가 사회적, 경제적 시스템을 통해 자리를 잡는 데는 수십 년이 걸릴 전망이다. 이로 인해 기술 개발, 산업 수요 등이 일정한 모습으로 그려지는 것은 매우 어려운 일이다. 또 하나의 문제는 나노 기술의 경우 의도하지 않은 이차적 결과가 나올 가능성이 크기 때문에 과거를 기반으로 미래 예측이나 전망에 대한 모델을 구성하는 데 장애요인으로 작용한다.

나노 기술은 원자, 분자 수준에서 계측, 제어, 가공 기술의 발전을 통해 재료 분야의 혁신을 가속화하고, 소자 및 시스템 분야의 고기능성을 뒷받침하는 방향으로 발전할 것이다. 나노 기술은 거의 모든 산업에 응용될 수 있으며, 기존 기술의 발전 한계를 극복하는 데 큰 기여를 하게 될 것이다. 특히 현재 가장 연구가 활발한 IT 분야와 BT 분야의 기술 한계를 극복하기 위한 연구로 기술 분야의 혁신을 가속화 시킬 것이며, 기타 산업의 기술 혁신으로 점차 파급 효과가 증대될 전망이다.

나노 기술에 관한 다양한 미래 전망이 나오고 있지만 나노 과학 및 기술 수준은 아직은 태동기로 보아야 할 것이다. 실제로 초보적 수준의 나노 구조물만이 어느 정도의 조작으로 만들어 질 수 있는 상황이다. 현실적으로 현재의 지식에서 산업계가 요구하는 3-5년 사이의 가격 경쟁력 있는 상품이 생산되기는 어렵다고 볼 수 있다. 이러한 태동기의 극복은 컴퓨터 성능의 대폭적 향상, 원자, 분자 결합체에서 합성되어진 의도적인 제작 물질의 지속적 개발, 물리, 화학 등 전반적인 과학 분야에서 완전히 새로운 현상의 구현 등이 이루어져야 극복이 가능할 것이다.

MEMS

MEMS(micro-electro-mechanical system) 기술은 Microsystem, Micromachine, Micromechatronics 등의 동의어로 혼용되고 있고, 국내에서는 초소형 정밀 기계 기술로 불리고 있다. 초소형 정밀 기계 기술에서 다루고 있는 크기의 기본 단위는 마이크로미터(0.001mm)로 머리카락의 직경이 약 100마이크로미터(0.1mm) 내외인 것을 고려할 때 초소형 기계나 초소형 부품들은 대개 머리카락 정도의 직경 정도의 크기를 가지며, 머리카락 속에 모터나 기어 등이 들어 있다고 생각해도 크게 틀리지 않을 것이다. 이러한 초소형 정밀 기계 기술은 시스템뿐만 아니라 미세 3차원 구조물, 각종 센서와 구동 장치, 정밀 기계 그리고 마이크로 로봇 등 전통적인 기계 가공으로 불가능한 각종 응용 분야별 초소형 대상물을 정밀하게 제작할 수 있는 미세 가공 기술로서 실리콘 미세 가공 기술과 집적 회로 제조 공정 기술을 접목함으로써 초소형, 고집적, 대량 생산이 가능하여 저가격화와 고성능을 동시에 구현할 수 있는 가공 기술이다.

MEMS는 기존의 반도체 산업에서 구축한 인프라를 사용하여 복잡하고 극히 작은 형상의 소자를 제작하지만, 상대적으로 새로운 기술이라고 볼 수 있다. 이러한 MEMS 기술을 이용한 SoC 들은 다양한 기능(센싱, 구동, 통신)을 할 뿐만 아니라 상용에서 군수용까지 무궁무진한 응용처를 보유하고 있다.

지속적으로 변화하고 발전하는 제작 공정 기술과 다양한 소재 연구 결과에 힘입어 MEMS를 이용한 소형, 저전력, 초경량, 초저가, 고기능의 집적형 시스템이 실생활에 가능해지고 있다.

자료: Encarta.

그림 2-10. MEMS 전동 장치

흥미 있고 학술적인 분야로서 논의가 시작된 MEMS 기술은 불과 20년 미만의 사이에 일용품에 적용되기에 이르렀다. MEMS는 이제 더 이상 신비로운 기술이 아니다. MEMS는 대부분의 사람에게 있어서 익숙해진 초소형 기계 부품에 몇 가지의 전자 회로와 함께 실용되고 있다. 이러한 MEMS 기술의 실용화에는 다소의 시간이 필요했다. 실제로 MEMS 기술을 주요 제품에 채용하는 것은 이제 막 시작됐다고 할 수 있다.

조사 기관별로 MEMS 시장 전망에 약간의 차이가 있긴 하지만 공통적으로 지적하는 사항은 21세기를 기점으로 급속한 시장 발전기가 도래할 것이라는 점이다. NEXUS 보고서에 의하면 96년 130억 달러 수준의 세계 시장은 2000년에 들어 200억 달러를 넘어서고 2002년에는 약 400억 달러 규모의 시장으로 성장한다고 전망하고 있다. 세계 시장의 지역별 분포를 보면 미국이 대략 60%, 유럽과 아시아가 각 20% 정도씩을 형성할 것이라는 전망이다.

전술한 바와 같이 현재 MEMS 시장은 하드 디스크용 pickup 및 잉크젯

프린터 헤드 등이 시장을 주도하고 있으며, 가까운 미래에는 drug delivery system이나 DNA 분석기 등과 같은 의료 기기 관련 시장이 크게 대두될 것이다.

다) 네트워크 접속의 복잡성 및 자동화 문제

무선 랜과 블루투스[14]

무선 랜은 유선 케이블을 사용하지 않고 전파 또는 빛을 이용하여 허브에서 각 단말까지 네트워크 환경을 구축하는 서비스를 말한다. 무선 랜은 기존의 통신 기술이 갖고 있는 취약성을 보완할 수 있는 특성을 가지고 있다. 기존 이동 통신망의 경우 이동성과 전송 커버리지 면에서는 절대 우위성을 갖고 있지만, 통신 속도는 유선망에 비해 취약하다. 한편 블루투스는 사용자의 작업 공간을 둘러싼 수 미터 공간 내에서는 유용하고 사용될 수 있지만, 이동성이나 커버리지 면에서 열세에 있다. 유선망은 통신 속도는 뛰어나지만, 이동성 면에서 불편하다.

이런 타 통신 기술들의 특성과 비교하여 종합해 보면, 무선 랜은 이동성 면에서 유선망에 비해 뛰어나며, 통신 속도 면에서 이동 통신망에 비해 빠르다. 또한 블루투스보다 비교적 넓은 영역을 커버할 수 있다. 이러한 장점들을 잘 살린다면, 무선 랜은 급속도로 보급될 수 있는 잠재력을 가지고 있다.

무선 랜의 설치 유형은 크게 나누어, 사설 망 성격의 독립형 무선 랜과, 공중망 성격의 공중 무선 랜으로 구분된다. 독립형은 액세스 포인트(AP)가 클라이언트 상호 간의 통신은 지원하지만 외부 망과의 연결은 지원하지 않는 반면, 공중 무선 랜은 액세스 포인트가 기존 유선망과의 다리 역할을 하면서 클라이언트 상호 간뿐 아니라 외부 망과의 연결도 가능하다. 무선 클라이언트가 새로운 액세스 포인트 영역으로 이동 시 기존 접속을 끊고

---

14) Kim, D., & Park, D. (2003). 유비쿼터스 인터넷 개요 및 비즈니스 고찰. http://www.davidndanny.com/pdf/Ubiquitous_Internet_　　　davidndanny.pdf에서 2003. 6. 20. 인출.

새로운 액세스 포인트로 접속할 수 있게 된다. 소비자를 대상으로 하는 공중 무선 랜의 경우는 최근 들어 상용화 기업이 속속 등장하면서 크게 주목을 모으고 있다.

현재 무선 랜에서 주로 사용되는 것은 IEEE 802.11b(일명 Wi-Fi)라는 규격이다. 이 규격은 주파수 면허를 받을 필요가 없는 2.4GHz대를 이용하여 최대 전송 속도 11Mbps를 낼 수 있다. IEEE 802.11b 대응 제품은 기기가 저가격화하여 급속히 보급되고 있으나 통신 속도가 비교적 늦고, 타 기기와의 전파간섭 문제와 보안 측면에서 문제가 표출되고 있다. 이에 따라 최근에는 IEEE 802.11b보다 전송 속도가 빠른 802.11a라는 규격과, IEEE 802.11g라는 두 가지 규격이 주목을 모으고 있다.

표 2-9. 무선 랜 표준 관련 비교

분 류	802.11b	802.11a	802.11
표준 승인	1999년 9월	1999년 9월	1997년 7월
주파수 대역	83.5MHz	300MHz	83.5MHz
사용 주파수	2.4~2.4835GHz	5.15~5.35GHz	2.4~2.4835GHz
채널수	3(실내/실외)	4(실내/실외)	3(실내/실외)
최대 속도	11Mbps	54Mbps	2Mbps
모듈레이션 방식	DSSS	OFDM	FHSS, DSSS

지금의 무선 랜은 그 지역에서 서비스를 수행하고 있는 사업자에 가입하지 않으면 이용할 수 없다. 그래서 지역과 장소에 따라 서비스를 제공하는 사업자가 달라서 이용자에게 불편을 주고 있다. 사업자의 투자 비용을 줄이고 영역을 확충하는 방법으로 휴대폰에서 수행하는 방식인 로밍 서비스를 이용할 수 있다. 로밍이 되면 하나의 사업자가 이용할 수 있는 지역이 한정되어도 복수 사업자를 조합하여 어디서든지 무선 랜으로 인터넷에 접속할 수 있게 되어 보급이 촉진될 것이다. 그리고 앞으로는 지능화된 단말이 스스로 가장 저렴한 통신 인프라를 자동적으로 바꿔 줄 것으로 전망하고 있다.

갑자기 시장이 부상하면서 각광을 받게 된 블루투스(bluetooth)는 사실 작년까지는 고전을 면치 못했다. 당초 블루투스가 본격적으로 전개될 해는 2001년으로 전망되어 왔다. 그러나 현실은 정반대로 나타나, 2001년은 블루투스가 대응 기기의 제품화를 추진하던 기기 메이커에게 최악의 해가 되었다. 휴대폰 시장 불황과 무선 랜의 대두, 복수 사양의 혼재에 의한 호환성 불안 등의 악재들이 겹쳐 당초의 시나리오대로 전개되지 않았던 것이다.

블루투스 관련 제품 메이커는 사실 휴대폰이 블루투스 시장을 견인할 것이라고 기대하고 있었다. 블루투스는 애당초 휴대폰용 인터페이스이기 때문이다. 개발을 처음 시작했던 것도 Ericsson(스웨덴)과 Nokia(핀란드)와 같은 휴대폰 단말기 메이커가 중심이었다. 이들을 비롯해 휴대폰 단말기 주요 메이커가 일제히 블루투스를 지지하면서 블루투스 대응 휴대폰은 단번에 연간 수천만 대의 시장을 구축할 것이라는 기대를 모았다. 그러나 휴대폰 불황이 밀려오면서, 블루투스의 선봉장인 에릭슨의 실적이 급격히 악화되었고, 블루투스 추진의 원동력도 약해지게 되었다. 에릭슨사는 2001년에 출시를 예정했던, 다수의 블루투스 대응 휴대폰 단말기의 시장 투입을 보류하였다.

그러나 블루투스 시장이 다시 부상하고 있다고 볼 수 있는데 그동안의 보급의 가장 큰 걸림돌로 지적되어 왔던, 블루투스 칩의 가격 인하가 착실히 진행되고 있다. 또한 지금까지 기기 메이커의 과제였던 소비 전류도 월등히 개선되어, 동작 시에 이전의 1/2 정도까지, 대기 시에는 1/8 이하로 감소되었다. 저소비 전력화에 의해 휴대폰 이용 시에 블루투스 기능을 제한 없이 지속적으로 이용할 수 있게 된다. 작년에 나온 제품의 경우, 동 모드의 소비 전류치가 높았기 때문에, 휴대폰에서의 블루투스 이용 시간이 제한되어 있었다.

복수 사양의 난립으로 혼선을 빚었던 표준 규격도 정식 사양 '버전 1.1'로 정착하여, 당분간 이 방식을 기반으로 대응 기기의 제품화가 진행된다. 다른 메이커 간의 호환성도 차츰 확보되어 가고 있다.

근거리 유선통신 기술[15]

무선은 유선의 공간 제한을 뛰어넘는 기술적인 해결책으로 휴대전화의 대중화로 인하여 많은 사람들이 편리함을 경험하였다. 현재 광범위하게 이용되고 있는 주파수 대역은 낮은 수 GHz 대역이지만 이론적으로는 정보를 전자파에 실어 보내는 모든 방식을 생각해 볼 수 있을 것이다. 'SmartDust'라는 이름으로 진행되고 있는 프로젝트도 이러한 응용을 보여주는 좋은 예이다. 유비쿼터스는 근본적으로 단순하게 기존의 음성 또는 정형화된 데이터를 무선으로 전달하는 방법과 다른 해법이 필요하다고 볼 수 있다.

하지만 이러한 본연의 유선통신 외에도 유비쿼터스 사회에서 생각해 볼 수 있는 것으로 무선 급전을 들 수 있다. 유선통신에는 전력이 필요하게 마련인데 이 전력을 무선으로 공급하는 기술이 무선 전력 전송이다. 원래 유비쿼터스 핵심 키워드 중에 하나가 바로 사라짐(disappearing)인데, 이는 그 개체로 가는 모든 선이 없음을 의미하며, 따라서 전력 공급선이 존재한다는 것은 큰 문제점으로 지적될 수 있다.

무선 전력 전송은 1988년에 처음 시연되었으며, 원래 큰 전력을 1~10GHz의 저잡음 주파수대를 이용하여 전송하는 것이 목적이었다. 하지만 유비쿼터스 관점에서 높은 전력은 필요하지 않고 짧은 시간에 정보를 전송할 수 있는 정도의 전력이면 되기 때문에 약간 다른 특성을 가져야 한다. 무선 전력 전송의 기술적인 요소로는 송신에서는 발진기, DC/RF 변환 장치, 능동 위상 배열(active phased array) 방식 또는 수동 위상 배열(passive phased array) 방식을 적용한 송전용 고이득 안테나 등이 있고, 수신에서는 비교적 간단한 패치나 다이폴로 제작된 수신 안테나 및 AC/DC 인터버가 주요 구성 요소이다. 특히 RF/DC의 변환 효율은 전체 전력 변환 효율을 결정짓는 중요한 요소로서 38%에서 85%까지 개선되어 왔으며, 이때 사용되는 다이오드는 큰 순방향 전류와 역내압을 가지는 다이오드를 가져야 한다. 유선통신 반도체 기술은 이러한 요소를 집적화할

---

15) 민봉기, 심규환, 강진영, 조경익. (2003). 유비쿼터스 유선통신 반도체 소자 기술의 동향. 주간 기술 동향, 1091. 정보 통신 연구 진흥원.

수 있는 방법을 제공하며, 비교적 낮은 파워를 손쉽고 안정적으로 제공할 수 있게 한다.

사물을 식별하는 번호를 부여하는 것은 매우 중요하다. 왜냐하면 대부분의 사물이 판단을 할 수 있는 자체의 프로세서를 가지고 있는 것이 아닌 외부에 판단을 대신 맡기거나 외부에 정보를 전달하면서 임무를 마치기 때문이다. 이러한 시스템 레벨에서의 개체의 고유 번호는 무선 이동 통신에서도 같이 사용되어야 혼합되어 있는 초고주파 신호에서 원하는 정보를 적절하게 분리하여 얻을 수 있을 것이다. 여러 유저의 접속을 위해 사용되는 다중 접속 방식은 주로 시간, 주파수, 코드로 분리할 수 있는데, 각각 TDMA(Time Division Multiplex Access), FDMA(Frequency Division Multiplex Access), CDMA(Code Division Multiplex Access)라고 하여 이용되고 있다. 그러나 유비쿼터스에서 다중 접속은 약간 다른 특성을 가진다. 즉, 각각의 개체는 언제 어디서 어떻게 활성화가 될지 모르며, 개체의 전체 수나 특성은 시간에 따라 변할 수 있으므로 이에 대한 고려가 필요하다.

일반화되어 있는 센서의 표준화는 1997년에 IEEE 1451.2로 시작이 되었다. IEEE 1451 표준화는 네트워크와 제작자 간의 호환성을 유지하고, 설치 및 재설치를 쉽고 저렴하게 하며, 오류나 수동 초기화를 없애고, 제어 및 보정에 관한 통일된 모델을 제시하고 있다. 그러나 유비쿼터스의 경우 모니터링 개체 수가 시간에 따라 변하고, 새로운 개체가 끊임없이 발생하고, 소멸하는 가운데 정보를 처리할 수 있도록 설계되어야 한다. 이와 더불어 송수신 구조와 변복조, 프로토콜에 대해서도 이러한 유비쿼터스 특성이 반영되어 설계되어야 할 것이다.

유비쿼터스가 기존의 이동 유선통신과 차이를 가지는 점 중의 하나가 바로 통신 거리이다. 우리가 일반적으로 휴대전화로 사용하는 단말기는 넓게는 수 킬로미터의 통신 범위가 보장되어야 하고, 또 경우에 따라서는 다른 단말기 특성에 따라 시스템 전체의 동작 특성이 영향을 받을 수도 있다. 그러나 유비쿼터스 유선통신은 통신 거리를 제한적으로 운용할 수 있는 구조이다. 불가능하지만 만약 수 킬로미터 내에 동작하게 만든다면 너무 많은 개체의 정보를 얻어 결국은 아무런 정보를 얻지 못하는 결과를 낳게 될 것이다. 이것은 우리가 통신 속도보다 채널 용량을 더 고려해야 된다는 것을 의미하기도 한다. 더불어 유비쿼터스의 각각의 개체는 안정적이지 못하고 독립적이지 못할 수도 있다. 따라서 우리는 유비쿼터스의 특성상 넓은 영역의 커버보다, 좁은 지역에서 안정적으로 통신이 가능하도록 하면서 채널 용량을 증가시킬 필요가 있으며, 아주 짧은 시간에 필요한 통신을 마치고, 비정상적인 개체로부터의 방해에도 대응할 수 있는 유비쿼터스 네트워크를 구현하여야 한다.

유비쿼터스는 모든 사물에 부착되어 유기적으로 네트워크를 구성하다 보니 저전력이어야 한다. 전력을 소모한다면 한 번의 충전으로 수년을 사용할 수 있어야 하거나, 앞서 언급한 무선급전의 형태로 외부의 전자파에서 에너지를 얻어 동작할 수 있어야 될 것이다. 만약 전력 소모가 심해서 자주 충전을 하든지, 배터리를 갈아 끼워야 된다면 인간은 유비쿼터스 사회를 유지하기 위해 막대한 비용을 지불해야 할 것이다.

유선통신 소자는 오래 전부터 저전력에 관한 연구를 해 왔다. 특히 CMOS가 높은 전력 소모를 하는 데 비하여 SiGe BiCMOS는 전력 대비 이득이 높으며, 따라서 같은 이득을 구현할 경우 전력 소비를 크게 개선할 수 있다. 이처럼 소자의 저전력 동작 특성은 유비쿼터스 사회를 실현하는 데 있어서 근간이 되는 중요한 기술이다.

유비쿼터스 어원에 '모든 곳'이라는 의미도 있다. 이는 바꾸어 말하면 도처에 존재할 수 있을 정도로 저렴해야 된다는 것이다. 다른 말로 다른 어떠한 기술적인 요소보다 경제성을 유지해야 된다는 의미이다. 모든 사물에 휴대폰 단말기를 둘 수는 없는 일이다. 전력 소모도 엄청나거니와 안테나부터 시작한 수많은 주변 부품 및 그로 인한 단가 상승은 전체 유비쿼터스 사회 구축 비용을 비현실적으로 만들 것이다. 성능상의 특징이 유비쿼터스에 알맞도록 개선해야 하는 것은 물론이고, 최종 결과물이 전체 사회로 확산되는 데 필요한 비용을 줄여 더욱 빠르게 선회에 적용되도록 해야 할 것이다.

이러한 요구는 사용 기술의 특징에 제한을 두게 된다. GaAs 계역의 소자보다 저렴하게 구현 가능한 실리콘 계열의 소자를 사용하게 하며, 패키지 형태의 구현보다 온칩(on-chip) 형태의 구현을 더 의미 있게 할 것이다. 저렴한 공정에서 우수한 특성의 소자를 만드는 것뿐만 아니라 수동 소자 및 필터와 같은 외부 소자의 패키징이 고려되어야 한다는 이유가 여기에 있다. 모든 곳에 존재하는 만큼 성능이 휴대폰 단말기와 같이 우수하지 않아도 된다는 점은 설계자에게 많은 것을 의미한다. 달리 표현하면, 성능의 희생을 통하여 우리는 유비쿼터스의 이념에 부합되는 기술을 갖추어 나갈 수 있음을 의미한다. 집적 회로 제조 기술 및 후공정은 바로 유비쿼터스의 저렴한 가격이라는 조건을 만족시키기 위해 필수적인 선택 사항이 된다.

유비쿼터스는 그 통신 대상이 단말기 수 정도에 비교가 되지 않는다. '스며드는(pervasive)'이라는 말에서 알 수 있듯이 다양한 개체로부터 쏟아져 나오는 정보를 처리해야 하는 것이다. 발생하는 정보는 이동되어야 하는 곳으로 이동되어야 하고, 처리 결과 또한 적절하게 표시 또는 전송되어야 한다. 전문가들은 이를 위해서 데이터의 용량이 현재보다 적어도 10,000배 이상 폭증할 것으로 예측한다. 대용량의 고속 전송에 광통신의 유선통신뿐만 아니라 경우에 따라서는 광대역 이동 및 유선통신이 필요할 수도 있다. 광통신 시스템은 고밀도의 파장 분할 변조를 통하여 초당 테라 비트(초당 1천억 회) 이상을 전송하는 기술에 이르렀고, 3세대 무선 이동 통신 기술은 2Mbps로 무선 랜은 신호를 50Mbps 전송하는 단계로 발전하였다. 여기에 전송 속도 이외에 반드시 고려되어야 할 것이 바로 채널 용량이다. 채널 용량을 키우기 위해 대역폭을 늘이는 것도 중요하지만 전송 주파수를 높여 무수히 많은 개체와 안정적인 통신이 이루어지도록 해야 할 것이다.

대표적인 유선통신용 반도체 기술 발전의 추세로 다중 모드와, 다중 밴드화, 복합화, 융합화, 소형화, 디지털화, 집적화가 있다. 다중 모드화 및 다중 밴드화는 복합화, 융합화, 소형화, 집적화라는 추세에 의해 더욱 의미 있는 기술 요소로 자리매김을 하고 있으며 각종의 통신 기술을 수용하는 단말기에 필수적으로 요구된다.

유비쿼터스 기술에서도 이러한 다양한 표준 수용이 필요할 수 있는데, 이러한 표준 수용과 함께 부가적인 특성을 부가하기 위해 반도체 융합 기술이 필요하다. 반도체 융합 기술이란 미소 전자 기계 시스템과 센서, 광소자, RF 소자, 집적된 초소형 안테나와 같은 다기능 소자들을 실리콘 집적 회로와 하나의 칩에 제작하는 반도체 융합 기술로 신기능의 복합 단말기 개발에 응용될 수 있을 것이다. 특히 실리콘을 기반으로 하는 융합 반도체는 RF 통신 회로와 임베디드 소프트웨어를 수용할 수 있는 SoC 기술이 적용 가능하므로 초소형 단일 칩의 제작으로 발전할 수 있다. 고성능 통신 칩이 필요한 경우 화합물 반도체의 고주파에서 전력 효율이 높은 증폭기나 저잡음 증폭기와 같은 단위 회로를 집적화하고, 이들을 실리콘 고집적 회로와 하나의 칩에 제작할 수 있는 융합 반도체도 유용할 것이다.

라) 인간과 사물과의 인터페이스 문제

센서 기술[16)

라틴어에서 온 센서(sensor)라는 단어는 아직도 개념이나 센서 공학의 학문적 체계가 완벽하게 정립되어 있지 않은 상태이다. 그것은 센서 기술이 아주 학제적이고 복합 기술적이기 때문이라고 생각된다.

넓은 의미로서의 센서란 외부로부터의 자극이나 각종 신호를 감지 검출할 수 있는 모든 수단이라고 생각할 수 있다. 그러나 일반적으로는 좁은 의미로 센서란 '검지 대상의 양을 선택적으로 포착하여 유용한 신호(주로 전기적 신호)로 변환, 출력하는 장치'라고 정의되고 있다. 센서는 원초적 정보를 채취하는 장치나 수단으로서 감지기 또는 감지 소자이고, 채취된 신호를 이에 대응하는 유용한 신호로 변환하는 수단은 변환기 또는 변환 장치인데 이를 트랜스듀서(transducer)라 한다. 그러나 센서와 트랜스듀서

---

16) 손병기 (n.d.). 센서 기술의 동향과 FET형 마이크로센서.
   http://optics.hanyang.ac.kr/ ~shsong/hitechphysics-note/sensor/ sensor-1.html
   에서 2004. 6. 20. 인출.

는 분명하게 그 의미를 달리하고 있지만 가끔 혼용되고 있다. 그것은 센서와 트랜스듀서의 기능이 융합된 장치가 흔하게 개발되고 있기 때문에 최근 센서의 의미도 포괄적으로 원초적 신호의 감치, 변환 장치라고 이해되는 경우가 많아졌다. 이 센서의 정의에서 포용된 변환의 뜻은 여러 가지 신호를 전기적(드물게 광학적) 신호에로의 변환이라는 제한된 개념만으로 받아들여지고 있다.

센서 및 트랜스듀서와 함께 널리 쓰이고 있는 말로 구동 장치(actuator)가 있는데, 이는 신호 처리기에 의하여 다듬어져 나온 신호에 대응하여 동작을 하는 장치 또는 수단이다. 즉, 구동 장치란 입력된 신호에 대응하여 작동을 수행하는 작동기, 또는 명령 신호에 따라서 작동하는 집행기이다. 그러나 이들 감치기, 변환기, 작동기가 훨씬 넓은 의미의 감지기, 변환기, 작동기로 수용되는 경우도 허다하다.

센서는 기본적으로 감도(sensitivity), 안정도(stability), 복귀도(reversibility), 선택도(selectivity)가 우수하여야 하고, 동시에 기능성, 적용성, 규격성, 생산성, 보존성, 경제성 등이 좋아야 한다. 용액 중의 특정 이온이나 기체 중의 특정 가스를 검출하고자 할 때 공존하는 다른 이온이나 가스들의 간섭 효과를 배제하고 오직 측정 대상의 이온이나 가스만을 선택적으로 감지해야 한다. 또 센서가 작동한 후에는 즉시 원 상태로 복귀하여 다음 작동을 수행해야 하는데 일반적으로 원상회복하는 데는 어느 정도의 시간을 소요한다. 이것은 센서의 이력 특성이나 기억 특성 때문이고 또 이 이력 특성이나 기억 특성은 센서의 반응 속도와 유관하다.

센서 기술은 기계 장치에 감각 기능을 부여하는 기술이며, 인간의 감각 기능을 확장하는 기술이다. 만일 기계가 감각 기능을 갖춘다면 그 기계는 분명 고가일 것이다. 이것은 기계 장치에서 센서 기술이 접목될 때 엄청난 고부가 가치를 유발하게 된다. 또 사람의 오감으로는 감지할 수 없는 것을 센서라는 수단을 통하여 감지해 낼 수 있다. 이렇게 센서 기술은 인간의 감각 기능을 확장할 수 있다.

센서 기술은 계측 기술 및 자동화 기술의 핵심이며, 고도 시스템 기술의 관건이다. 모든 측정은 센서를 통해서 가능하고, 정밀 계측 기술 없이 고도의 제어 기술 또는 고도의 자동화 기술은 있을 수 없다. 그러므로 센서 기술은 계측 및 자동화 기술의 핵심이다. 21세기의 중추 기술이 고도의 시스템 기술이 될 것이다. 이 시스템 기술은 통신 기술, 컴퓨터 기술 및 제어 기술의 조화로운 결합으로 성취되는 것인데, 제어 기술은 컴퓨터 기술이나 통신 기술에 비하여 훨씬 낙후해 있기 때문이다. 그러므로 센서 기술의 혁신 여부가 고도 시스템 기술의 달성 여부와 직결되어 있다. 센서 기술의 이 핵심 요소성과 관건성 때문에 국제 기술 경쟁의 초점이 되어 있고 그 기술 이전이 극히 어렵게 되어 있어 센서 기술의 자력 개발은 불가피하다.

센서 기술은 고부가 가치이고 그 시장 규모가 급신장하고 있다. 센서 기술력의 확보는 고도 기술력 확보의 길이요, 고부가가치 제품 생산력 확보의 교두보이다. 고급 제품일수록 센서의 가치 비중이 더 높고, 센서의 품질이 그 제품 가격의 기준이 되고 있다. 정보화 사회에로 진입할수록 센서 시장 규모는 커지고 있는데 현재 세계 센서 시장 규모는 거의 지수 함수적으로 급신장하고 있다.

센서 기술은 소량, 다품종이지만 그 파급 효과는 지극히 크다. 가정에서부터 산업 현장에까지, 학교 연구실에서부터 군사 작전이나 우주 탐사에까지 대단히 광범하게 활용되고 있다. 또 센서는 그 운용 방식이나 사용처에 따라서 얼마든지 그 활용 범위가 확장될 수 있다. 그래서 센서 기술의 파급 효과는 지극히 크다.

센서 기술은 기초 과학 기술에 뿌리를 내리고 센서 소자 기술에서부터 센서 시스템 기술, 센서 응용 기술 등으로 전개된다. 센서 소자 기술은 물리 센서, 화학 센서 및 바이오센서로 크게 분류되고, 센서 시스템 기술은 인터페이스 기술, 신호 처리 기술, 지능화 기술 및 시스템화 기술로, 그리고 센서 응용 기술은 공공 응용, 민생 응용, 산업 응용 및 특수 응용으로 대별될 수 있다.

센서 기술은 센서의 특성을 개선해 나가거나, 새로운 센서를 개발하거나, 새로운 신호 처리 및 센서 응용 기술의 개발 등에 의하여 그 발전이 이뤄진다. 그러나 최근에는 기초 과학의 눈부신 발전과 신소재 기술, 정밀 제조 기술, 반도체 집적 회로 기술, 인공 지능 기술 등 첨단 기술의 충격적 영향으로 센서 기술은 엄청난 속도와 규모로 그 혁신이 이뤄지고 있다. 이 놀라운 센서 기술 혁신은 그 새로운 발전 동향을 분명하게 표출하고 있다. 최근의 센서 기술은 가격 저렴화, 양산화, 규격(표준)화의 방향에서 다시 폭발적 기술 혁신으로 초소형화, 다차원화, 다기능화, 지능화, 시스템화 등의 새로운 발전 경향을 뚜렷이 나타내고 있다.

센서는 어떤 상태를 감지하는 것으로서 센서의 삽입이 감지하고자 하는 대상의 상태에 교란함이 있어서는 안 된다. 즉, 센서의 도입이 원상태에 미치는 영향을 최소화하여야 한다. 어떠한 환경에서나 신속한 반응을 하며, 사용자가 원하는 정보를 타당하게 제시할 수 있는 지능적이고 다차원 또는 다기능적인 센서의 개발이 활발히 추진되고 있다. 이러한 지능을 갖춘 센서를 스마트 센서(smart sensor)라고 부르기도 한다. 현재와 같은 급격한 센서 기술 혁신이 지속된다면 오래지 않아 센서 기술은 상당히 높은 수준으로 발전하고, 고도의 시스템 기술도 찬란히 전개될 것이다. 언젠가는 인간의 감각 기관과 유사한 또는 그 이상의 슈퍼 센서 시스템이 출현할 것으로 기대되고 있다.

에이전트 기반 애플리케이션[17]

에이전트는 사람을 대신해서 작업을 수행하는 것을 목표로 하는데 에이전트에 대한 개요와 정의는 많은 사람들이 조금씩 다르게 이야기하고 있다. 에이전트 발전에 많은 공헌을 한 MIT Lab의 패티 메이스(Pattie Maes) 박사는 다음과 같이 에이전트를 정의하고 있다.

---

17) Kim, D., & Park, D. (2003). 유비쿼터스 인터넷 개요 및 비즈니스 고찰. http://www.davidndanny.com/pdf/Ubiquitous_Internet_davidndanny.pdf에서 2004. 6. 20. 인출.

"A software agent is a particular type of agent inhabiting the world of computer/networks, assisting user with computer-based tasks. Software agents are characterized by properties such as their degree of personalization, their level of autonomy, and their degree of adaptability."

에이전트가 기존이 애플리케이션과의 구분이 되는 특징들로는 스스로 행위를 하는 자율성, 경험 학습을 통한 지능의 향상 능력, 그리고 인간과의 접촉 부분에서 반드시 필요한 사교성 등을 들 수 있다. 한양 대학교의 최중민 교수는 에이전트의 특성을 아래와 같이 정의하고 있다.

- 에이전트는 특정 목적에 대하여 사용자를 대신하여 작업을 수행하는 자율적 프로세스(autonomous process)이다.
- 에이전트는 독자적으로 존재하지 않고 어떤 환경의 일부이거나 그 안에서 동작하는 시스템이다. 여기에서의 환경은 운영 체제, 네트워크, 또는 MUD 게임 환경 등을 지칭한다.
- 에이전트는 지식 베이스와 추론 기능을 가지며 사용자, 자원, 또는 다른 에이전트와의 정보 교환과 통신을 통해 문제 해결을 도모한다.
- 에이전트는 스스로 환경의 변화를 인지하고 그에 대응하는 행동을 취하며, 경험을 바탕으로 학습하는 기능을 가진다.
- 에이전트는 수동적으로 주어진 작업만을 수행하는 것이 아니고, 자신의 목적을 가지고 그 목적 달성을 추구하는 능동적 자세를 가진다.
- 에이전트의 행동의 결과로 환경의 변화를 가져올 수 있다.
- 에이전트의 행동은 한 번에 끝나는 것이 아니라 지속적으로 이루어진다.

한편 센싱과 트래킹 능력이 발전함에 따라 에이전트가 더욱 풍부한 컨텍스트를 제공해 줄 것으로 기대할 수 있다. 이를 통해 정황 인지(context aware) 에이전트 기반의 서비스들이 다수 등장할 것이다. 물론 정보의 이형

질성 문제와 그에 따른 온톨로지(ontology) 문제가 여전히 해결되긴 어렵겠으나 사업자의 경우 특히, 네트워크를 쥐고 있는 사업자의 경우 운영 체제와 플랫폼에서 차별성을 갖기 어려울 것으로 전망되기 때문에 오히려 자신만의 에이전트 서비스 차별화 전략으로 부상할 확률이 크다고 예상된다.

생체 인식 기술[18]

공상 과학 영화를 보면 전철을 탈 때나 출입문을 열고 들어갈 때도 항상 홍채를 인식하여 신원 확인뿐만 아니라 결제 및 마케팅 등이 이루어지는 예를 간접 체험할 수 있다. 생체 인식은 영구 불변성, 유일성, 편리성 등의 고유 강점을 가지고 있어서 급격한 시장 성장률을 보이고 있다. User Identity Module은 터미널이 유저를 인식하는 것으로 바이오 기술과의 접목이 이루어 질 것이다. 생체 인식 가운데 가장 점유율이 높고 비중이 큰 것은 단연 지문 인식이다. 지문 인식 시장은 손, 얼굴, 음성, 홍채, 서명과 비교하여 상당히 큰 격차를 보여주고 있다.

RFID[19]

RFID(Radio Frequency Identification)는 무선 식별자로 불려진다. 넓은 의미의 RFID는 동일한 기술을 기반으로 비접촉 IC 카드도 포함하는 총칭으로 사물, 사람 그리고 가치, 이력 등의 유지를 통하여 제조 관리, 물류 관리, 상품 관리 등을 위하여 활용될 도구이다.

---

18) Kim, D., & Park, D. (2003). 유비쿼터스 인터넷 개요 및 비즈니스 고찰. http://www.davidndanny.com/pdf/Ubiquitous_Internet_davidndanny.pdf에서 2004. 6. 20. 인출.
19) 김완석, 박태웅, 이성국, 김정국, 백민곤 (n.d.). IT 리더들의 유비쿼터스 컴퓨팅 전략과 핫이슈. http://postnology.wenetcom.co. kr/ucta.pdf에서 2004. 6. 20. 인출.

자료: HowStuffWorks.

그림 2-11. 스마트 레이블(RFID) 에(모토롤라의 BiStatix)

RFID는 IC 칩과 안테나를 통하여 데이터를 교환하거나 기록하는 매체로 기존의 태그형 RFID이나 카드형 RFID를 시작으로 장차 휴대전화 등의 단말 자체가 '이동형 RFID'로 활용될 것으로 추정된다. 제품의 제조, 물류 판매 이용 폐기의 흐름 중에 어느 부분을 위하여 RFID를 활용할 것인가에 따라 RFID 정보 읽기와 쓰기에 요구되는 요소가 달라진다. 제품의 RFID 정보에 따라 재생 이용, 재사용, 감량 등을 결정할 수 있는 SCM 도구로 RFID를 활용할 수 있다. 철도, 버스, 지하철 등에 비접촉식 RFID 카드가 이미 보급되었으며 휴대폰에도 탑재되고 있다. 이러한 이동형 RFID는 교통비 이외에도 POS 결제, 자판기 결제 등의 무현금 도구 혹은 무티켓 도구로도 이용될 것이며 장차 주민 등록 카드, 자동차 운전 면허증 등의 공공 분야를 중심으로도 보급될 것이다.

RFID가 사용하는 주파수 대역은 ISO 스펙의 13.56MHz, 860~930MHz, 915MHz의 UHF와 2.45GHz, 5.8GHz의 마이크로파 대역 등이 사용될 가능성이 있거나 사용되고 있다. 무전원으로 5~8m의 거리상에서도 사용 가능한 RFID도 있다. 장차, Near Field Communication이라고 부르는 인터페이스에 따라 RFID의 정보를 휴대폰이나 PDA가 읽거나 쓸 수 있게 될 것이다. 즉 약병에 부착된 RFID 정보를 휴대폰으로 확인하여 부작용 등을 확인할 수 있다. 현재의 RFID의 가격은 수백 원에서 수천 원으로 바코드에 비하여 부척 비싸지만 이용 분야가 확대되면 급속히 저가격화가 이루어질 것이다.

과거 IC 카드와 무선 식별자 태그는 별개로 취급하였지만 최근에 무선 식별자 태그의 정보에도 보안성이 필요하게 되어 IC 카드와 같은 종류로 취급되기 시작하였다. 반도체 기술의 발달에 따라 RFID는 원칩과 코일만으로 구성되며 저주파수 방식과 전자 유도 방식은 코일과 코일의 결합을 통하여 전원 공급을 하여 통신하는 방법이다. 또 하나는 전파로 교신하는 고주파 방식이다. 135KHz나 13.56MHz IC 카드가 전자유도 방식에 해당한다. 135KHz의 특징은 비나 습기 등이 있는 나쁜 환경에서도 사용이 가능하다. 또한 안테나의 지향성이 넓어 여러 영역의 통신이 사용이 가능하다. 그리고 인체, 유리, 목재 등에 대한 침투성이 높고 코일과 코일 사이에 장애물이 있어도 통신이 가능하다. 다만 주파수가 낮기 때문에 노이즈가 많고 주변의 여러 기기들의 영향을 받기 쉽고 주변에 금속이 존재하는 경우 자계가 형성되어 통신을 방해하게 된다.

전파 방식에는 UHF 대역의 433MHz, 900MHz 등과 마이크로파 대역에 2.45MHz 와 5.8GHz가 있으며 지향성이 강하여 교신 거리가 멀다. 특히 마이크로파의 경우 수 m에서 10m 혹은 20m의 통신 거리를 확보할 수 있다. 그러나 2.45GHz의 경우는 무선 랜이나 블루투스 등과 같은 대역을 사용하기 때문에 간섭이 문제가 된다. 또한 금속에 의한 반사나 2.45GHz는 전자 레인지가 사용하는 대역으로 물에 대한 영향을 받기 쉽다.

이와 같이 각 방식에 따른 특성에 의하여 하나의 방식으로 RFID가 실현되기는 무리가 있으며 응용에 따라 선택적으로 설계할 필요가 있다. 데이터를 전하는 매체로 RFID 이외에도 바코드, 2차원 심벌 등이 있으며 이러한 것들을 포괄적으로 데이터 캐리어라고 부른다. 특히 RFID는 바코드 등과는 달리 데이터의 읽기와 쓰기가 가능하며 다수의 RFID가 존재할 경우에 순차적으로 데이터를 읽어 들일 수 있다.

2001년에 일어난 9.11 테러 이후, 항공 화물에 대한 보안성이 중시되어 미국은 항공 화물에 대한 RFID의 적용에 적극적이다. 광우병과 같은 농산물에 대한 안정성을 검사하거나 또는 가전의 재활용 등의 환경에 대한 요구에 따라 RFID의 적용에 대한 요구가 구체화되고 있다. 기업의 자기 방어 관점에서 위조 방지나 소비자 클레임이 발생할 때 제품 이력 추적 등에 적용되고 있다. 이와 같은 물류에 대한 RFID 시장이 크게 신장되고 있는 상황이다.

제3장 모바일 뱅킹

제1절 서비스 개요

모바일 뱅킹 서비스는 '고객이 휴대전화나 PDA 등 이동 통신 기기를 수단으로 무선 인터넷을 통하여 금융 기관의 사이트에 접속하여 금융 서비스를 이용할 수 있는 전자 금융 서비스'를 말한다(한국은행 금융 결제국, 2004). 서비스의 내용이나 무선 인터넷을 통한 서비스 제공이라는 측면에서 볼 때 인터넷 뱅킹 서비스에 포함되는 것으로 볼 수도 있지만 공간적 제약과 이동성 면에서 월등한 차이가 있다.

은행에서 제공하는 모바일 뱅킹 서비스는 기본적으로 통신 회사가 은행에 무선 결제 플랫폼을 제공하고 은행이 고객 정보와 대금 결제 과정 전반을 관리하는 것을 기본 구조로 하고 있다. 이러한 모바일 뱅킹 이외에도 표 3-1과 같이 이동 통신 기기를 이용한 유사한 모바일 지급 결제 서비스가 이동 통신 회사 등을 통하여 제공되고 있다.

표 3-1. 모바일 지급 결제 서비스의 분류

	결제 매체	휴대전화의 역할	주요 용도
모바일 뱅킹	예금 계좌	서비스 전달 채널	자금 이체, 금융 정보 조회
Mobile EBPP	예금 계좌	서비스 전달 채널	전자 고지 및 결제
Phone bill	전화 요금에 합산	본인 확인 및 지불 정보 전송	물품 구입, 공연 티켓 예매 등
모바일 소액 지불 수단	전화 요금 합산 또는 예금 계좌	본인 확인 및 지불 정보 전송	물품 구입, P2P 송금 등
IC 카드 내장 또는 리더기 부착	신용카드, 전자 화폐	정보 처리 단말기	물품 구입, 교통 요금 지불 등

자료: 한국은행 금융 결제국(2004).

모바일 뱅킹은 어디서나 사용할 수 있다는 '무선(wireless)'의 의미와 언제든지 이용할 수 있다는 '온라인(online)'의 의미, 그리고 금융 서비스 가운데 '뱅킹(banking)'이란 세 가지 의미가 결합된 용어이다. 좀 더 구체적으로 살펴보면, 무선이란 개인성(personal), 이동성(transit), 편리성(convenience)이란 개념으로 실현된다. 한편 온라인은 네트워크(network, 인터넷)와 자동화(computer, automatic)란 개념으로 실현된다(이경형, 김이영, 2002). 뱅킹은 이들 세 가지 개념을 단순 합하여 '무선＋온라인＋뱅킹'의 의미로 기존 금융 정보 및 금융 거래의 제공과 한편으로 시너지 효과를 통해 새로운 금융 서비스로의 확대로 해석 가능하다. 새로운 서비스는 모바일 지불(mobile payment), 계좌 통합(account aggregation), 인터넷 빌링(EBPP, electronic bill presentment and payment), 금융 포털(financial portal) 등의 형태로 나타나고 있다.

현재 고객들은 다양한 채널을 통해서 은행 업무를 처리하고 있다. 은행의 창구 직원(창구 텔러)에서부터 시작해서 ATM, 폰뱅킹(phone banking), PC 뱅킹, 인터넷 뱅킹, 양 방향(interactive) TV를 이용한 TV 뱅킹[20] 등 다양한 채널을 이용할 수 있는 것이 현재의 상황이다. 최근 들어 국내에서도

표 3-2와 같이 금융 서비스 전달 채널별 업무 처리 비중에서 다른 전달 채널과는 달리 인터넷 뱅킹과 모바일 뱅킹을 통한 업무 처리 비중(24.0%)이 2001년 12월(8.8%), 2002년 6월(11.7%)과 비교해 보더라도 금융 서비스 전달 채널에서 차지하는 비중이 지속적으로 증가하고 있다.

표 3-2. 금융 서비스 전달 채널별 업무 처리 비중

전달 채널	창구 텔러	CD/ATM	텔레뱅킹	인터넷 뱅킹	합계
2001년 12월	42.2	37.1	11.9	8.8	100.0
2002년 12월	40.0	30.3	13.7	16.0	100.0
2003년 12월	34.9	28.3	13.6	23.2	100.0
2004년 3월	32.6	29.9	13.6	24.0	100.0

(단위: %)

자료: 한국은행(2004) 재정리.

모바일이라는 용어의 특성으로 인해 노트북을 제외한 휴대폰, PDA, 스마트폰 등의 이동 통신 기기를 통한 은행 업무의 처리를 전체적으로 모바일 뱅킹으로 규정하고 있다. 하지만 실무적으로는 엄연히 휴대폰과 PDA를 이용한 뱅킹 서비스를 구별하고 있으며 이는 휴대폰은 일반전화와 특성이 유사하고, PDA의 특성은 컴퓨터와 유사하기 때문으로 보인다. 즉, 엄밀하게 말하자면 모바일 뱅킹은 텔레뱅킹과 폰뱅킹을 휴대폰으로 확장한 휴대폰 뱅킹을 의미하며 별도로 PDA 뱅킹이 존재한다고 볼 수 있다. 향후 휴대폰의 기능이 컴퓨터, PDA 수준으로 향상되거나 스마트폰이 보편화하여 구분이 모호해지거나 상당히 없어진다면 진정한 의미의 모바일 뱅킹으로 통합될 것으로 예상된다. 또한 이런 경우에는 모바일 뱅킹의 개념이 인터넷 뱅킹과 다를 게 없어지기 때문에 단순히 '이동성'이라는 행태상의 특징

---

20) 디지털 위성방송 스카이라이프와 제일은행은 공동으로 TV 뱅킹 서비스 제공을 위한 업무 조인식을 2003년 10월 24일 가졌다. 우리은행은 2004년 7월 1일부터 우리나라 최초로 서울과 대구 지역의 200여 가구를 대상으로 TV 뱅킹 시범 서비스를 개시했다.

이외에는 별다른 기능상의 차별성은 존재하지 않게 된다. 단, 최근 IC 칩을 내장한 휴대폰을 활용하는 금융 거래의 경우 단순히 절차의 단순화, 전용 버튼의 내장 등의 편리성 이외에 IrFM(Infrared Financial Messaging)을 통해 ATM과 통신을 하는 등 또 다른 형태의 모바일 뱅킹으로 진화하고 있다. 따라서 모바일 뱅킹의 전반적인 내용과 범위는 식 3과 같은 관점으로 정리할 수 있다.

모바일 뱅킹＝메뉴 방식 휴대폰 뱅킹＋PDA 뱅킹＋IC 칩 기반 휴대폰 뱅킹……(3)

본 연구에서는 식 3과 같은 모바일 뱅킹의 범위에 포함되는 모든 뱅킹 서비스를 대상으로 한다. PDA 뱅킹이 인터넷 뱅킹과 유사한 방식을 채택하고 있으나 이동성이 강화된 모바일 환경의 특수성을 감안하여 같은 범주로 넣은 것이 타당하다. 따라서 연구의 대상은 메뉴 방식 또는 IC 칩 내장 방식으로 휴대폰을 사용하여 은행 업무를 처리하거나 PDA에 인증서를 설치하여 전화망 또는 인터넷을 통해 은행 업무를 처리하는 모든 일반(잠재) 사용자가 된다.

제2절 서비스 내용

1. 서비스 제공 기관

1999년 10월 한미은행이 최초로 제공하기 시작한 국내 모바일 뱅킹 서비스는 2003년 7월 말 현재 수출입은행을 제외한 18개 국내 은행, 우체국, 신용협동조합 및 새마을금고 연합회에서 제공하고 있다. 또한 휴대전화 이

외에 PDA를 이용한 모바일 뱅킹 서비스도 9개의 국내 은행 및 상호 저축 은행에서 제공하고 있다(한국은행 금융 결제국, 2004).

2. 제공 서비스

모바일 뱅킹을 통해 제공되고 있는 서비스에는 예금 조회, 거래 명세, 자금 이체 등이 있으며, 일부 은행에서는 현금 서비스, 대출 서비스, 환율 조회, 수표 조회, 사고 신고 등의 서비스까지 제공하고 있다.

구체적으로 각 은행에서 제공하는 모바일 뱅킹[21] 서비스는 표 3-3과 같다.

표 3-3. 은행별 모바일 뱅킹 서비스

제공 서비스	조흥	우리	제일	국민	외환	신한	한미	하나	대구	부산	광주	제주	전북	경남	농협	수협	기업	산업	우체국
예금 조회	O	O	O	O	O	O	O	O	O	O	O	O	O	O	O	O	O	O	O
거래 명세	O	O	O	O	O	O	O	O	O	O	O	O	O	O	O	O	O	O	O
계좌 이체	O	O	O	O	O	O	O	O	O	O	O	O	O	O	O	O	O	O	O
현금 서비스	O	O	O	O	O	O	O	O	O	O	O	×	×	O	O	O	O	×	×
대출 서비스	O	O	×	×	O	×	O	O	×	×	×	×	×	×	O	×	O	×	×
환율 조회	O	O	×	O	O	O	O	O	×	×	×	×	×	×	O	O	O	O	×
수표 조회	O	O	×	O	O	×	O	×	×	O	O	×	×	×	O	×	O	O	×
사고 신고	O	O	×	×	O	O	O	O	×	O	O	×	×	×	O	×	O	×	×
PDA 뱅킹	O	×	O	O	×	×	O	×	O	×	×	×	×	×	O	×	O	×	×

자료: 한국은행 금융 결제국(2004) 재정리.

표 3-4에 나타난 바와 같이 모바일 뱅킹 이용 실적을 서비스별로 살펴보면 조회 서비스가 83.3%로 대부분을 차지하며 자금 이체 서비스의 경우 2003년 12월 대비 43.7%의 빠른 증가율을 보이고 있다.

---

[21] 하나은행에서는 '휴대폰 뱅킹'이라고 칭함.

표 3-4. 모바일 뱅킹 서비스 이용 건수

	2000년 12월 중	2001년 12월 중	2002년 12월 중	2003년 3월 중	6월 중	9월 중	12월 중	2004년 3월 중
각종 조회 서비스	201	692	1,081 (22.1)	1,106 (2.3)	1,176 (6.3)	1,272 (8.2)	2,173 (70.8)	2,773 (27.6) <83.3>
자금 이체 서비스	2	18	14 (13.0)	25 (78.6)	23 (△8.0)	58 (152.2)	387 (567.2)	556 (43.7) <16.7>
합　계	203	710	1,095 (21.9)	1,131 (3.3)	1,199 (6.0)	1,330 (10.9)	2,560 (92.5)	3,329 (30.0) <100.0>

(단위: 천 건, %)

주. ( ) 내는 전 분기 말 월 대비 증감률, < > 내는 비중.
자료: 한국은행(2004) 재정리.

제3절 서비스 메커니즘

1. 이용 방법

휴대전화 및 PDA를 통한 모바일 뱅킹 서비스를 이용하기 위해서는 먼저 인터넷 뱅킹에 가입되어 있어야 한다. 이용 매체에 따라 모바일 뱅킹 서비스 이용 방법은 다소 차이가 있다.

휴대전화를 이용하는 경우에는 인터넷 뱅킹 서비스 가입 고객으로서 무선 인터넷 접속이 가능한 휴대전화를 이용하여 이동 통신사의 무선 인터넷 포털 사이트에 접속한 후 이용 절차에 따라 서비스를 이용하면 된다. 예를 들면 SK텔레콤은 'nate' 혹은 'n.Top'으로 접속해서 증권/복권/금융 → 은행/환율 정보 → 해당 은행, KTF는 'magic(n)'으로 접속해서 K-merce → K-merce 금융 → K-merce 뱅킹 → 해당 은행, LG텔레콤은 'ez-i'에 접속해서 증권/복권/상품권 → 은행/카드/보험/대출 → 해당 은행 → 텔레뱅킹 고객 항목으로 순차적으로 접속해서 서비스를 이용하면 된다.

PDA를 이용하는 경우에는 보안 프로그램과 전용 뱅킹 프로그램을 차례로 다운로드 받아서 PDA에 설치한 후, 전용 뱅킹 프로그램으로 해당 은행 모바일 뱅킹 서비스에 접속해서 원하는 서비스를 이용할 수 있다. 대부분 은행별로 PDA로 접속할 수 있는 전용 URL을 제공하고 있으며 휴대폰을 이용한 모바일 뱅킹과의 차별화를 위해 PDA 뱅킹이라는 용어를 사용하기 한다. 표 3-5는 농협에서 현재 제공하고 있는 PDA 서비스의 내용을 정리한 것이다.

표 3-5. PDA 뱅킹 서비스 내용(농협)

조회 서비스
　계좌 조회, 입출금 거래 내역 조회, 수표 조회, 환율 조회

이체 서비스
　즉시 이체, 이체 결과 조회, 이체 결과 상세 조회, 보안/OTP 카드 조회, CMS 이체

신용카드 서비스
　보유 카드 목록 조회, 국내 승인 거래 내역, 이용 대금 청구서, 이용 대금 청구 명세, 연체 내역, 사용 가능액(통합 한도 조회), 현금 서비스 신청, 현금 서비스 이체 신청, 카드 기본 정보

대출 서비스
　대출 계좌 조회, 공제 계좌 상세 조회, 대출 거래 내역, 대출 원리금 상환, 대출 이자 상환 조회, 대출 원리금 상환 조회, 대출 원금/이자 상환 확인

공제 보험 서비스
　공제 계좌 조회, 공제 계좌 상세 조회, 공제 보험료 이체, 공제 보험료 납입 내역

사고 신고
　예금 통장 조회, 예금 통장 분실 신고, 현금카드 조회, 현금카드 분실 신고, 신용카드 조회, 신용카드 분실 신고, 인감 분실 신고, 자기앞 수표 분실 신고, 보안 카드 분실 신고

계좌 관리
　자주 쓰는 입금 계좌 조회, 자주 쓰는 입금 계좌 변경, 출금 계좌 조회, 입금 계좌 조회, 조회 계좌 거래 내역

---

2. 업무 처리 절차

모바일 뱅킹을 이용한 은행 간 계좌 이체는 인터넷 뱅킹과 마찬가지로 전자 금융 공동망을 통해 처리된다. 따라서 은행 간 거래 및 차액 결제는 인터넷 뱅킹의 경우와 동일하다.

모바일 뱅킹을 이용한 타행 이체의 경우 그림 3-1과 같은 업무 절차를 따르게 된다.

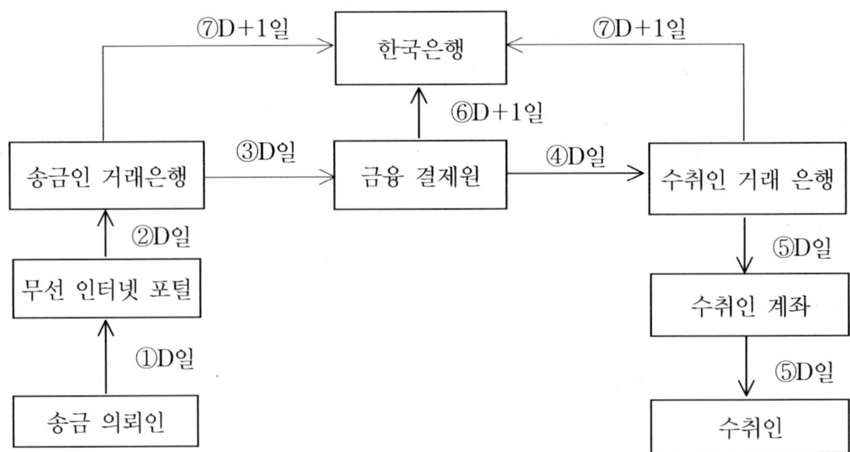

① 송금 의뢰인: 유선통신 기기를 통해 타행 이체 신청
② 무선 인터넷 포털: 전용선을 이용해 송금인 거래 은행에 송금 내역을 전송
③ 송금인 거래 은행: 중계 센터인 금융 결제원으로 동 송금 내역을 전송
④ 금융 결제원: 수취인 거래 은행 주전산기로 동 송금 내역을 전송
⑤ 수취인 거래 은행: 수취인 계좌에 입금 처리(당일 인출 가능)
⑥ 금융 결제원: 차액 결제 자료를 한국은행에 전송(익일, 오전 10시 30분)
⑦ 한국은행: 은행 간 차액 결제 실시(익일, 오전 11시 30분)
자료: 한국은행 금융 결제국(2004).

그림 3-1. 모바일 뱅킹의 타행 이체 업무 처리 절차

제4절 서비스 이용 현황

도입 초기에는 고도의 개인성 및 국내의 높은 휴대전화 보급률 등으로 급속히 확산될 것으로 예상되었으나 보안에 대한 신뢰성 문제, 요금 차별화 등의 마케팅 유인 부족, 복잡한 단말기 조작 절차, 다양한 서비스를 제공할 수 있는 통합 금융 솔루션의 부재 등으로 당초 기대에 미치지 못하고 있는 상황이다.

2002년 중 모바일 뱅킹 이용 실적은 표 3-6에서 보는 바와 같이 전년 대비 135.0% 증가한 1,192만 건으로 매년 급격한 증가율을 보이고는 있으나 아직 연중 실 이용자 수가 53만 명에 그쳐 인터넷 뱅킹 실 이용자 수 803만 명의 6.6%에 불과한 것으로 나타났다.

표 3-6. 모바일 뱅킹 서비스 이용 현황

	기기 종류	실시 기관	실 이용 고객 수 (연중)	이용 실적(연중)			
				계	정보 조회	자금 이체	기타
2000	휴대전화	17	‥	1,021(-) <100.0>	1,015 <99.4>	6 <0.6>	- <0.0>
	PDA	-	-	- -	- -	- -	- -
	계	-	‥	1,021(-) <100.0>	1,015 <99.4>	6 <0.6>	- <0.0>
2001	휴대전화	18	‥	5,075(397.1) <100.0>	4,991 <98.3>	84 <1.7>	- <0.0>
	PDA	‥	‥	‥	‥	‥	‥
	계	-	‥	5,075(397.1) <100.0>	4,991 <98.3>	84 <1.7>	- <0.0>
2002	휴대전화	19	528,794	11,892(134.3) <100.0>	10,510 <88.4>	208 <1.7>	1,174 <9.9>
	PDA	8	4,085	32(-) <100.0>	26 <81.3>	1 <3.1>	5 <15.6>
	계	-	532,879	11,924(135.0) <100.0>	10,536 <88.4>	209 <1.8>	1,179 <9.9>

주. ( ) 내는 전년 대비 증가율, < > 내는 전체 건수에 대한 비중　　　(단위: 개, 명, 천 건, %)
자료: 한국은행 금융 결제국(2004).

제5절 은행 공동의 모바일 뱅킹 시스템

1. 사업 개요

현재 개별 은행 차원에서 이동 통신사와의 업무 제휴를 통하여 제공되고 있는 모바일 뱅킹 서비스를 은행들이 공동 시스템으로 구현하여 서비스를 제공할 예정으로 사업이 추진되고 있다. 이 서비스는 'UBi(Ubiquitous Banking interface)'라는 이름으로 제공될 예정이다.

기존 모바일 뱅킹 서비스가 은행 계좌 보유를 전제로 거래 은행 및 제휴 이동 통신사에 따라 각각 다른 사양의 휴대전화가 필요하였으나 은행 공동의 모바일 결제 시스템이 구축되면 은행 계좌 번호 대신 휴대전화번호를 근거로 계좌 이체가 가능하기 때문에 하나의 휴대전화로 국내 모든 은행의 모바일 뱅킹 서비스를 이용하는 것이 가능하게 된다.

표 3-7은 2001년 11월부터 시작한 SK텔레콤의 네모(NEMO) 서비스와 UBi를 비교한 것으로 일반 은행들은 두 서비스에 동시에 참여하거나 어느 하나에 배타적으로 참여할 수 있을 것으로 보인다.

표 3-7. NEMO와 UBi 비교

구 분	NEMO	UBi
개 요	휴대폰 번호와 가상 계좌를 이용한 모바일 송금 및 결제 서비스	휴대폰 번호를 이용한 은행 간 실시간 송금 및 결제 서비스
서비스 제공 주체	SK텔레콤	금융 결제원
제공 서비스	조회, 송금, 청구 서비스(P2P) 결제, 대량 송금, 집금 서비스(P2B)	개인 간 송금(P2P) 수납 이체(P2B) 및 쇼핑몰 결제 조회 및 통지 서비스(MBR) 개별 은행 서비스 링크
자금 결제 방법	참가 은행에 있는 SK텔레콤 모계좌와 기업 인터넷 뱅킹/펌뱅킹을 통한 자금 결제	한국은행 당좌 계정을 통한 자금 결제
서비스 제공 시간	조회, 송금, 결제 등: 24시간 265일 충천, 환금: 심야 시간이나 휴일에 이용 불가능할 수 있음	24시간 365일
참가 은행	9개 은행(우리, 외환, 한미, 하나, 조흥, 제일, 경남, 대구, 부산)	수출입은행을 제외한 전 은행
이체 한도	1회 20만 원 1일 이체 및 충전 한도: 50만 원	미정(개별 은행별로 결정)
수수료	무료(적정 시점에 유료화 예정)	미정(개별 은행별로 결정)

자료: 김건우(2003) 재정리.

2. 참가 기관

국내 은행, 우체국, 상호 저축 은행, 신협, 새마을금고 및 시티·홍콩 상하이은행 국내 지점 등이 이 시스템에 참가하여 서비스를 제공할 예정으로 있다. 또한 금융 결제원이 시스템 구축·운영 및 자금 정산, 회원 및 수납 기관 등록·관리(헬프 데스크 운영), 콘텐츠 개발 및 마케팅 총괄 등을 담당하며 이동 통신사는 회원 등록 요청 시 휴대전화 가입자 인증의 역할을 담당하도록 되어 있다.

3. 서비스 종류

은행 공동의 모바일 뱅킹 시스템을 통하여 제공될 서비스에는 개인 간 송금, 공과금 및 물품 대금 납부, 거래 내역 조회 등이 있으며 그 외에도 개별 은행별로 특화된 서비스를 제공하는 것도 가능할 예정이다.

- 개인 간 송금(P2P: Person-to-Person): 송금인이 수취인의 은행 계좌 번호 대신 휴대전화번호를 입력하여 송금을 지시하면 수취인은 입금 내역을 SMS(Short Message Service) 및 e-메일을 이용하여 확인할 수 있다.
- 공과금 및 물품 대금 납부(P2B: Person-to-Business): 휴대전화 화면에 출력된 청구 내역을 납부자가 선택하면 대금이 징수 기관 계좌로 이체 처리되며 대금 수납 결과는 전용선 또는 인터넷을 통하여 실시간 확인이 가능하다.
- 거래 내역 조회 고객(회원): 등록 계좌의 잔액 및 무통장 거래 내역을 인터넷(웹 브라우저)이나 휴대전화로 조회가 가능하다.

4. 운영 시간 및 수수료

24시간/365일 서비스가 제공되는 것을 원칙으로 하고 있으나 개별 금융 기관은 자행의 시스템 운영 환경에 따라 운영 시간 조정이 가능하다. 한편, 자금 이체 한도 및 수수료는 추후에 개별 은행별로 결정할 예정이다.

5. 서비스 메커니즘

전자 금융 공동망을 통하여 제공되는 기존의 개별 은행 모바일 뱅킹 서비스와 달리 은행 공동의 모바일 뱅킹 서비스는 자금 관리 서비스(CMS) 공동망을 활용(실시간 자금 이체 기능 이용)할 계획이다(그림 3-2 참조). 따라서 은행 간 차액 결제도 CMS 공동망 차액 결제 시 포함되어 결제될 계획이다.

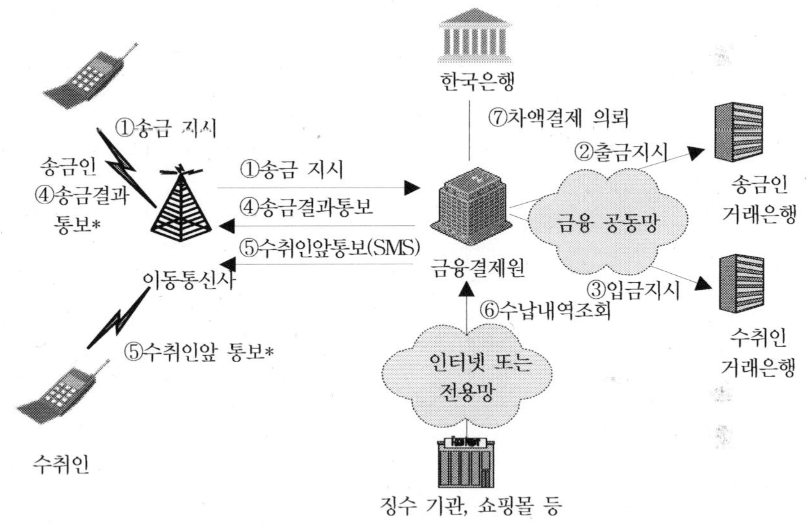

* 송금 결과는 e-메일로도 별도 통보

그림 3-2. 은행 공동 모바일 뱅킹 서비스 업무 처리 흐름도

모바일 뱅킹이 시장의 발전 가능성으로 볼 때 여전히 매력적인 분야로 존재하고는 있지만 아직까지는 고객의 서비스 만족도나 서비스 제공자의 투자 대비 수익 면에서 미흡한 점이 있는 것이 사실이다(김건우, 2003). 이와 관련하여 SK텔레콤은 NEMO와 MONETA 서비스를 통하여 은행 및 신용카드 회사와 제휴를 시도하고 있고, KTF는 독자적인 금융업 진출보다

172

는 여러 금융 기관과의 수평적 제휴를 통하여 모바일 금융 분야에서의 수
입 극대화 전략을 취하고 있다. LG텔레콤의 경우도 유사한 전략을 취하고
있다.

금융 기관 입장에서도 다양한 서비스 모델 개발 및 다채널 전략 추진
등을 통하여 모바일 금융 분야에서 주도권 경쟁을 하고 있는 실정이다. 최
근 들어 금융 기관들은 이동 통신 회사와 제휴를 맺어 과거 자신들의 서비
스 영역이었던 결제 분야를 지키려는 전략에 나서고 있다.

국내 은행과 우체국이 제공하고 있는 모바일 뱅킹 서비스 이용 건수는
2004년 3월에만 333만 건으로 2003년 9월 133만 건, 12월 256만 건에서 크
게 증가하고 있다(한국은행, 2004). 2003년 9월 이후 LG텔레콤을 시작으로
새롭게 선보인 모바일 뱅킹 서비스는 각 사에서 은행과의 제휴 형태로 서
비스하고 있다(표 3-8 참조).

표 3-8. 모바일 뱅킹 서비스 현황

서비스명	서비스 개시	가입자 수(2004. 3.)	서비스 제공 은행
BankON (LG텔레콤)	2003년 9월	80만 명	국민, 기업, 외환, 제일, 대구, 농협*
M뱅크 (SK텔레콤)	2004년 3월	42만 명	조흥, 우리, 하나, 신한, 전북, 광주, 제주, 경남, 국민*, 기업*, 제일*, 외환*
K뱅크 (KTF)	2004년 3월	15만 명	국민, 부산, 한미

* 2004년 하반기 예정.
자료: 한국은행(2004) 재정리.

2003년 9월 국민은행이 LG텔레콤과 제휴하여 제공 중인 뱅크온 서비스
는 온라인 거래만 가능하던 기존의 모바일 뱅킹 서비스와 달리 휴대전화에
IC 카드를 탑재하여 CD/ATM 이용 등 오프라인 거래도 가능하게 해 준다
(표 3-9 참조).

표 3-9. 뱅킹 방식별 비교

구 분	BankON	기존 모바일 뱅킹	폰뱅킹	인터넷 뱅킹
소요 시간 (이체 기준)	1분 30초	5분-10분	3분	2분
통신 요금	13-26원	80-340원	70원	-
보안 매체	보안 카드 스마트 칩	보안 카드	보안 카드	보안 카드 공인 인증서
기 타	이동성	이동성	상담 기능	다양한 콘텐츠

자료: 제일은행(http://www.kfb.co.kr/newweb/private/bankon/charge.jsp), 국민은
행(http://ibn.kbstar.com/quics?page=A006840),
http://my.goodbank.com/gbweb/pb/banking/ebank_mobile0304.jsp)

2003년 말 현재 20만 명의 고객이 가입하고 있는 이 서비스는 IC 카드
가 내장된 LG텔레콤의 전용 단말기를 통하여 국민은행의 예금 잔액 조회,
계좌 이체, CD/ATM을 통한 출금 등의 서비스를 사이드 키(side key) 방
식[22]으로 제공하고 있으며 후불 교통 카드 기능도 이용할 수 있다. 교통
카드 사용 대금은 휴대전화 이용 요금에 합산되어 청구된다. 향후 신용카
드 기능, 공과금 납부 등으로 서비스의 영역을 확대할 계획으로 있다.

---

22) 여러 거래 단계를 한 번의 키 사용으로 완료하는 방식.

제4장 선행 연구 고찰

제1절 기술 수용에 대한 선행 연구

정보 기술이 조직뿐만 아니라 개인 수준에서 다양한 영향을 끼치고 있고 이에 대한 특성을 여러 관점에서 파악하는 것이 정보 시스템 분야의 큰 관심사 중 하나라고 할 수 있다. 이와 같은 신기술의 수용과 채택에 대한 연구로는 혁신 확산 이론(diffusion of innovations), 인지된 혁신 특성(PCI, perceived characteristics of innovations), 기술 수용 이론(TAM, technology acceptance model) 등이 그 중심에 있다. 특히 사용자 입장에서 정보 기술을 왜 받아들이거나 무시하는지에 대한 연구는 TAM 이후로 다양하게 시도되고 있다. 그림 4-1과 같은 Fishbein과 Ajzen(1975)이 제안한 합리적 행동 이론(TRA, theory of reasoned action)을 바탕으로 한 TAM은 그동안 여러 정보 기술 분야에서 실증되었고 전자 상거래 분야에도 잘 적용될 수 있는 것으로 검증되기도 하였다(Gefen & Straub, 2000).

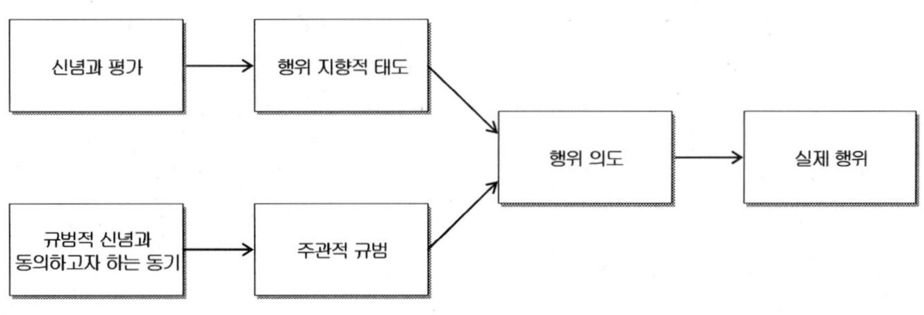

그림 4-1. 합리적 행동 이론(TRA)

TAM의 주요 목적은 내부적인 신념, 태도, 의도 등의 변수에 대해 외부 변수들의 영향을 파악하는 기반을 제공하는 것이다(그림 4-1참조). 이를 설명하기 위한 가장 중요한 요인은 바로 인지된 유용성(PU, perceived usefulness)과 인지된 사용 용이성(PEOU, perceived ease of use)으로 사용자의 심리적인 믿음과 연관되어 있다. PU는 특정 시스템(정보 기술)이 개인의 직무 성과를 향상하는 데 도움을 줄 것이라고 믿는 정도를 말하며, PEOU는 특정 시스템을 사용하는 것이 그렇게 힘든 일이 아니라고 믿는 정도를 말한다(Davis, 1989). 이 두 가지 요인이 정보 기술을 사용하고자 하는 의도에 긍정적인 영향을 미치며 이는 곧 자기 보고식 사용(self-reported use)에 영향을 준다(Davis et al., 1989).

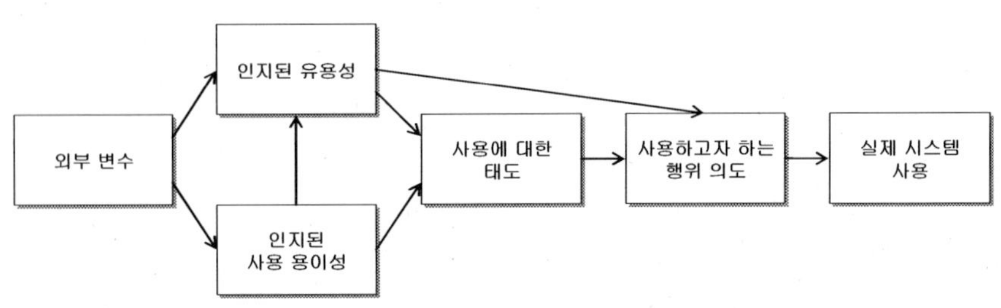

그림 4-2. 기술 수용 모델(TAM)

PEOU는 PU를 거쳐서도 정보 기술의 사용에 영향을 끼치며 이는 전자 상거래에서 구매 행위 채택과 관련된 여러 연구에서도 확인되고 있다(Gefen & Straub, 2000). Gefen과 Straub(2000)는 웹 사이트에 검색 엔진을 구축할 때 사용 용이성이 특히 중요하다는 사실을 강조하였다.

그간 TAM은 추가적이거나 변형된 여러 연구를 통해 IS 분야에서 유용한 이론적 모형으로 평가받아 왔다. 그렇지만 이 모델이 그간 추가되고 개선된 변수들을 포함하고는 있지만 사용 중인 변인에 대한 설명력이 40% 정도에 머무르고 있고 다음과 같은 한계가 있음이 지적되기도 한다(Legris et al., 2003).

- 연구 대상에 학생이 많다.
- 비즈니스 프로세스 애플리케이션보다는 사무 자동화 소프트웨어나 시스템 개발 도구들을 주로 관찰하였다.
- 실질적인 시스템 사용을 측정한 것이 아니라 상대적인 잣대인 자기 보고식 사용을 측정하였다.

또한 조직적 역동성(organizational dynamics)과 기술적 실행(technical implementation)의 관련성을 설명하는 데 한계를 갖는 등 조직적, 사회적 요인을 포함하는 좀 더 포괄적인 모델로 통합될 필요가 지적되어 왔다.

1980년부터 2001년 사이에 주요 저널에 발표된 22개의 TAM 관련 논문을 분석한 Legris 등(2003)의 연구에서도 알 수 있듯이 수용하는 대상이 되는 정보 기술이 사용자의 편이를 증대하고 생산성을 높이는 소프트웨어에 집중되어 있는 것만 보아도(사무 자동화 도구 대상 11건, 소프트웨어 개발 도구 6건, 비즈니스 애플리케이션 5건) 전자 상거래, e-비즈니스, 모바일 비즈니스와 같은 프로세스 중심의 혁신 기술 수용에는 위험, 안정성 등의 개념을 포함하는 신뢰 요인이 중요하다고 판단할 수 있다.

사용자의 기술 수용과 관련된 또 하나의 중요한 이론으로 바로 혁신 확산 이론(IDT, innovation diffusion theory; DOI, diffusion of innovation)을 들 수 있다. 이 이론은 새로운 사상이나 사물에 대한 사용자의 수용과 사용을 대상으로 한다. 여기에서 혁신(innovation)은 기술(technology)과 유사한 개념으로 인식되어(Luftman, 2004, pp. 189-190) 기술 수용의 관점에서도 이 이론이 다양하게 적용되어 왔다. 그림 4-3과 같이 혁신 수용률에 영향을 미치는 요인을 규명한 Rogers(1962, 1983, 1995, 2003)는 혁신의 상대적 이점(relative advantage), 호환성(compatibility), 복잡성(complexity), 시험 가능성(triability), 관찰 가능성(observability) 등이 수용의 변인 중 49~87%를 설명한다고 밝혀냈다.

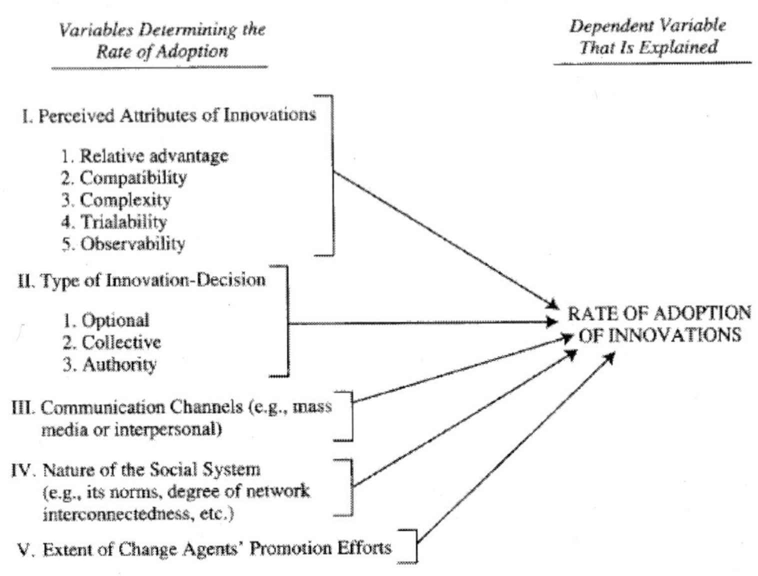

그림 4-3. 혁신 수용률의 결정 요인(Rogers, 2003)

72개의 관련 논문을 중심으로 Tornatzky와 Klein(1982)이 수행한 메타 분석 등을 포함하는 기타 연구를 통해서 본다면 혁신의 수용률에 영향을 주는 요인은 크게 상대적 이점, 호환성, 복잡성의 세 가지로 요약할 수 있다(Chen, Gillenson, & Sherrell, 2004).

여기서 상대적 이점이란 수용 대상이 되는 혁신 기술이 그 이전에 존재하던 기술보다 더 낫다고 인식되는 정도를 말하며, 호환성이란 잠재적 수용자의 현존 가치, 요구, 과거 경험들과 일관성을 유지할 것으로 인지되는 정도를 뜻한다. 또한 복잡성은 사용이 어려운 정도를 말하는 것이다.

Moore와 Benbasat(1991)은 Roger(1983)의 연구를 바탕으로 최종 사용자의 정보 기술 확산을 설명하기 위해 다음과 같은 8가지 설명 요인을 종합적으로 구성하였다.

- 자발성(Voluntariness): 사용자가 자유 의지를 가지고 자발적으로 혁신 기술을 사용하고 하는 정도
- 이미지(Image): 사용자가 혁신 기술을 사용하면 사회적 지위가 향상될 수 있을 것이라고 인식하는 정도
- 상대적 이점(Relative advantage): 수용 대상이 되는 혁신 기술이 그 이전에 존재하던 기술보다 더 낫다고 인식되는 정도
- 호환성(Compatibility): 잠재적 수용자의 현존 가치, 요구, 과거 경험들과 일관성을 유지할 것으로 인지되는 정도
- 사용 용이성(Ease of use)
- 결과 시연성(Result demonstrability): 혁신의 결과가 타인들도 관찰 가능할 수 있도록 유형적인가 하는 정도
- 시험 가능성(Triability): 혁신 기술이 실제 채택 이전에 실험될 수 있는 정도
- 가시성(Visibility): 잠재 수용자가 수용 과정에서 혁신 기술을 가시적인 것으로 간주하는 정도

이 연구에서 사용 용이성은 TAM에서도 사용되는 요인이며 상대적 이점 역시 TAM의 유용성 요인(PU)과 유사한 개념으로 사용하고 있다.

Venkatesh 등(2003)은 그동안 다양한 요인들로 설명되어 온 정보 기술 수용 모형들을 검토하여 새로운 통합 모형을 제시하였다. 이 기술 수용 및 사용에 대한 통합 이론(UTAUT, Unified Theory of Acceptance and Use of Technology)은 조직적 상황, 사용자의 경험, 인구 통계학적 특성(나이, 성별)을 고려하여 이론적인 관점들을 통합하고 있으며 수용 의도에 대해 70% 정도의 설명력을 지니고 있는 것으로 실증되었다. 따라서 향후 이러한 유형의 모형에서는 그 이상의 설명력을 보여주어야 할 필요가 있다고 강조하였다.

제2절 인터넷 뱅킹에 대한 선행 연구

다음으로 본 연구의 대상이 되는 모바일 뱅킹의 선행 분야로 인터넷 뱅킹에 대한 여러 연구들을 살펴보기로 한다.

Mols(1999)는 인터넷을 뱅킹 산업에서 새롭게 등장한 유통 경로로 보고 이를 전략적으로 활용하기 위한 방안에 대해 연구하였다. 그림 4-4에서처럼 뱅킹(소매 금융) 부문에서의 적응 과정(adaptation process)은 인터넷 사용의 증가로 시작된다. 인터넷은 금융 서비스 채널 자체로서의 역할과 사용자에게 미치는 영향을 통해 미래 신규 유통 경로에 변화를 가져다주었다.

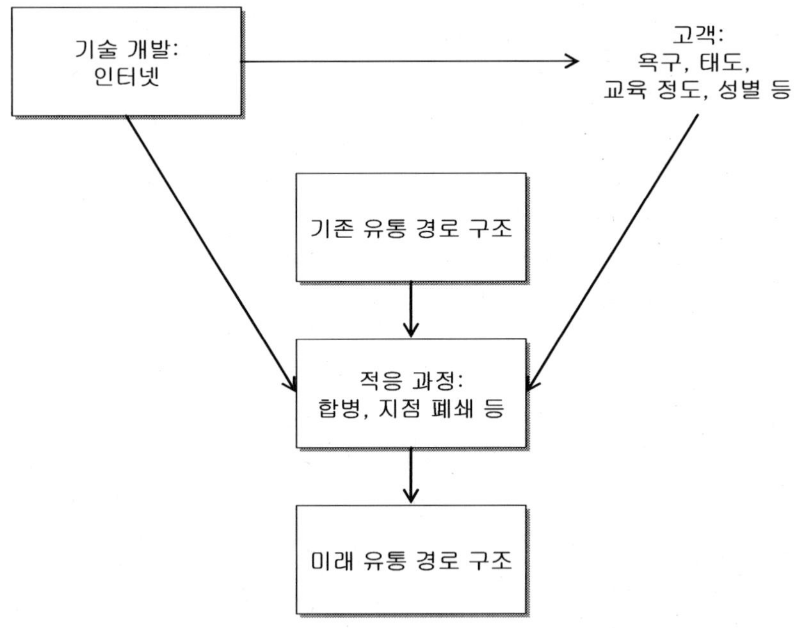

자료: Mols(1999).

그림 4-4. 유통 경로에서의 적응 과정

이처럼 금융 산업에서 인터넷의 역할이 전략적으로 중요하게 취급되고 (Birch & Young, 1997; Daniel & Storey, 1997; Devlin, 1995) 이후 단순히 공급자의 측면뿐만 아니라 사용자 중심으로도 다양한 연구들이 진행되어 왔다.

O'Connell(1996)과 Sathye(1999)는 각각 호주 은행을 대상으로 인터넷 뱅킹에 대한 연구를 진행하였다. 주요 연구 변수로 O'Connell은 보안, 이용에 관한 지식 부재, 컴퓨터와 인터넷에 대한 접근 부족을 제시하였고, Sathye는 인터넷 뱅킹의 채택에 영향을 미치는 요인으로 보안(no security concern), 이용 용이성(ease of use), 서비스와 효익에 대한 인식(awareness of service and its benefits), 합리적인 가격(reasonable price), 변화에 대한 저항(no resistance to change), 기반 구조의 가용성(availability of infrastructure) 등을 제시하였다. 이 연구를 통해 호수에서 인터넷 뱅킹 재택에 장애가 되는 요인으로 보안 우려와 함께 인터넷 뱅킹 자체와 그 효익에 대한 인식 부재를 들었다. 이를 극복하기 위해 은행에서는 고객의 신뢰(confidence)를 구축할 수 있는 지속적인 노력을 전개해야 한다고 주장했다.

Liao 등(1999)도 계획된 행위 이론(Theory of Planned Behavior, TPB)과 혁신 이론을 결합하여 태도, 주관적 규범, 지각된 행위 통제, 상대적 이점, 이용 용이성, 적합성, 결과의 확인 가능성, 지각된 위험, 이미지, 관찰 가능성 등의 변수가 ATM, 폰뱅킹, 홈뱅킹, 인터넷 뱅킹을 포함하는 가상 뱅킹 이용 의도에 영향을 미치는지를 연구하였다. 이 연구를 통해 이용 용이성과 상대적 이점은 가상 뱅킹에 대한 태도에 정(+)의 영향을 미치며, 매체와 이미지가 주관적 규범에 영향을 미치고, 태도와 지각된 행위 통제가 가상 뱅킹 이용 의도에 영향을 미친다는 것을 밝혔다.

Aladwani(2001)은 8개의 쿠웨이트 은행의 관리자들을 대상으로 한 면접 조사와 IT 과목을 수강하는 경영학과 학생들을 대상으로 설문 조사를 진행하였다. 이는 최고 경영층과 IT 관리자 및 잠재 고객들이 온라인 뱅킹에 대해 가지는 인식을 측정하기 위한 것이다.

결과적으로 관리자들에 의해 대두된 향후 문제로는 기술적 장벽과 온라인 뱅킹 고객의 태도와 행위가 중요한 것으로 제시되었고, 잠재 고객들은 인터넷 보안, 관련 규제, 고객 프라이버시, 신뢰, 은행의 명성 등을 온라인 뱅킹 채택에 있어 중요한 요인들로 꼽았다.

인터넷 뱅킹에 대한 선행 연구들을 정리해 보면 표 4-1과 같다.

표 4-1. 온라인 뱅킹에 대한 선행 연구 및 주요 연구 변수

연구자	주요 연구 변수
O'Connell(1996)	보안, 이용에 관한 지식 부재, 컴퓨터와 인터넷에 대한 접근 부족
Sathye(1999)	보안, 이용 용이성, 서비스와 효익에 대한 인식, 적정한 가격, 변화에 대한 저항, 기반 시설의 가용성
Liao 등(1999)	태도, 주관적 규범, 지각된 행위 통제, 상대적 이점, 이용 용이성, 적합성, 결과의 확인 가능성, 지각된 위험, 이미지, 관찰 가능성, 이용 의도
Tan과 Teo(2000)	상대적 이점, 적합성, 인터넷 경험, 시도 가능성, 지각된 위험, 컴퓨터 자기 효능감, 정부의 지원, 이용 의도
Aladwani(2001)	인터넷 보안, 고객의 사생활 보호, 신뢰, 서비스 품질
Liao와 Cheung(2002)	정확성, 보안, 네트워크 속도, 사용자 친숙도, 사용자 몰입

인터넷 뱅킹 관련 연구를 종합해 보면 사용자들의 이용 의도에 가장 영향을 미치는 요인으로 보안과 지각된 위험이 제시되고 있다. 즉, 인터넷 뱅킹이라는 서비스의 특수성을 감안하여 신뢰에 대한 필요성이 상당히 인지되고 있음을 알 수 있으며 인터넷 뱅킹을 포함하여 전자 상거래로 대변되는 온라인상의 신뢰 연구에서는 개인의 신뢰 성향, 제도적 특성인 매체 특성, 구전 효과 등이 주요한 변수로 나타나고 있다.

이를 모바일 뱅킹 영역으로 확대해 본다면 일정 부분 기술 및 환경적 요인에서 오는 불안감과 이전 온라인 뱅킹과의 호환성(연속성), 서비스의 유용성과 용이성 등이 복합적으로 작용하여 사용자의 수용 태도가 결정된

다고 볼 수 있다. 또한 모바일 서비스와 그 서비스가 시행되는 기반 구조
인 모바일 환경에 대한 주저 없는 믿음의 정도가 이러한 요인들에 영향을
끼친다고 판단된다. 즉, 대상 기술 및 환경에 대한 신뢰가 사용자의 기술
수용 태도에 영향을 미치는 제 요인들의 수준을 결정한다는 것이다.

제3절 신뢰에 대한 선행 연구

1. 신뢰의 정의

이와 같이 새로운 정보 기술의 패러다임을 채택하고 확산해 나가는 데
있어 단순히 기술의 특성이 사용자에게 가져다주는 효율성 중심의 설명 요
인 외에 상호 관계 및 사용자 노출로 인해 발생하는 보안, 불확실성 등의
위험 요인 역시 고려해 볼 필요가 있다. 이러한 사항들은 특히 비대면 접
촉, 원격 프로세스, 무형의 거래, 상대에 대한 정보 미비 등 불확실한 환경
요인이 존재하는 가상 환경에서는 더 중요하게 고려해야 하는 인간의 행동
요인이라고 볼 수 있다. 따라서 본 연구에서는 이러한 위험 요인에 대한
사용자의 인식을 가늠할 수 있는 '신뢰' 개념을 적용하여 사용자의 태도를
설명해 보고자 한다.

신뢰(trust)에 대한 연구는 사회, 경제 각 분야에서 연구되어 왔다. 그만
큼 신뢰의 개념은 표 4-2에서처럼 여러 분야에서 많은 학자들에 의해서 정
의되어 왔다.

표 4-2. 신뢰의 다양한 정의

Rotter(1967)	연구 영역: 개인 특성
타인의 말이나 글로 된 약속을 믿을 수 있다는 일반적 기대	
Schurr와 Ozanne(1985)	마케팅
상대방의 말이나 약속이 믿을 만하고 교환 관계에서 의무를 다할 것이라는 믿음	
Bradach과 Eccles(1989)	경제학
한 기업의 거래 당사자가 기회주의적 행위를 할 수도 있다는 두려움을 제거해 주는 일종의 기대감	
Moorman 등(1993)	마케팅
믿을 수 있는 거래 상대에게 의존하려는 의지	
Morgan과 Hunt(1994)	마케팅
거래 상대방이 쌍방 관계에서 협력을 원하고 의무와 책임을 다할 것이라는 기대	
Currall과 Judge(1995)	조직 행위
종속과 위험 상황에서 타인에게 보이는 개인의 의존성	
Mayer 등(1995)	조직 행위
당사자가 자신에 대한 감시, 통제력의 보유 여부에 상관없이 신뢰자에게 중요하고도 각별한 행동을 할 것이라는 기대를 바탕으로 또 다른 당사자의 행동을 기만하지 않으려는 의지	
Hosmer(1995)	조직 행위
경제적 교환이라는 맥락에서 조직적으로 취약하고 종속적 상황에 있을 때 기업의 이해 당사자가 갖는 낙천주의적 기대감	
Nooteboom 등(1997)	경영학
개인이 특정 상대 조직과의 관계를 규정할 때 상대적 위험의 관점에서 인식하는 믿음	
Jarvenpaa와 Tractinsky(1999)	전자 상거래
소비자가 불리해지는 상황에서 판매자에게 의지하고 행동하려는 경향	
Schneiderman(2000)	전자 상거래
상호 협동적인 행동을 통해서 구축되며, 제3자 인증, 프라이버시와 안전에 대한 보증 등에 의해 서로 충성도를 획득해 가는 과정	

일반적으로 조직 행위를 연구하는 학자들 사이에서는 Mayer 등(1995)의 정의를 가장 적합한 것으로 수용하고 있다(김경규 등, 2003). Mayer 등(1995)은 신뢰와 유사한 의미로 사용되는 결속(cooperation), 신용(confidence), 예측(predictability)의 개념들은 신뢰와 본질적으로 다른 것으로 지적하고 있다. 신뢰가 결속적 행동을 유발하기도 하지만, 결속은 반드시 위험을 수반하는 것이 아니기 때문에 결속력 있게 행동하는 자가 상대방을 반드시 신뢰한다고 볼 수는 없다. 또한 신용은 실망을 초래할 수 있다는 점에서 신뢰와 공통점이 있으나, 신뢰는 관여자가 사전에 위험의 존재를 인식하지만, 신용의 경우는 그렇지 않다. 불확실성을 감소시키는 개념을 지닌 신뢰와 예측의 관계는 신뢰가 예측을 포함하는 더 큰 개념이라고 보고 있다. 이와 같은 개념의 차이를 종합해 보면 신뢰에는 반드시 위험이 수반됨을 알 수 있고, 바로 위험은 신뢰의 전제 조건이라고 말할 수 있다(Rousseau et al., 1998).

또한 신뢰는 다른 사람과의 경험을 통해 신뢰와 관련된 지식을 축적함으로써 시간이 경과할수록 발전한다(Lewicki & Bunker, 1995). 이는 신뢰자(trustor)와 피신뢰자(trustee)가 처음 관계를 맺을 때에는 초기 수준의 신뢰(initial level trust)를 갖게 되고 이 수준은 관계를 지속적으로 유지하면서 수정되고 발전된다는 것을 말한다(Kim & Prabhakar, 2000). 이렇듯 신뢰의 원천은 장기적이고 발전적인 상호 작용과 정보의 공유에 있으며, 신뢰란 시간 경과에 따른 당사자 간 누적적이고 역동적인 상호 작용을 통한 경험의 결과로서 상호 의존적 관계를 갖는다는 점을 전제로 하고 있다(이호근, 이승창, 강훈철, 2003).

2. 온라인에서 신뢰에 관한 연구

인터넷이 매개하는 가상공간의 특성으로 인해서 온라인상에서의 신뢰는 오프라인에서보다 더 중요해진다(Hoffman et al., 1999; Friedman et al., 2000; Ba & Pavlou, 2002). Jarvenpaa와 Tractinsky(1999)도 신뢰가 인터

넷상에서 구매 의도를 촉진하는 중요한 역할을 하고 있으며, 이를 인터넷 쇼핑몰의 성공 요소로 제시하고 있다. 이들은 신뢰가 소비자의 인지된 위험을 줄이고, 인터넷 쇼핑몰에 대한 긍정적인 태도를 형성시켜 궁극적으로 온라인 구매 의도를 증가시킨다고 주장했다. Gefen(2000)은 신뢰가 인터넷 기술의 수용에 중요한 도구가 되고 있음을 보여주었다.

Mayer 등(1995)의 연구에서는 신뢰자의 특징뿐만 아니라 신뢰받는 대상인 피신뢰자의 특징을 고려하고, 신뢰에 영향을 미치는 요인, 신뢰 그 자체, 신뢰의 결과를 구분하여 모델을 완성하였다. 신뢰에 대한 성향(propensity to trust)은 상황에 대하여 안정적인 개념으로 성격의 특징과 상황적 요소에 의해 영향을 받는 습관이라고 설명할 수 있다. 따라서 신뢰자의 신뢰에 대한 성향이 높을수록 피신뢰자에 대한 사전 정보 없이도 대상에 대한 신뢰가 높아진다. 또한 신뢰받는 대상의 3가지 요인은 다음과 같은 능력(ability), 호의성(benevolence), 성실성(integrity)으로 신뢰에 중요한 위치를 차지한다고 주장한다.

- 능력: 특정 영역 내에서 관여자가 영향력을 가지게 하는 기술, 능력 및 특징의 그룹
- 호의성: 피신뢰자의 이익이 되는 동기를 내버려두고 신뢰하는 자에게 옳은 일을 하기를 원하는 믿음의 정도
- 성실성: 신뢰하는 자가 수용할 수 있는 원칙들을 피신뢰자가 고수한다는 인지

피신뢰자의 특징 중 성실성이 초기 단계에 현저하게 나타난 후 지속적인 관계를 통해 호의성이 발전한다. 결국 신뢰는 신뢰에 대한 성향과 능력, 호의성, 정직성과 함수 관계이며, 관계상의 위험 수용(RTR, Risk Taking in Relation)은 신뢰적 행위(trusting behavior)의 지각된 위험과 신뢰에 따라 구매 의도로 나타남을 말해 준다.

McKnight 등(1998)은 조직 구성원 간의 신뢰를 발전시키기 위한 가장

중요한 시점은 관계가 성립하는 시작 시점이라고 제시하고 있다. 따라서 초기의 관계에서는 상호 작용의 경험이 없다는 전제에 따라 지식 기반 신뢰(knowledge-based trust)는 적용되지 않는다. 그래서 초기의 신뢰 형성에 영향을 미치는 요인으로 개인의 신뢰 성향, 구전 효과, 제도적 특성을 제시하였다. 또한 상호 작용 경험이 없는 소비자들은 명성을 이용하여 기업이나 제품을 범주화하고 기업이나 제품에 대한 초기 신뢰를 형성해 간다고 설명한다. 따라서 기업 및 제품 명성에 대한 중요성은 온라인에서 상호 작용 경험이 없는 소비자에게 작용됨을 밝혔다.

Dayal과 Landesberg(1999)의 연구에서는 아무리 위험이 작더라도 고객이 자신의 재정 상태와 정체성이 침해될 것을 두려워하는 위험을 느끼는 정도가 얻는 이익보다 크면 신뢰의 결핍이 생긴다고 설명한다. 그들은 신뢰에 영향을 미치는 요인을 6가지로 정의하고, 이 요인들을 결합하여 '신뢰 피라미드(trust pyramid)'를 만들었다. 피라미드의 기반 요인은 안전 기술(secure technology), 상인 합법성(merchant legitimacy), 강력한 주문 이행(order fulfillment) 등이다. 이러한 요인에 의해 기반 수준의 신뢰가 형성되면, 톤·분위기, 디자인·콘텐츠(tone & ambience, design & contents), 고객의 통제(customer control), 고객의 결속(customer collaboration) 요인과 합쳐져서 6개 요인 모두가 신뢰를 형성하여 고객을 단순한 구경꾼에서 자신감 있는 충성자로 변환시켜 준다고 설명한다.

Menon 등(1999)은 투자자 특성, 온라인 주식 중개인의 특성, 거래 관계 요인을 신뢰 형성 요인으로 파악하였다. 이들은 온라인 주식 중개 회사(broker firm)에 대한 개인 투자자의 신뢰에 초점을 맞추어 중개 회사에 대해 개인 투자자가 가지고 있는 신뢰도가 온라인 주식 거래의 사용 의도에 미치는 요인에 대해 분석하였다.

Kim과 Prabhakar(2000)의 연구에서는 신뢰에 대한 연구를 인터넷 뱅킹에 적용하여 살펴보았다. 인터넷 사용자가 급격히 늘어나는 데도 인터넷을 통해 실제 구매를 하는 사용자, 특히 인터넷 뱅킹과 같은 재정적 애플리케이션을 이용하는 수는 극히 적다고 전제하고, 그 원인 중의 하나로 신뢰의 결핍에 주목하였다. 제시한 연구 모형을 통해 뱅킹 매체(banking medium)로서 전자적 채널에 대한 초기의 신뢰와 은행에 대한 신뢰, 다른 방식보다 인터넷 뱅킹이 갖는 상대적 이점에 의해 인터넷 뱅킹을 채택하는 의향을 가지게 된다고 설명하고 있다. 그림 4-5에서처럼 뱅킹 매체로서 전자적 채널에 대한 초기의 신뢰에 영향을 미치는 요인은 개인의 신뢰 성향(trustor's propensity-to-trust), 구전 효과(word-of-mouth referrals), 제도적 특성(institutional characteristics)을 들고 있다. 이 3가지 신뢰 요인이 온라인 채널에 대한 사용자의 신뢰를 형성하게 하고 형성된 온라인 채널의 신뢰가 소비자의 인터넷 뱅킹 도입에 영향을 미친다고 보았다.

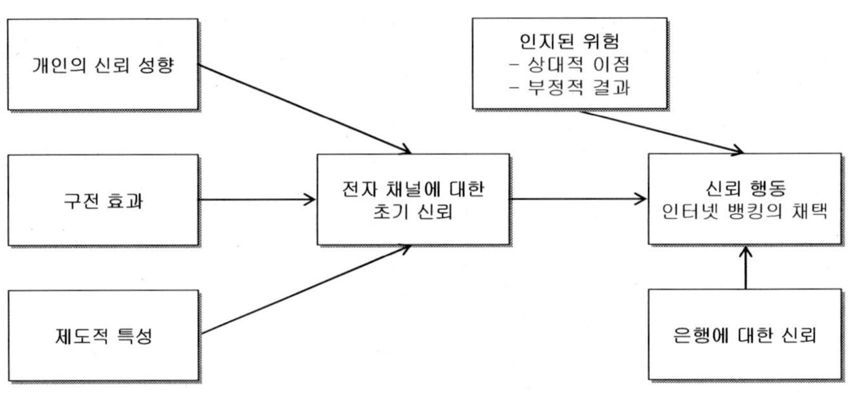

그림 4-5. Kim과 Prabhakar(2000)의 연구 모형

Jarvenpaa, Tractinsky와 Vitale(2000)은 인터넷 상점에서 신뢰의 주 요인으로 판매자의 지각된 규모(perceived size)와 지각된 평판을 제시하고 있다. 이 요인들은 여러 선행 연구(Anderson & Weitz, 1989; Ganesan, 1994)에서 제안된 것으로 규모와 평판은 판매자의 능력(ability), 성실성(integrity), 선의(goodwill)에 대한 보장(assurance)을 제공하고 이러한 보장은 신뢰를 높이는 데 도움을 준다는 것이다(유일, 최혁라, 2003). 규모가 크다는 것은 그 기업이 고객과 기술 서비스와 같은 지원 시스템을 위한 충

분한 전문성과 자원들을 보유하고 있다는 뜻이다(Chow & Holden, 1997). 뿐만 아니라 그 기업이 제품 실패의 위험을 책임질 수 있으며 구매자에게 보상을 해줄 수 있는 능력이 있음을 의미한다. 한편 평판은 구매자가 판매 기업이 고객에 대해 정직하고 관심을 가질 것으로 믿는 정도를 말한다 (Doney & Cannon, 1997). Jarvenpaa 등(2000)은 지각된 평판이 인터넷 상점에서의 고객 신뢰에 매우 유의한 영향을 미치는 요인임을 밝혔다.

　실무적으로 우리나라 온라인상의 신뢰에 대한 평가 기준들은 한국 전자 거래 진흥원(KIEC) 주도의 eTrust 인증 제도를 통해 살펴볼 수 있다.[23] 산업 자원부가 후원하고 한국 전자 거래 진흥원, 동아일보사, 한국경제신문 사, 전자신문사가 공동으로 주최하는 이 제도는 소비자들이 전자 상거래 환경에서 상품이나 서비스를 편리하고, 안전하고, 안정적으로 구매할 수 있 도록, 상업적 웹 사이트의 소비자 보호 및 개인 정보 보호 정책 그리고 구 매 전 과정을 평가하여 일정 기준을 만족하는 웹 사이트 운영 업체에게 eTrust 인증 마크를 부여하고 있다. 여기에서는 크게 사이버몰(종합, 전문, 직판), 서비스, 금융[24], 경매, B2B, 무역 부문으로 영역을 분할하여 평가 항목을 따로 구성하고 있다. 사업자 정보, 시스템 성능 및 안정성, 개인 정 보 보호 정책 및 약관, 고객 사후 관리 등이 공동 평가 영역에 포함되어 있다.

　전반적으로 온라인상의 신뢰에 대한 연구는 웹을 기반으로 하는 전자 상거래를 연구 대상으로 하고 있으며 이러한 맥락에서 살펴보면 신뢰란 '상대방이 사회적으로 책임 있는 행동을 할 것이고 결과적으로 나의 취약 성을 이용함이 없이 나의 기대를 충족해 줄 것이라고 생각하는 믿음'으로 정의할 수 있다(Mayer, 1995; Gefen, 2000). 이와 같은 전자 상거래에서 신뢰를 측정하는데 사용되는 도구를 개발하고 검증하는 통합적 모형이 McKnight 등(2002)에 의해 제시된 바가 있다. 이들은 신뢰(B2C 전자 상 거래에서 신뢰)를 '웹 벤더(온라인 상점)의 특성을 고려한 상태에서도 고

---

23) http://www.etrust.or.kr
24) 금융 부문은 증권만 해당한다.

객들이 자신들의 취약성을 웹 벤더에 그대로 노출하는 데 주저함이 없도록
하는 믿음'으로 정의하고, McKnight 등(1998)의 이전 연구와 Fishbein과
Ajzen(1975)이 제시한 합리적 행동 이론(TRA, Theory of Reasoned
Action)을 통합하여 그림 4-6과 같은 웹 신뢰 모형을 제시하였다. 이 모형
에서는 신뢰 성향(disposition to trust)과 제도 기반 신뢰(institution-based
trust)를 신뢰적 믿음(trusting beliefs)과 의도(intention)의 선행 조건으로
위치시켰다.

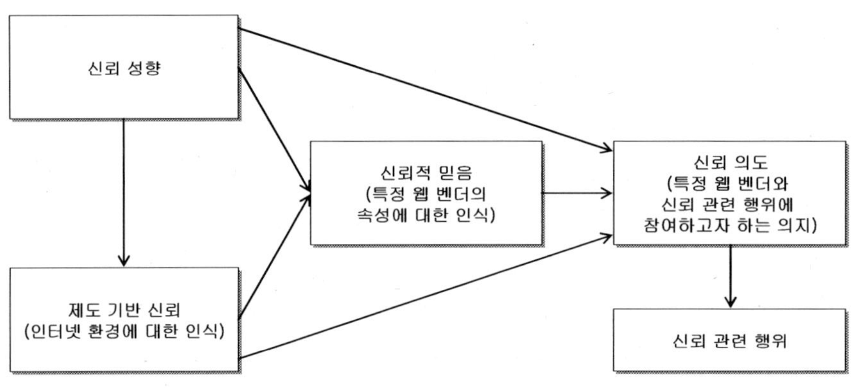

자료: McNight 등(2002).

그림 4-6. 웹 신뢰 모형

여기에서 나타난 신뢰의 정의는 '특정 상대방(온라인 상점)에 대한 신뢰'
뿐만 아니라 '거래 매체(인터넷 환경 및 기반)에 대한 신뢰'라는 별개이지
만 불가분의 요소를 포함하고 있다. 이를 통해 신뢰의 대상을 명확히 이분
하여 신뢰를 상대방 신뢰(party trust)와 매체 신뢰(media trust)[25]의 총합

---

25) 연구자들은 이를 통제 메커니즘에 대한 신뢰의 뜻으로 통제 신뢰(control
   trust)라고 하였으나 본고에서는 신뢰하는 측과 신뢰받는 측이 존재하는 기반
   구조인 환경적인 측면을 고려하고, 웹 환경이라는 통신 전반의 네트워크 미디
   어를 강조하여 매체 신뢰로 명명하였다. 전자 상거래의 경우라면 웹을 포함하
   는 인터넷 환경을, 모바일 서비스를 대상으로 한다면 유선통신 환경을 신뢰의

으로 이해할 수 있을 것이다(Pavlou, 2003).

따라서 고객이 기꺼이 웹 벤더에게 자신의 취약성을 내보이고자 한다는 것은 웹 벤더의 특성을 어느 정도 이해하고 있다는 것이며 한편으로 관련된 기술 환경인 웹 환경의 특성도 고려하고 있는 것으로 볼 수 있다. 이것은 취약성이 노출됨으로써 야기될지도 모르는 일련의 불안감, 즉 불확실성에 대한 고려로 표현될 수 있으며 전자는 바로 행위적 불확실성(behavioral uncertainty), 후자는 환경적 불확실성(environmental uncertainty)으로 이해된다.

이와 같은 전자 상거래에서의 이차원적 신뢰 구조에서 나타나는 불확실성, 즉 위험(risk)을 감소시키기 위해 신뢰의 대상이 되는 온라인 상점 등은 방화벽을 갖추거나 인증서 제도를 도입하고, 거래 내용의 암호화를 시행하는 등 환경적 불확실성을 제거하기 위한 노력들을 보여주고 있다. 이를 통해 환경적 불확실성은 매체 신뢰의 증대를 통해 궁극적으로 전체적인 신뢰를 높이고자 하는 피신뢰자의 행위에 영향을 받음을 알 수 있다. 또한 매체 자체를 통제할 절대적 권한이 없는 피신뢰자들은 거래 자체에 대한 불확실성을 제어할 수 있음을 보여주어야 하고 이런 노력이 바로 자신들에 대한 신뢰로 직결된다는 것을 인지해야 한다.

모바일 환경에서 신뢰에 대한 연구는 전자 상거래 등에 대한 연구에 비해 아직 많은 성과를 보이고 있지 않다. 이런 상황에서 Siau와 Shen(2003)은 모바일 기술과 모바일 벤더의 두 카테고리를 모바일 상거래에서 신뢰 구축을 위한 구성 요소로 제시하였다. 따라서 그림 4-7과 같은 프레임워크를 통해 모바일 상거래에서 신뢰를 구축한다는 것은 지속적인 과정이어서 이는 초기 신뢰 구축 단계에서 시작하여 지속적 신뢰 발전 단계로 이어지고, 모바일 기술과 벤더가 이 프레임워크의 핵심적인 요소임을 주장했다.

대상으로 파악하고자 하는 관점이다.

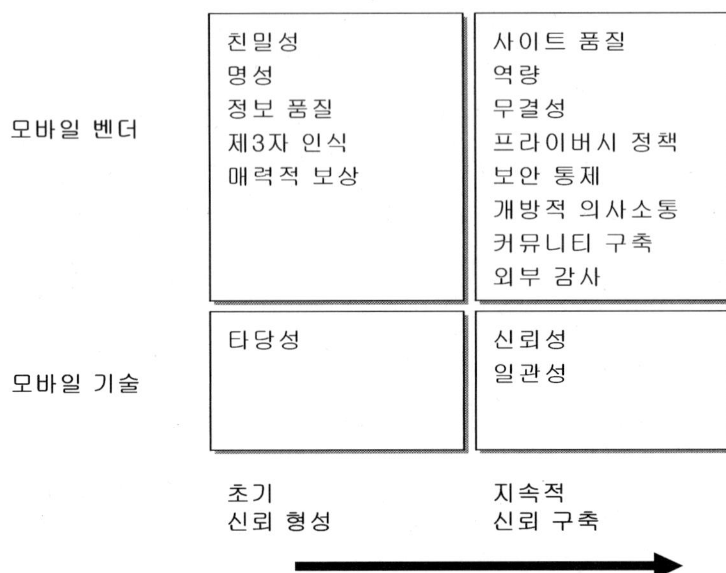

자료: Siau와 Shen(2003).

그림 4-7. 모바일 상거래에서 고객 신뢰 구축을 위한 프레임워크

Siau, Sheng과 Nah(2003)는 모바일 상거래에서 신뢰를 이끌어 내는 가치를 이해하기 위해 가치 중심 사고(VFT, Value-Focused Thinking) 이론을 사용하였다. 모바일 상거래 이용자들을 대상으로 광범위한 면접 조사를 통해 모바일 상거래에서 신뢰의 선행 조건들을 찾아내고 그림 4-8과 같은 프레임워크를 제시하였다.

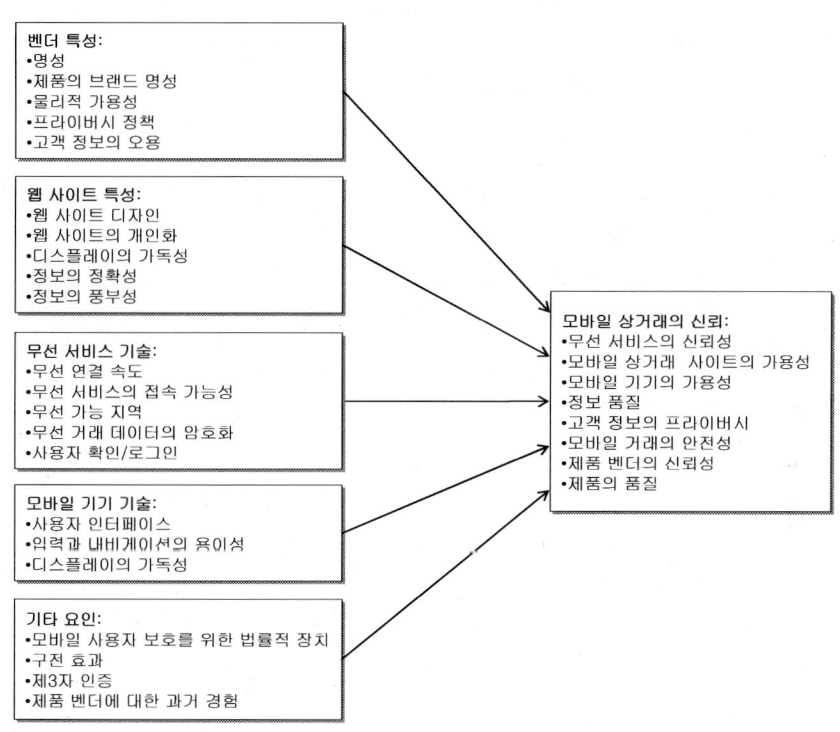

자료: Siau 등(2003).

그림 4-8. 모바일 상거래 신뢰를 위한 프레임워크

신뢰에 끼치는 영향 요인들을 다룬 여러 선행 연구들을 종합해보면 표 4-3과 같다.

표 4-3. 선행 연구에 나타난 신뢰의 설명 변수

연구자	신뢰의 설명 변수	연구 요약
Jarvenpaa와 Tractinsky (1999)	지각된 규모, 지각된 명성	인터넷상에서 신뢰가 소비자의 인지된 위험을 줄이고, 인터넷 쇼핑몰에 대한 긍정적인 태도를 형성해 궁극적으로 구매 의도를 증가시킨다고 주장했다.
Kim과 Prabhakar (2000)	채널에 대한 신뢰(신뢰 성향, 구전 효과, 제도 특성, 은행에 대한 신뢰), 인지된 위험(상대적 이점, 부정적 결과)	인터넷 사용자가 급격히 늘어나는 데도 인터넷 뱅킹과 같은 재정적 애플리케이션을 이용하는 사용자 수는 극히 적다고 전제하고, 그 원인 중의 하나로 신뢰의 결핍에 주목하였다. 제시한 연구 모형을 통해 다른 무엇보다 인터넷 뱅킹이 갖는 상대적 이점에 의해 이를 채택하는 의향을 가지게 된다고 설명하고 있다.
Ba와 Pavlou (2002)	친근성(신뢰나 불신을 유발하게 되는 반복적인 상호 작용), 타산성(상대방과의 행위에서 나타나는 수지 타산의 주관적 평가), 가치(신뢰성 있는 행위나 선의에 대한 확신을 불러일으킬 수 있는 제도적(환경) 구조)	온라인 경매(이베이)에서 가격 프리미엄이 존재하는 이유를 신뢰로 설명하고 있으며 그 형성 요인으로 선행 연구로 정리하여 제시한 세 가지 요인 중 친근성에 기반을 둔 '지속적인 피드백(긍정적 또는 부정적 등급 평가)'을 사용하고 있다.
McNight 등 (2002)	신뢰 성향, 제도 기반 신뢰	웹 벤더(법률 자문 사이트)에 대해 소비자들이 가지고 있는 위험에 대한 우려(벤더의 부정행위, 개인 정보 유출)를 극복하는 요인으로 신뢰를 제시하고 있다.
Gefen 등 (2003)	친근성, 신뢰 성향	온라인 상점에서 구매 의도는 지각된 유용성과 신뢰에 의해 결정된다고 주장하였고, 지각된 사용 용이성은 지각된 유용성에, 친근성과 신뢰 성향은 신뢰에 영향을 준다고 설명하였다.
Pavlou (2003)	명성, 과거 거래 경험(만족도)	신뢰를 상대방 신뢰와 통제 신뢰(통제 메커니즘에 대한 신뢰)의 총합으로 이해하여 신뢰가 인지된 위험, 유용성, 사용 용이성에 영향을 주고 이들이 다시 거래 의도에 영향을 주고 있다고 주장하였다.
Siau 등 (2003)	벤더 특성, 웹 사이트 특성, 무선 서비스 기술, 모바일 기기 기술, 기타(법적 보호, 구전 효과, 제3자 인증, 과거 경험)	모바일 상거래에서 신뢰를 이끌어 내는 가치를 이해하기 위해 가치 중심 사고 이론을 사용하였다. 모바일 상거래 이용자들을 대상으로 광범위한 면접 조사를 실시해 모바일 상거래에서 신뢰의 선행 조건들을 찾아내어 제시하였다.
Siau와 Shen (2003)	벤더 측면(친근성, 명성, 정보의 질, 제3자 인지, 매력적 보상), 기술 측면(타당성)	모바일 기술과 모바일 벤더를 모바일 상거래에서 신뢰 구축을 위한 두 구성 요소로 제시하였다. 또한 모바일 상거래에서 신뢰를 구축한다는 것은 지속적인 과정이고 이는 초기 신뢰 구축 단계에서 시작하여 지속적 신뢰 발전 단계로 이어진다고 주장했다.
Gefen과 Straub (2004)	사회적 존재감, 신뢰 성향, 웹 사이트에 대한 친근성	B2C 전자 상거래에서 발생하는 불확실성을 줄이는 요인으로 신뢰와 친근성(타인과의 상호 작용)을 제시하였다. 따라서 신뢰를 구매 의도의 선행 변수로, 사회적 존재감을 신뢰의 선행 변수로 주장하였다.
Kim과 Prabhakar (2004)	채널에 대한 신뢰(신뢰 성향, 구전 효과, 구조적 확신감), 은행에 대한 신뢰	인터넷 뱅킹의 채택을 설명하기 위해 '뱅킹 매체로서 e-채널에 대한 초기 신뢰'와 '은행에 대한 신뢰'를 변수로 사용하였다. 은행에 대한 신뢰에 영향을 끼치는 요인에 대한 분석은 없이 e-채널에 대한 영향 요인만을 사용하였다.

한편 신뢰는 IS 분야에서는 상대적으로 새로운 개념이라고 볼 수 있으며 다른 분야와 마찬가지로 상당히 다차원적으로 인식되고 있다(Gefen & Straub, 2004). 앞에서 살펴본 연구들과 기타 신뢰를 다룬 연구들을 살펴보면 표 4-4와 같이 신뢰를 주로 능력(ability), 호의성(benevolence), 성실성(integrity)의 다차원 개념으로 인식하고 있음을 알 수 있다. 신뢰를 구성하는 이 요소들은 고대 그리스 철학자 아리스토텔레스의 작품인 수사학(Rhetoric; Technē rhētorikē)에 나타난 신뢰의 세 가지 구성 요소인 지적 능력(intelligence: 능력), 좋은 성격(good character: 성실성), 선의(good will: 호의성)와 맥락을 같이한다고 설명되기도 한다(Giffin, 1967).

표 4-4. 선행 연구에 나타난 신뢰의 구성 요소

연구자	구성 요소			
	능력	호의성	성실성	기타
Blau(1964)	O	O	O	
Giffin(1967)	O	O	O	
Rotter(1971)	–	–	–	예측 가능성
Luhmann(1979)	–	O	O	
Rotter(1980)	–	–	–	의존성
Schurr와 Ozanne(1985)	–	–	–	예측 가능성
Zucker(1986)	–	–	–	공유된 사회적 기대
Dwyer, Schurr와 Oh(1987)	O	–	–	의지
Crosby 등(1990)	–	O	O	
Moorman 등(1993)	O	–	O	
Ganesan(1994)	O	–	O	의존성
Morgan과 Hunt(1994)	–	–	O	의존성
Mayer 등(1995)	O	O	O	
Kumar 등(1995)	–	O	O	
Kumar(1996)	–	–	O	의존성
Hart와 Saunders(1997)	O	O	O	예측 가능성, 공개성
Elangovan과 Shapiro(1998)	–	O	O	
Jarvenpaa 등(1998)	O	O	O	
McNight 등(1998)	O	O	O	예측 가능성
Jarvenpaa와 Tractinsky(1999)	–	O	O	신용
McNight 등(2002)	O	O	O	
Gefen 등(2003a, 2003b)	O	O	O	
Gefen과 Straub(2004)	O	O	O	예측 가능성

표 4-4에서 보는 바와 같이 다차원적 구조로 이해되고 있는 신뢰는 개인, 집단 등으로 구분되는 다중 수준의 신뢰, 조직 내부 및 외부 간 신뢰, 학제 간 신뢰, 원인 또는 결과로서의 신뢰, 조직 변화 요인으로서의 신뢰

등등 복잡하고 다양한 관점에서 파악되고 있다(Rousseau et al., 1988). 뿐만 아니라 조직을 포함한 사회 구조와 현상이 계속 변화하고 있다는 점을 감안한다면 고정적 의미의 신뢰를 논하는 것도 무의미한 실정이다.

그러나 신뢰를 구성하는 몇 가지 공통 요인을 사용하여 신뢰의 정도를 이해하고 파악함으로써 신뢰에 영향을 끼치는 요인과 또 신뢰가 영향을 끼치는 요인에 대한 측정과 분석이 가능할 것이다. 본 연구에서는 단순히 신뢰라고 하는 심리적 신념의 구성 요소를 파악하기보다는 정보 기술 분야, 특히 모바일 환경에서 사용자들이 기술 수용 태도를 설명하는 한 요인으로 신뢰의 개념을 사용하고자 한다. 또한 그동안 기술 자체가 주는 효율성의 정도를 사용자가 어떻게 인식하고 있는가를 주요 설명 요인으로 파악하던 관점에 더하여 이런 설명 요인들이 사용자들이 특정 태도와 행동을 보이기 이전에 해당 기술과 그 환경에 갖는 믿음, 즉 신뢰에 미치는 영향은 어떠한지를 알아보고자 한다.

제5장 연구 모형 및 가설 설정

제1절 연구 모형 및 가설

본 연구에서는 앞서 살펴본 연구 영역의 특성과 논의를 근거로 그림 5-1과 같은 연구 모형을 구성하였다.

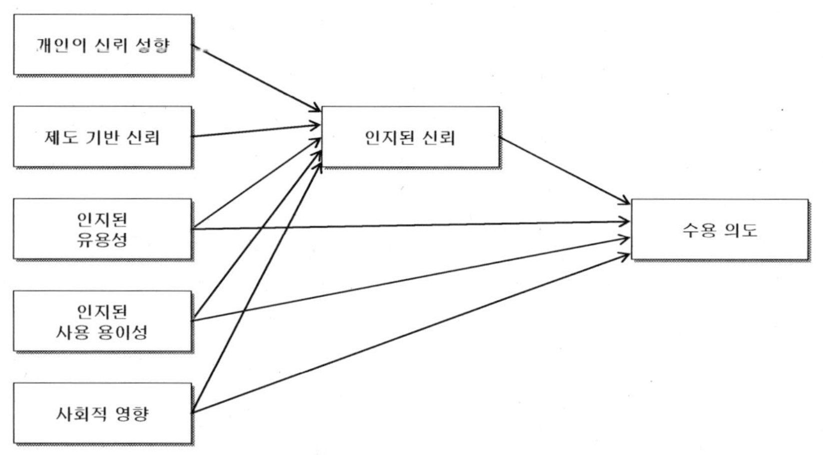

그림 5-1. 연구 모형

온라인 환경에서는 가상공간의 특성으로 인해 신뢰가 중요한 요소로 인식되고 있으며(Hoffman et al., 1999; Friedman et al., 2000; Ba & Pavlou, 2002), 신뢰가 인터넷상에서 구매 의도나 기술 수용을 촉진하는 중요한 역할을 하고 있다는 다양한 선행 연구(Jarvenpaa & Tractinsky, 1999; Ba & Pavlou, 2002; McNight et al., 2002; Gefen, 2000, 2003; Gefen & Straub, 2004)를 바탕으로 본 연구에서도 신뢰를 모바일 환경에

서 기술 수용 의도의 주요한 설명 요인으로 간주하였다.

특히 모바일 뱅킹이라고 하는 혁신 기술의 수용을 대상으로 하고 있으므로 본 연구에서는 Davis(1989)의 TAM과 McKnight 등(2002)이 제안한 전자 상거래 분야에서의 웹 신뢰 모형을 모바일 분야에서 활용하기 위한 기초로 응용하였다. 이들의 연구는 신념(belief)은 태도(attitude)에 영향을 주고, 태도는 다시 행위 의도(behavioral intention)에 영향을 주며, 이는 또 행위(behavior), 즉 궁극적인 채택(adoption)에 영향을 준다는 합리적 행동 이론(TRA, Theory of Reasoned Action)을 바탕으로 하고 있다. 또한 본 연구에서는 Venkatesh 등(2003)이 그동안 다양한 영향 요인들을 가지고 설명되어 온 여러 정보 기술 수용 모형들을 검토하여 제시한 새로운 통합 모형인 UTAUT(Unified Theory of Acceptance and Use of Technology) 를 바탕으로 유용성이나 사용 용이성 이외에 주요 변수로 제시된 사회적 영향(social influence)을 포함한다. 본 연구의 모형을 통해 다음과 같은 가 설을 실증하도록 한다.

H1: 개인의 신뢰 성향은 인지된 신뢰에 정의 영향을 미칠 것이다.

H2: 제도 기반 신뢰는 인지된 신뢰에 정의 영향을 미칠 것이다.

H3: 인지된 유용성은 인지된 신뢰에 정의 영향을 미칠 것이다.

H4: 인지된 유용성은 모바일 뱅킹에 대한 수용 의도에 정의 영향을 미 칠 것이다.

H5: 인지된 사용 용이성은 인지된 신뢰에 정의 영향을 미칠 것이다.

H6: 인지된 사용 용이성은 모바일 뱅킹에 대한 수용 의도에 정의 영향 을 미칠 것이다.

H7: 사회적 영향은 인지된 신뢰에 정의 영향을 미칠 것이다.

H8: 사회적 영향은 모바일 뱅킹에 대한 수용 의도에 정의 영향을 미칠 것이다.

H9: 인지된 신뢰는 모바일 뱅킹에 대한 수용 의도에 정의 영향을 미칠 것이다.

본 연구에서 신뢰의 설명 요인으로 사용한 변수들은 표 5-1에서 보는 바와 같이 신뢰를 설명하기 위한 각 관련 분야의 관점들을 포괄하고, 기술 수용 모형 등에서 사용한 변수들과의 내용 중복을 피하여 조작적으로 정의되어 사용된다.

표 5-1. 설명 변수의 구성과 관련된 선행 연구

설명 변수	관련 연구자 및 변수	
개인의 신뢰 성향 심리학적 관점 (개인적 특성)	Kim과 Prabhakar(2000)	신뢰 성향, 부정적 결과
	Ba와 Pavlou(2002)	타산성
	McNight 등(2002)	신뢰 성향
	Gefen 등(2003)	신뢰 성향
	Gefen과 Straub(2004)	신뢰 성향
	Kim과 Prabhakar(2004)	신뢰 성향
제도 기반 신뢰 경영학적 관점 (환경 및 구조적 특성)	Jarvenpaa 등(1999)	지각된 규모, 지각된 명성
	Kim과 Prabhakar(2000)	제도 특성
	Ba와 Pavlou(2002)	가치
	McNight 등(2002)	제도 기반 신뢰
	Pavlou(2003)	명성
	Siau 등(2003)	벤더/웹 특성, 법적 보호, 제3자 인증
	Siau와 Shen(2003)	명성
	Kim과 Prabhakar(2004)	구조적 확신감
사회적 영향 사회학적 관점 (신뢰 전이 및 타인 의존성)	Davis 등(1989)	사회적 규범
	Moore와 Benbasat(1991)	이미지
	Thompson 등(1991)	사회적 요인
	Kim과 Prabhakar(2000)	구전 효과
	Ba와 Pavlou(2002)	친근성
	Gefen 등(2003)	친근성
	Pavlou(2003)	과거의 경험
	Siau 등(2003)	구전 효과, 과거 경험
	Siau와 Shen(2003)	친근성, 매력적 보상, 제3자 인지
	Gefen과 Straub(2004)	사회적 존재감, 웹 사이트 친근성
	Kim과 Prabhakar(2004)	구전 효과
	Venkatesh 등(2003)	사회적 영향

설명 변수	관련 연구자 및 변수	
인지된 유용성 기술적 특성	Davis(1998)	인지된 유용성
	Moore와 Benbasat(1991)	상대적 이점
	Thompson 등(1991)	직무 적합성
	Davis 등(1992)	내재적 동기화
	Kim과 Prabhakar(2000)	상대적 이점
	Siau와 Shen(2003)	기술 타당성, 정보의 질
	Venkatesh 등(2003)	성과 기대
인지된 사용 용이성 기술적 특성	Davis(1998)	인지된 사용 용이성
	Moore와 Benbasat(1991)	사용 용이성
	Thompson 등(1991)	복잡성
	Siau 등(2003)	기술 요인(무선 서비스, 모바일 기기)
	Venkatesh 등(2003)	노력 기대

신뢰의 선행 변수로 인지되는 관점들은 과거 여러 연구를 통해 신뢰를 개인적, 제도적, 신뢰 당사자 간 상호 행위로 구분하여 인지되고 있다는 (Bhattacharya et al., 1998) 논리에 근거를 둔 것이며, 이를 각각 심리학적, 경영학적, 사회학적 관점으로 구성할 수 있다(Kim & Prabhakar, 2004). 여기에 사회학적 관점도 포함하고 있는 기술 수용 모형의 구체적인 설명 변수들을 포함함으로써 신뢰와 수용 의도에 이르는 관계를 파악하고자 한다(그림 5-2 참조).

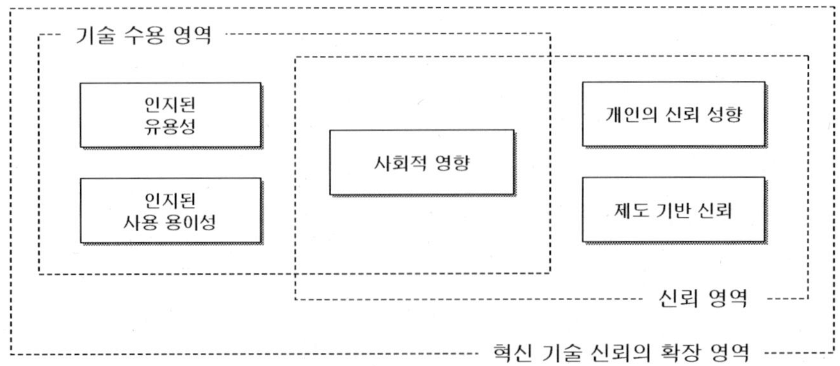

그림 5-2. 설명 요인 간 영역 구분과 혁신 기술 신뢰의 확장 영역

전반적으로 모바일 뱅킹이라는 분야에서 이와 같은 혁신 기술 신뢰의 설명 요인들이 신뢰에 영향을 미치고 여기에서 곧 신뢰의 구체적 발현이라고 할 수 있는 채택 행위의 선행 요인인 의도(intention)에 이르는 관계를 파악함으로써 기타 모바일 서비스 전체에 대한 사용자의 채택 요인을 규명하는데 도움을 줄 수 있을 것이다.

제2절 변수의 조작적 정의와 측정 도구

1. 개인의 신뢰 성향과 제도 기반 신뢰

개인의 신뢰 성향(disposition to trust)은 한 개인이 여러 상황과 사람들 사이에서 타인에게 기꺼이 기대고자 하는 경향을 보이는 정도라고 정의할 수 있다(McKnight et al., 2002). 기본적으로 신뢰에 대한 성향은 능력, 호의성, 성실성 등이 그 구성 개념으로 인식되어 왔으며(Mayor, 1995; McKnight et al., 1998) 이들 개념은 전반적으로 인간성에 대한 일반적 믿음에 기초한 것으로 볼 수 있다. 뿐만 아니라 타인을 신뢰할 때 개인이 보이는 선택적 전략 개념으로 신뢰 자세(trusting stance)가 있는데 이는 기본적으로 타인과의 관계를 정립해 나갈 때 개인이 취하는 접근 자세라고 볼 수 있다(McKnight et al., 2002). 이와 같은 개념들을 개인의 신뢰 성향을 측정하는 도구로 활용할 수 있으며 구체적인 항목은 표 5-2와 같다.

표 5-2. 개인의 신뢰 성향 측정 항목

호의성	일반적으로 사람들은 타인의 안녕을 진심으로 고려한다. 일반적으로 사람들은 타인의 문제를 진지하게 고려한다. 대부분의 사람들은 자신들을 배려하는 이상으로 타인에게 도움을 주고자 노력한다.
성실성	일반적으로 대부분의 사람들은 약속을 잘 지킨다. 일반적으로 사람들은 언행이 일치되도록 노력한다. 대부분의 사람들은 타인 간의 관계에서 정직하다.
능력	대부분의 전문가들은 자신의 업무를 잘 처리한다. 대부분의 전문가들은 자신의 분야에 대해 해박한 지식을 보유하고 있다. 대부분의 전문가들은 자신들의 전문 분야에서 경쟁력을 보인다.
신뢰 자세	나는 보통 신뢰하지 않을 만한 이유가 없다면 사람들을 신뢰하는 편이다. 나는 사람을 처음 만날 때 항상 좋은 쪽으로 생각한다. 나는 일반적으로 그 사람을 믿지 말아야겠다는 확신을 그 사람이 주기 전까지는 새로 만난 사람이라도 잘 신뢰한다.

제도 기반 신뢰(institution-based trust)는 환경적 요인이 개인에게 믿음을 심어 준다는 사회학적 관점에서 출발한 것으로 규제, 제도, 법칙과 같은 제도적인 내용이 개인과 조직 간의 신뢰를 형성하는 요인으로 활용될 수 있다(이호근 등, 2003). 온라인 신뢰의 경우 이는 인터넷을 지배하는 특성이 되며, 본 연구에서는 모바일 통신 환경 자체에 대한 인식이 된다. Kim과 Prabhakar(2000)는 인터넷 뱅킹에 대한 연구에서 피해 보상에 대한 제도적 장치를 통해 고객이 가지고 있는 구조적 확신감을 증가시켜 소비자의 신뢰를 구축하는 데 중요한 요소가 된다고 하였다. 온라인 거래에서 제도 기반 특성은 약속, 계약, 규제, 보증과 같은 제도적 장치를 통해 성공적으로 신뢰를 형성하도록 할 수 있음을 의미한다. 특히 상대방과의 관계가 형성되는 초기에는 신뢰 대상에 대한 정보가 불충분하기 때문에 제도 기반 특성이 신뢰 형성에 중요한 영향을 미친다고 볼 수 있다(이호근 등, 2003).

모바일 상거래에서 신뢰 형성을 위한 프레임워크를 제시한 Siau 등

(2003)의 연구에서는 벤더 특성, 웹 사이트 특성, 무선 서비스 기술, 모바일 기기 기술 및 기타 요인(그림 5-1 참조) 등이 제시되었다. 이는 믿을 수 있는 모바일 상거래 수행하기 위해 필요한 기술 관련 요소들을 추출한 것으로 모바일 상거래의 신뢰를 보장하기 위해 반드시 필요한 기술 영역을 뜻하는 것이며 사용자가 이를 어떻게 생각하고 받아들이고 있는 지에 대한 인식은 배제되어 있다. 바로 이런 요소들이 서비스 환경이며 이에 대한 인식이 제도 기반 신뢰이다.

이와 같은 서비스 환경의 특성에 기초를 둔 제도 기반 특성은 구조적 확신감(structural assurance)과 상황적 정상성(situational normality)의 두 가지 차원으로 정의된다. 구조적 확신감이란 보증, 규제, 약속, 법적 해결 따위의 구조적 요인들이 특정 목적을 달성하는 데 적절하게 잘 작동하리라는 믿음을 말한다(Shapiro, 1987). 예를 늘어 모바일 환경에서 높은 구소석 확신감을 갖는 사람은 모바일 통신의 전체 구조가 잘 갖춰져 있어서 개인 신원의 유출이나 프라이버시 침해, 금전적 거래 사고 등이 발생하지 않을 것이라고 믿게 된다. 상황적 정상성이란 환경 요인들이 잘 정비되어 있고 안정적으로 운영되고 있다는 믿음을 말한다. 높은 정상성을 보이는 사람은 모바일 환경이 평소에 정상적으로 잘 운영되기 때문에 자신의 업무 처리에 지장을 주는 일이 없을 거라고 믿게 되는 것이다. 구체적인 측정 항목은 표 5-3과 같다.

표 5-3. 제도 기반 신뢰 측정 항목

구조적 확신감	모바일 환경은 개인 업무를 처리하는 데 편안함을 느낄 수 있도록 하는 안전장치를 제공한다. 법적, 기술적 구조를 통해 모바일 서비스에서 나타나는 문제들로부터 적절하게 보호받을 수 있다고 확신한다. 모바일 환경상의 암호화나 기타 최신 기술들이 모바일로 업무를 처리하는 데 더 나은 안전 체계를 제공하고 있다고 확신한다. 전체적으로 모바일 환경은 현재 업무를 견고하고 안전하게 수행할 수 있도록 해준다.
상황적 정상성	
종합	나는 모바일 환경에서 구매나 기타 행위를 할 때 제반 사항이 잘 돌아가고 있다고 느낀다. 나는 모바일로 구매 행위를 할 때 편안함으로 느낀다.
호의성	나는 대부분의 모바일 서비스 제공자들이 고객의 입장을 최대로 고려하여 행동한다고 생각한다. 고객에게 도움이 필요하다면 대부분의 모바일 서비스 제공자들은 도움을 주기 위해 최선을 다한다. 대부분의 모바일 서비스 제공자들은 단지 자신들의 안녕이 아니라 고객의 안녕에 관심을 갖는다.
성실성	나는 모바일 서비스 제공자들이 자신들의 의무를 잘 수행할 것이라고 확신하다. 모바일 서비스 제공자들이 자신들의 의무를 일반적으로 잘 수행하고 있기 때문에 모바일을 통해 업무를 처리하는 게 좋다고 생각한다. 내가 모바일 서비스 제공자들과 상호 작용을 할 때 이들이 자신의 역할을 충분히 수행할 수 있을 것이라고 확신한다.
능 력	일반적으로 대부분의 모바일 서비스 제공자들은 고객 서비스를 잘 수행한다. 대부분의 모바일 서비스 제공자들은 고객의 요구에 대처하는 능력이 뛰어나다. 내가 보기에 대부분의 서비스 제공자들은 자신들이 하는 일을 능숙하게 처리한다.

환경 요인에 해당하는 신뢰할 만한 전자적 채널은 사용자의 오류나 적대적 의도를 가진 집단의 공격, 환경적인 재앙에도 사용자가 기대하는 대로 거래를 처리할 것이다. Schneider(1998)는 신뢰할 만한 전자적 채널이

되기 위한 인터넷의 속성들을 정확성(correctness), 가용성(availability), 확실성(reliability), 보안(security), 생존 가능성(survivability)으로 규명하고 있다. 본 연구에서 제시된 제도 기반 신뢰의 측정 항목에도 이런 요인들이 모두 포함되어 있어 모바일의 속성이 인터넷의 속성과 유사한 제도적 특성을 보이고 있음을 이해할 수 있다.

2. 인지된 사용 용이성과 유용성

Davis(1989)는 인지된 사용 용이성(perceived ease of use)을 측정하기 위해 6개의 항목을 사용하였으나 보통 네 개의 항목이 주로 사용되며(Legris et al., 2003) 이를 이용해 본 연구에서 사용한 측정 항목은 다음과 같다.

- 모바일 뱅킹 사용 방법을 배우는 일이 나에게는 쉬운 일이다.
- 모바일 뱅킹에서 내가 원하는 일을 해내기가 쉽다.
- 모바일 뱅킹 서비스는 경직되어 있고 유연하지 못하다.
- 전반적으로 모바일 뱅킹은 사용하기 쉽다.

인지된 유용성(perceived usefulness)을 측정하기 위해서도 Davis(1989)는 6개의 항목을 사용하였으나 인지된 사용 용이성과 마찬가지로 보통 네 개의 항목이 주로 사용되며(Legris et al., 2003) 이를 바탕으로 본 연구에서 사용한 측정 항목은 다음과 같다.

- 모바일 뱅킹은 생산성 향상에 도움을 준다.
- 모바일 뱅킹은 업무 성과를 높이는 데 도움을 준다.
- 모바일 뱅킹은 업무상 효과성을 향상시켜 준다.
- 전반적으로 모바일 뱅킹은 업무에 유용하다.

3. 사회적 영향과 촉진 요인

Venkatesh 등(2003)은 이전의 정보 기술 수용 모형들을 검토하여 새로운 통합 모형을 제시하였다. 이 기술 수용 및 사용에 대한 통합 이론(UTAUT, Unified Theory of Acceptance and Use of Technology)에서는 그림 5-3과 같이 네 개의 독립 변수와 네 개의 조절 변수를 이용하여 사용자의 기술 수용 태도를 설명하고자 하였다.

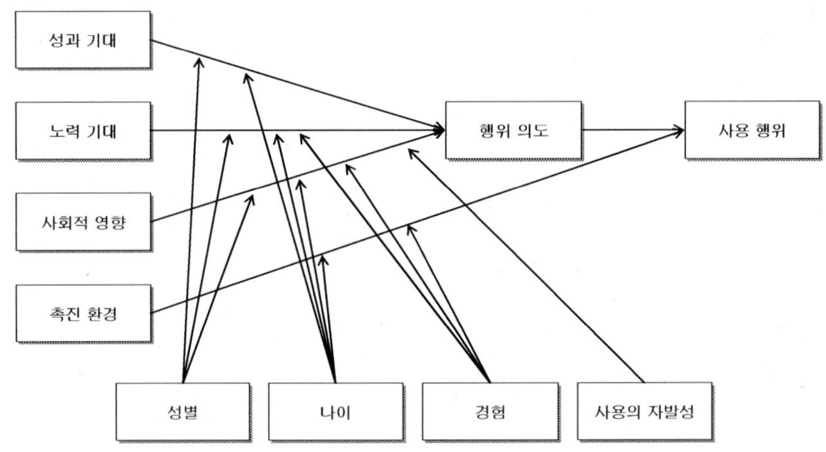

그림 5-3. UTAUT 모형(Venkatesh et al., 2003)

이 연구 모형에서 성과 기대(performance expectancy)는 기존 TAM의 인지된 유용성과 유사한 개념이며, 노력 기대(effort expectancy)는 사용 용이성과 유사하다.

한편 사회적 영향(social influence)이란 나한테 중요하게 영향력을 끼치는 타인들이 내가 해당 기술을 사용해야 한다고 생각하는 믿음의 정도를 말한다.

- 내 행동에 영향을 끼치고 있는 사람들은 내가 모바일 뱅킹을 사용해야 한다고 생각한다.
- 내게 중요한 사람들은 내가 모바일 뱅킹을 사용해야 한다고 생각한다.
- 내 주변 사람들은 내가 모바일 뱅킹을 사용할 때 도움을 주고 있다.
- 전반적으로 주변 환경이 모바일 뱅킹 사용에 도움이 된다.

UTAUT 연구 모형에 포함되어 있는 촉진 환경(facilitating conditions)은 개인이 해당 기술을 사용하는 데 도움이 될 만한 제반 여건이 잘 갖추어져 있다고 생각하는 믿음의 정도를 뜻한다. 이는 사용 행위에는 영향을 미치지만 행위 의도에는 유의한 영향을 미치지 않는 것으로 판명되어 본 연구 모형에서는 제외하였다.

4. 인지된 신뢰

신뢰란 신뢰를 받아야 하는 대상에 대해 기꺼이 기대고자 하는 의향을 말한다. 이런 믿음은 상황적으로 발생할 수 있는 몇몇 위험 요인을 다소 무시하게 되며 거리낌 없이 민감한 자신의 정보를 노출하거나 해당 서비스에 참여하고자 하는 마음을 가지게 된다.

결국 TRA에 기반을 둔 TAM은 인지된 유용성과 인지된 사용 용이성이라는 두 가지 주요 신념을 다룬 모형이며 Chircu 등(2000)은 여기에 신뢰를 통합하여 신뢰가 이 두 요인과 관계가 있음을 주장하였다. Gefen과 Straub(2000)도 e-서비스의 맥락에서 신뢰, 유용성, 사용 용이성을 통합해 사용하였다. 신뢰는 특히 온라인 환경에서 인지된 유용성을 결정하는 중요한 요인이며 그 이유는 일정 부분 사용자들이 기대하는 유용성이라는 것이 웹이라고 하는 매체의 인터페이스 뒤에 존재하는 거래 당사자에게 의존해야 하기 때문이다(Gefen, 2000). 즉 온라인을 통한 서비스 제공자의 행위가 소비자의 기대와 믿음에 위배된다면 해당 인터페이스를 사용함으로써 얻을 수 있는 효용이 아무 것도 없다는 것이다. 한편으로 사용자의 수용 태도에 영향을 끼친다고 생각되는 신뢰가 유용성에 영향을 미친다기보다는 유용성이 신뢰 자체를 형성하는 주 요인으로 작용할 수 있다는 것이 본 연구의 가설이다. 유용성뿐만 아니라 기존 TAM 등에서 설명 변수로 사용된 사용 용이성도 신뢰하기 때문에 쉽다고 느낀다는 설명보다 사용이 쉽기 때문에 신뢰를 하게 된다는 설명이 더 타당하다고 보인다. 따라서 본 연구에서는 UTAUT에서 행위 의도에 직접적인 영향을 미치고 있다고 설정된 설명 변수들이 신뢰의 형성에 영향을 미치고 그렇게 인지된 신뢰가 바로 정보 기술의 수용 의도에 영향을 주고 있다고 본다.

모바일 뱅킹에 대한 인지된 신뢰는 해당 서비스를 접하는 시점에서 갖게 되는 긍정적인 기대와 믿음으로 이해할 수 있다. 본 연구에서는 선행 연구 조사를 통해 신뢰를 구성하는 하부 요인을 호의성, 성실성, 능력으로 규정하고(표 5-4 참조) 이를 통해 인지된 신뢰의 정도를 파악하기로 한다.

표 5-4. 인지된 신뢰 측정 항목

호의성	모바일 뱅킹을 불편함이 없이 이용할 수 있을 것으로 믿는다. 모바일 뱅킹 사용 중에 문제가 생겨도 적절한 해결책을 지원받을 수 있을 것으로 믿는다. 모바일 뱅킹을 통해 전송되는 데이터가 악용되지 않을 것으로 생각한다.
성실성	모바일 뱅킹은 기존의 다른 서비스들처럼 잘 작동할 것이라고 생각한다. 모바일 뱅킹을 사용 중에 장애가 생기는 일이 없이 잘 이용할 수 있을 것으로 생각한다. 처음 기대했던 만큼 모바일 뱅킹이 잘 작동할 것으로 믿는다.
능력	자연 재해와 같은 악조건에서도 일정 수준 이상의 서비스를 이용할 수 있을 것으로 생각한다. 모바일 뱅킹 시스템은 은행의 데이터와 서비스에 손상을 주는 어떤 위협에도 잘 대처할 것이라고 믿을 수 있다.

5. 모바일 뱅킹에 대한 수용 의도

TAM과 같은 기술 수용을 설명하는 이론의 궁극적인 목표는 사용 여부 또는 정도를 예측하는 것이다(Legris et al., 2003). 한편 행위 의도와 행위 자체는 여러 연구를 통해 상당히 강한 상관관계가 입증되어 있어 (Sheppard et al., 1988; Venkatesh & Davis, 2000; Venkatesh et al., 2003) 본 연구에서는 수용 의도에 대한 측정만을 실행하였다. 측정 항목으로는 Venkatesh 등(2003)과 Gefen과 Straub(2004)의 연구에서 사용된 내용을 바탕으로 다음과 같이 구성하였다.

- 나는 곧 모바일 뱅킹을 사용할 의향이 있다.
- 나는 곧 모바일 뱅킹을 쓸 예정이다.
- 나는 모바일 뱅킹 사용을 위해 필요한 개인 정보를 기꺼이 제공할 의향이 있다.

제6장 연구 설계 및 측정 항목의 평가

제1절 조사 설계 및 자료 수집

1. 조사 절차

본 연구의 주요 목적은 휴대전화, PDA 등을 이용한 모바일 뱅킹의 사용 의도에 영향을 미치는 요인을 고찰하는 데 있다. 따라서 실증 연구를 위한 조사 대상 표본은 모바일 뱅킹의 이용 경험 유무에 상관없이 휴대전화를 사용 중인 모든 일반인을 대상으로 하였다. 비교적 정보 기술 수용 요인에 관한 연구들이 학생들을 대상으로 이루어져 왔지만 본 연구에서는 직업, 연령층, 성별에 별도의 제한을 두지 않고 조사를 실시하였다.

본 연구를 위한 설문 항목들은 기존 문헌에서 사용된 내용을 주로 본 연구의 목적에 맞게 수정하여 사용하였고, 설문 항목의 선별 및 정교화를 위하여 서울 대학교 경영 대학 정보 시스템 전공 박사 과정 학생들과의 토의를 진행하였다. 이후 석박사 과정생들을 대상으로 일부 표본을 선정하여 사전 조사(pilot study)를 실시하여 그 결과를 바탕으로 설문 항목 및 문구를 보완·수정한 후 2004년 10월 24일부터 11월 16일까지 이메일 첨부 파일과 면접원을 통한 설문 조사를 실시하였다.

2. 표본 구성

총 480명의 응답자 중에서 남성은 252명(52.5%), 여성은 228명(47.5%)

으로 구성되었다. 응답자의 연령대는 10대가 8명(1.7%), 20대가 343명 (71.5%), 30대가 90명(18.8%), 40대가 27명(5.6%), 50대 이상이 12명 (2.5%)으로 나타났다.

휴대폰 사용 기간과 요금에 대한 내용은 표 6-1과 같다.

표 6-1. 휴대폰 이용 관련 특성(N = 480)

구분	n	%
휴대폰 사용 기간		
1년 미만	2	0.4
1년 이상	9	1.9
2년 이상	16	3.3
3년 이상	38	7.9
4년 이상	77	16.0
5년 이상	143	29.8
6년 이상	102	21.3
7년 이상	56	11.7
8년 이상	15	3.1
9년 이상	10	2.1
10년 이상	12	2.5
한 달 평균 휴대폰 이용 금액		
1만 원 미만	1	0.2
1만 원 이상	9	1.9
2만 원 이상	41	8.5
3만 원 이상	106	22.1
4만 원 이상	91	19.0
5만 원 이상	90	18.8
6만 원 이상	30	6.3
7만 원 이상	49	10.2
8만 원 이상	15	3.1
9만 원 이상	8	1.7
10만 원 이상	40	8.3

인터넷 뱅킹의 이용 경험 여부를 살펴보면 경험이 있는 경우가 297명 (61.9%), 경험이 없는 경우가 183명(38.1%)으로 나타났다. 이를 성별과 연 령별로 세분하여 살펴보면 각각 표 6-2, 표 6-3과 같다.

표 6-2. 성별 인터넷 뱅킹 이용 경험(N = 480)

인터넷 뱅킹 이용 경험	남성		여성	
	n	%	n	%
전체	252	52.5	228	47.5
있다	168	35.0	129	26.9
없다	84	17.5	99	20.6

표 6-3. 연령별 인터넷 뱅킹 이용 경험(N = 480)

인터넷 뱅킹 이용 경험	10대		20대		30대		40대		50대 이상	
	n	%	n	%	n	%	n	%	n	%
전체	8	1.7	343	71.5	90	18.8	27	5.6	12	2.5
있다	2	0.4	212	44.2	68	14.2	9	1.9	6	1.2
없다	6	1.3	131	27.3	22	4.6	18	3.8	6	1.2

제2절 측정 항목의 평가

1. 신뢰성 분석

다항목으로 측정된 이론 변수는 이를 구성하는 측정 항목들이 해당 이론 변수를 적절하게 반영하는가와 관련하여 신뢰도를 평가할 필요가 있다(Churchill, 1979).

신뢰도를 측정하는 방법에는 반복 측정법(test-retest method), 항목 분할법(split-half method), 내적 일관성 측정법(internal consistency method) 등이 있다. 일반적으로는 구성 항목들이 내적 일관성을 유지하고 있는가를 평가하기 위해 Cronbach's alpha를 사용하여 신뢰성을 검증하는데, 본 연구에서도 신뢰도를 평가하기 위하여 이를 사용하였다. Cronbach's alpha 계수

216

는 측정 항목의 신뢰성을 평가하는 여러 계수들 중에서 가장 보수적(즉, 다른 평가 계수들보다 낮거나 적어도 같은)인 값을 제공하고 있어 신뢰성 검증에 가장 많이 사용되고 있다(Carmines & Zeller, 1979, p. 45).

Nunnally(1967)는 기초 연구에서는 Cronbach's alpha 계수가 0.7 이상의 수치를 나타내야 한다고 주장하고 있는데, 본 연구에서 실증 연구에 사용된 이론 변수들의 신뢰도는 모두 이 수치를 초과하고 있으며 개별 값은 표 6-4에 나타나 있다.

표 6-4. 신뢰성 분석 결과

연구 변수			최초 항목	최종 항목	최종 Cronbach's alpha
개인의 신뢰 성향	호의성		3	3	0.827
	성실성		3	3	0.774
	능력		3	3	0.864
	신뢰 자세		3	3	0.819
제도 기반 신뢰	구조적 확신감		4	4	0.852
	상황적 정상성	종합	2	2	0.790
		호의성	3	3	0.808
		성실성	3	3	0.870
		능력	3	3	0.872
사회적 영향			4	4	0.902
인지된 유용성			4	4	0.943
인지된 사용 용이성			4	3	0.875
인지된 신뢰	호의성		3	3	0.735
	성실성		3	3	0.890
	능 력		2	2	0.805
수용 의도			3	3	0.900

신뢰성 분석 결과 대부분의 변수들이 높은 신뢰도를 보였으나, 인지된 사용 용이성을 측정하는 항목 중 신뢰도를 떨어뜨리는 한 개의 항목만이 제거되었다(제거 전 Cronbach's alpha: 0.733).

2. 타당성 분석

본 연구에서 사용된 추상적인 개념들을 측정하기 위해 여러 가지의 측정 항목을 사용하였는데, 자료의 분석에 앞서 측정 항목을 선별하고 정교화하는 과정이 필요하다. 이를 위해 본 연구에서는 요인 분석을 실시하였다. 일반적으로 요인 분석은 이론 변수들을 측정하는 데 있어서 각 항목의 신뢰성(reliability), 수렴 타당성(convergent validity), 판별 타당성(discriminant validity)의 개괄적인 방향을 보여 줄 수 있기 때문에 많은 연구자들이 이 분석 방법을 측정 항목의 사전 평가에 사용하고 있다. 즉, 관련된 항목들을 요인 분석에 적용하였을 때, 이들 항목들이 하나의 요인으로 묶여져 나오는지 여부로 수렴 타당성의 가능성을 살펴볼 수 있으며, 한편으로 다른 개념을 측정하는 항목들과 별도의 요인으로 분리되어지는가 여부로 판별 타당성을, 그리고 요인 적재량 및 커뮤낼러티(communality)값의 분석을 통해 항목들 간의 공통 변량의 부분(신뢰성과 연결됨)을 개략적으로 판단할 수 있다(Carmines & Zeller, 1979).

요인 분석은 앞서 실시한 신뢰성 분석으로 제거된 하나의 항목을 제외한 나머지 항목들을 대상으로 Varimax 방법에 의해 실시되었으며, 요인은 고유값(eigen value)이 1 이상인 요인들을 추출하도록 지정하였다.

우선 외생 변수들을 대상으로 한 요인 분석 결과는 표 6-5와 같다.

표 6-5. 외생 변수를 대상으로 한 1차 요인 분석

		1	2	3	4	5	6	7	8
개인의 신뢰 성향	DTTb1	0.123	0.073	0.085	0.093	0.050	0.787	0.018	0.191
	DTTb2	0.123	0.131	-0.017	0.003	0.054	0.816	0.001	0.127
	DTTb3	0.185	0.071	-0.092	0.096	0.174	0.720	-0.120	0.173
	DTTi1	0.054	0.001	0.052	0.161	0.527	0.470	0.113	-0.005
	DTTi2	0.139	-0.060	0.189	0.007	0.576	0.430	0.060	0.002
	DTTi3	0.128	0.021	0.060	0.029	0.473	0.468	0.061	0.160
	DTTa1	0.156	0.068	0.063	-0.020	0.826	0.079	0.043	0.169
	DTTa2	0.114	0.158	0.055	-0.003	0.824	0.010	0.071	0.122
	DTTa3	0.151	0.076	0.109	0.025	0.758	0.028	-0.070	0.236
	DTTs1	0.121	0.081	0.109	0.037	0.220	0.147	0.017	0.788
	DTTs2	0.147	-0.031	0.047	0.007	0.213	0.204	0.057	0.752
	DTTs3	0.143	0.077	0.050	0.081	0.121	0.186	0.020	0.836
제도 기반 신뢰	IBTsa1	0.161	0.671	0.082	0.157	0.110	0.066	0.111	-0.052
	IBTsa2	0.258	0.785	0.061	0.143	0.079	0.110	-0.031	0.026
	IBTsa3	0.216	0.820	0.088	0.101	0.080	0.005	0.025	0.031
	IBTsa4	0.342	0.722	0.025	0.135	-0.028	0.092	0.036	0.156
	IBTsng1	0.456	0.603	0.063	0.136	0.053	0.043	0.186	0.054
	IBTsng2	0.415	0.471	0.064	0.194	-0.002	0.024	0.319	0.014
	IBTsnb1	0.650	0.362	-0.034	0.122	0.080	0.097	0.131	0.016
	IBTsnb2	0.750	0.152	0.147	0.000	0.045	0.163	0.063	0.084
	IBTsnb3	0.629	0.175	0.031	0.172	-0.004	0.259	0.025	0.061
	IBTsni1	0.748	0.274	0.111	0.100	0.083	0.094	0.094	0.020
	IBTsni2	0.703	0.327	0.146	0.123	0.070	0.174	0.004	0.101
	IBTsni3	0.716	0.259	0.150	0.144	0.111	0.093	0.082	0.071
	IBTsna1	0.789	0.141	0.151	0.089	0.124	0.011	0.092	0.119
	IBTsna2	0.772	0.061	0.135	0.100	0.141	0.045	0.047	0.048
	IBTsna3	0.766	0.040	0.075	0.038	0.214	-0.024	0.043	0.141
인지된 사용 용이성	PEU1	0.081	0.068	0.172	0.069	0.052	-0.042	0.888	0.045
	PEU2	0.154	0.111	0.170	0.183	0.044	-0.022	0.877	0.013
	PEU4	0.131	0.088	0.250	0.155	0.052	0.051	0.742	0.032
인지된 유용성	PU1	0.173	0.073	0.820	0.157	0.080	-0.017	0.218	0.054
	PU2	0.195	0.076	0.875	0.195	0.128	0.029	0.208	0.047
	PU3	0.159	0.073	0.894	0.179	0.091	0.058	0.152	0.082
	PU4	0.157	0.093	0.847	0.192	0.110	0.007	0.094	0.059
사회적 영향	SI1	0.098	0.222	0.227	0.831	-0.012	0.093	0.059	0.070
	SI2	0.145	0.175	0.183	0.871	0.026	0.076	0.066	0.059
	SI3	0.174	0.099	0.134	0.823	0.029	0.094	0.173	0.042
	SI4	0.211	0.189	0.177	0.737	0.044	0.012	0.172	-0.024
초기 고유값		11.339	3.851	3.263	2.208	1.709	1.580	1.415	1.312
% 분산		15.471	9.368	9.099	8.300	8.180	7.231	6.714	5.836
% 누적		15.471	24.849	33.938	42.239	50.419	57.649	64.364	70.200

　1차 요인 분석을 통해 요인 적재량이 0.6 미만인 항목들을 제거하여 표 6-6과 같이 2차 요인 분석을 실시하였고 최종 분석에서는 이 요인 분석에 의거하여 항목의 수를 조정하였다.[26]

표 6-6. 외생 변수를 대상으로 한 최종 요인 분석

		1	2	3	4	5	6	7	8
개인의 신뢰 성향	DTTb1	0.130	0.096	0.102	0.039	0.039	0.083	**0.847**	0.162
	DTTb2	0.134	−0.006	0.014	0.099	0.020	0.078	**0.867**	0.108
	DTTb3	0.198	−0.080	0.100	0.056	−0.108	0.162	**0.735**	0.191
	DTTa1	0.169	0.081	−0.010	0.036	0.055	**0.831**	0.112	0.177
	DTTa2	0.123	0.072	0.010	0.115	0.094	**0.880**	0.093	0.089
	DTTa3	0.156	0.124	0.033	0.046	−0.046	**0.812**	0.107	0.202
	DTTs1	0.126	0.113	0.040	0.072	0.016	0.206	0.135	**0.794**
	DTTs2	0.151	0.050	0.006	−0.029	0.054	0.176	0.169	**0.776**
	DTTs3	0.151	0.051	0.081	0.082	0.020	0.082	0.143	**0.855**
제도 기반 신뢰	IBTsa1	0.188	0.075	0.165	**0.695**	0.141	0.101	0.059	−0.045
	IBTsa2	0.291	0.055	0.152	**0.804**	−0.003	0.065	0.097	0.035
	IBTsa3	0.249	0.083	0.114	**0.827**	0.048	0.071	−0.006	0.036
	IBTsa4	0.370	0.026	0.153	**0.695**	0.046	−0.031	0.084	0.154
	IBTsnb1	**0.666**	−0.022	0.138	0.310	0.116	0.069	0.084	0.026
	IBTsnb2	**0.759**	0.151	0.010	0.119	0.060	0.020	0.140	0.097
	IBTsnb3	**0.640**	0.031	0.179	0.166	0.027	−0.038	0.228	0.084
	IBTsni1	**0.759**	0.107	0.107	0.261	0.110	0.071	0.087	0.022
	IBTsni2	**0.717**	0.155	0.129	0.292	0.003	0.054	0.163	0.109
	IBTsni3	**0.725**	0.152	0.151	0.234	0.092	0.103	0.089	0.067
	IBTsna1	**0.797**	0.152	0.090	0.125	0.101	0.099	−0.011	0.127
	IBTsna2	**0.774**	0.139	0.103	0.029	0.055	0.137	0.047	0.040
	IBTsna3	**0.768**	0.076	0.039	0.019	0.056	0.207	−0.027	0.134
인지된 사용 용이성	PEU1	0.085	0.166	0.073	0.059	**0.902**	0.046	−0.040	0.040
	PEU2	0.158	0.169	0.191	0.084	**0.880**	0.033	−0.026	0.012
	PEU4	0.140	0.252	0.158	0.072	**0.744**	0.027	0.032	0.040
인지된 유용성	PU1	0.175	**0.822**	0.158	0.064	0.219	0.061	−0.031	0.055
	PU2	0.197	**0.880**	0.199	0.057	0.207	0.104	0.014	0.054
	PU3	0.161	**0.896**	0.180	0.060	0.155	0.072	0.048	0.085
	PU4	0.158	**0.852**	0.195	0.073	0.090	0.094	−0.001	0.062
사회적 영향	SI1	0.103	0.231	**0.834**	0.195	0.056	−0.019	0.089	0.073
	SI2	0.149	0.187	**0.876**	0.147	0.060	0.011	0.065	0.066
	SI3	0.178	0.131	**0.824**	0.092	0.184	0.011	0.083	0.045
	SI4	0.213	0.178	**0.747**	0.160	0.173	0.042	0.013	−0.030
초기 고유값		10.135	3.572	2.781	2.177	1.636	1.568	1.304	1.287
% 분산		17.196	10.433	9.516	8.573	7.414	7.259	6.909	6.816
% 누적		17.196	27.629	37.144	45.717	53.131	60.390	67.299	74.115

---

26) 각 항목에 대한 코드(DTTb1, DTTb2 등)의 의미는 부록(설문지) 참조.

이와 같은 분석 결과를 통해 개인의 신뢰 성향을 설명하는 구성 개념은 호의성, 성실성, 능력, 신뢰 자세에서 성실성을 제외한 나머지 세 가지만이 유효함을 알 수 있다. 또한 제도 기반 신뢰의 경우도 구조적 확신감과 상황적 정상성으로 구분하고 상황적 정상성은 종합, 호의성, 성실성, 능력으로 세분하여 측정 도구로 사용하였으나 크게 구조적 확신감과 상황적 정상성으로 양분하여 설명하는 것이 더 유효함을 알 수 있다. 구체적으로 상황적 정상성의 하위 구성 개념이었던 종합 항목을 제거하고 나머지 호의성, 성실성, 능력을 하나의 요인으로 묶어 사용하는 것이 타당하다.

인지된 신뢰와 사용 의도 등의 내생 변수를 대상으로 한 요인 분석 결과는 표 6-7과 같다.

표 6-7. 내생 변수를 대상으로 한 1차 요인 분석

		1	2
인지된 신뢰	PTb1	0.444	0.557
	PTb2	0.620	0.402
	PTb3	0.719	0.215
	PTi1	0.761	0.313
	PTi2	0.796	0.292
	PTi3	0.772	0.420
	PTa1	0.721	0.150
	PTa2	0.719	0.189
수용 의도	UI1	0.235	0.904
	UI2	0.195	0.902
	UI3	0.354	0.768
초기 고유값		6.065	1.256
% 분산		37.860	28.701
% 누적		37.860	66.561

1차 요인 분석을 통해 요인 적재량이 0.6 미만인 항목을 제거하여 표 6-8과 같이 2차 요인 분석을 실시하였고 내생 변수의 경우와 마찬가지로

최종 분석에서는 이 요인 분석 결과에 의거하여 항목의 수를 조정하였다.

표 6-8. 내생 변수를 대상으로 한 최종 요인 분석

		1	2
	PTb2	0.637	0.362
	PTb3	0.725	0.215
	PTi1	0.774	0.280
인지된 신뢰	PTi2	0.806	0.264
	PTi3	0.786	0.395
	PTa1	0.719	0.142
	PTa2	0.717	0.197
	UI1	0.259	0.902
수용 의도	UI2	0.218	0.910
	UI3	0.374	0.777
초기 고유값		5.627	1.243
% 분산		40.831	27.864
% 누적		40.831	68.696

호의성, 성실성, 능력의 하부 구성 개념을 포함하여 측정된 인지된 신뢰는 요인 분석을 통해 하나의 요인으로 묶어 설명하는 것이 더 타당함을 알 수 있다.

앞서 실시한 요인 분석을 통해 수렴 타당성(convergent validity)과 판별 타당성(discriminant validity)이 어느 정도 확인되었고, 통계적으로 타당성을 검증하기 위하여 Amos 4.0을 이용하여 다음과 같이 확인적 요인 분석(confirmatory factor analysis)을 실시하였다.

우선 외생 변수들을 대상으로 한 확인적 요인 분석의 결과는 그림 6-1과 같다.

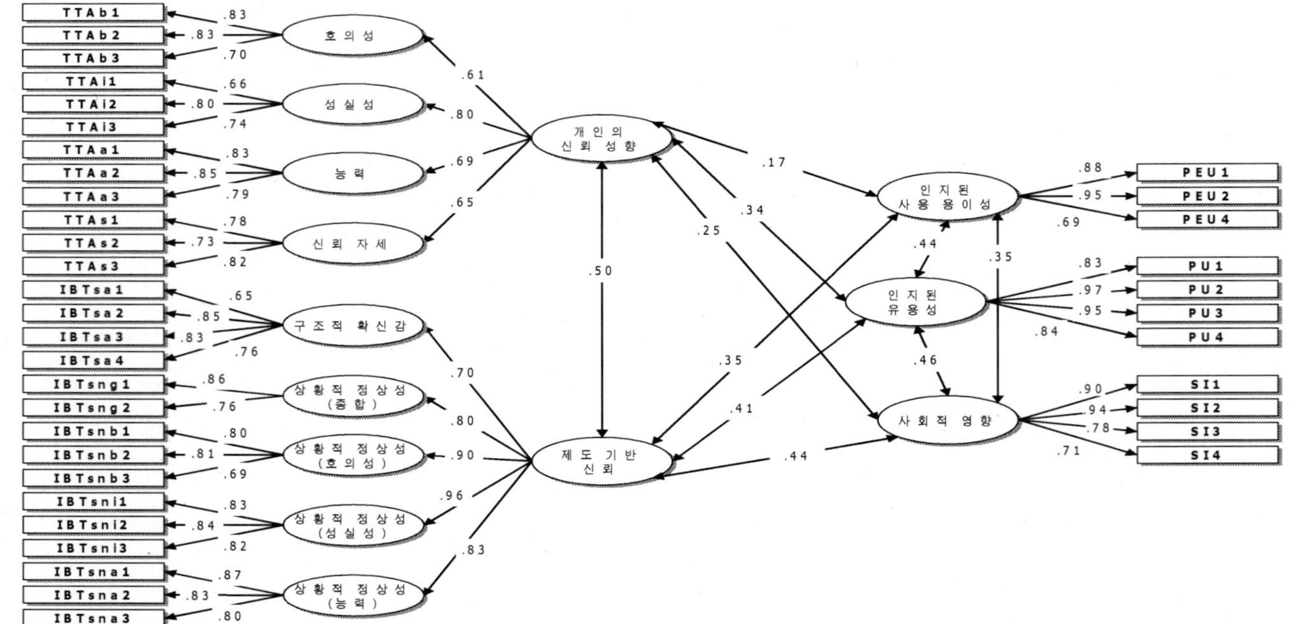

Chi-square=1469.510; df=646; p=.000; RMR=.092; GFI=.861; AGFI=.841; NFI=.885; AIC=1659.510.

그림 6-1. 외생 변수를 대상으로 한 1차 확인적 요인 분석

분석 결과 크지는 않지만 적합도 판단 지수들이 판단 지표를 벗어나 있어 최적 모형의 적합 수준에 가까운 수치를 보인다고 단언할 수 없다. 따라서 앞서 요인 분석을 근거로 불필요한 측정 항목의 수를 줄여 그림 6-2와 같이 2차 확인적 요인 분석을 실시하였다.

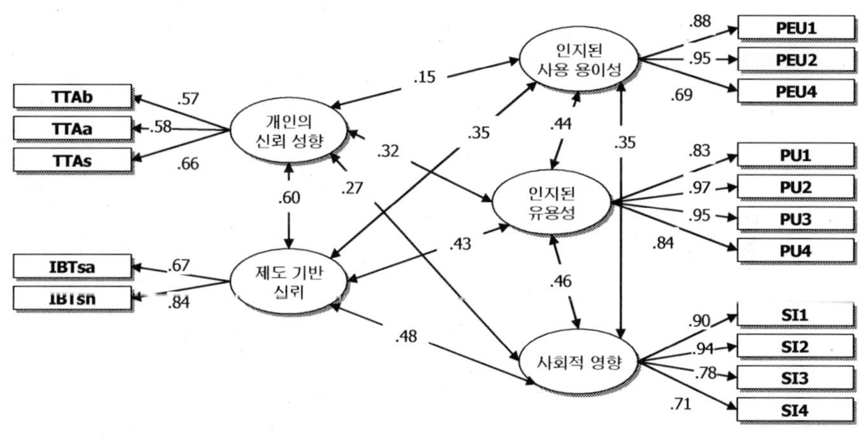

Chi-square=308.388; df=94; p=.000; RMR=.086; GFI=.924; AGFI=.890; NFI=.941; AIC=392.388.

그림 6-2. 외생 변수를 대상으로 한 최종 확인적 요인 분석

최종 확인적 요인 분석 결과 최적 모형의 적합 수준에 만족하는 수치를 보이고 있어 연구 모형에 대한 결과는 수용 가능함을 알 수 있다.

인지된 신뢰와 수용 의도인 내생 변수를 대상으로 한 확인적 요인 분석의 결과는 그림 6-3과 같다.

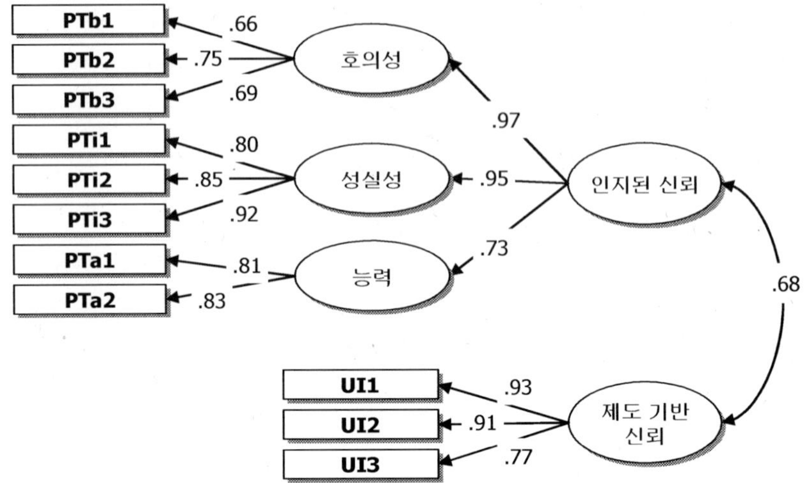

Chi-square=198.229; df=40; p=.000; RMR=.106; GFI=.929; AGFI=.882; NFI=.944; AIC=250.229.

그림 6-3. 내생 변수를 대상으로 한 1차 확인적 요인 분석

RMR을 제외한 적합 지수는 만족스러운 수준을 보이고 있다. 전반적으로 수용 가능하다고 볼 수 있으나 앞서 요인 분석의 결과 제거된 측정 항목을 고려하여 2차 확인적 요인 분석을 실시하였고 그 결과는 그림 6-4와 같다.

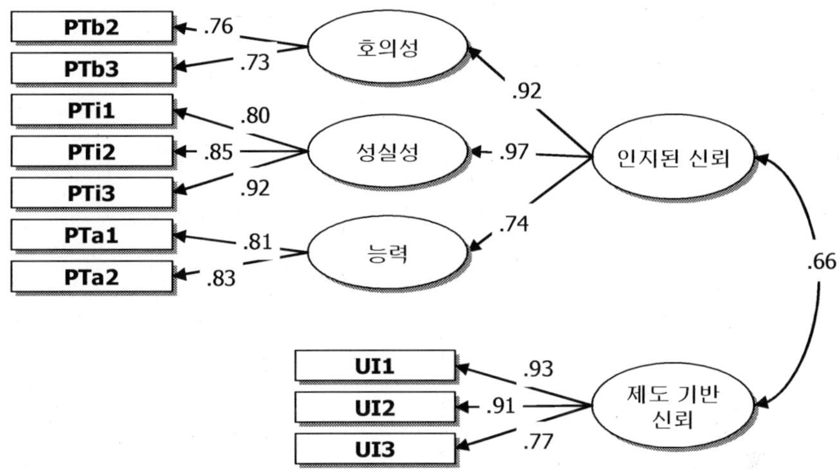

Chi-square=128.269; df=31; p=.000; RMR=.096; GFI=.950; AGFI=.911; NFI-.960; AIC-176.209.

그림 6-4. 내생 변수를 대상으로 한 최종 확인적 요인 분석

2차 확인적 요인 분석은 1차 분석보다 적합도 수준이 개선되었음을 알 수 있다. 향후 가설 검정에서는 이와 같은 분석 결과를 통해 도출된 요인 들을 사용하였다.

3. 통계적 분석 방법의 선택

본 연구의 가설 검정을 위한 통계 분석 방법으로는 상관관계 분석과 공 변량 구조 모형 분석을 사용하였다. 먼저 상관관계 분석을 통하여 각 구성 개념 간의 일차적인 상관관계를 살펴보았다. 그러나 이러한 단순 상관관계 분석은 잠재된 제3의 변수 효과 때문에 변수들 간의 상호 영향 관계를 정 확히 반영하지 못할 수도 있고, 구성 개념 간의 상관관계를 구하기 위하여 측정 항목들을 어떤 형태로 종합한 단일 항목만을 사용하므로 정보의 손실 을 감수해야 하는 한계가 있다. 또한 구성 개념 간의 상관 계수가 통계적

으로 유의적인 값을 보이더라도 두 구성 개념 간의 영향 관계가 어떤 방향성을 가지는지는 확인할 수 없다.

따라서 본 연구에서는 연구의 신뢰도를 높이기 위하여 연구 대상이 되는 구성 개념을 복수 항목들로 측정하고, 이들 간의 관계를 검증하기 위하여 Amos 4.0을 이용하여 공변량 구조 모형(covariance structure modelling) 분석을 실시하였다. 공변량 구조 모형 분석은 종래의 상관 분석, 회귀 분석, 경로 분석이 가지는 가정을 버리고 좀 더 현실적인 상황에서 변수들 간의 분석을 가능하게 하는 방법이다.

제7장 가설 검증 및 평가

제1절 가설 검증

1. 상관관계 분석

구성 개념들이 다항목으로 측정되었으므로, 신뢰성 검증을 통해 내적 일관성이 확보된 측정 항목들을 표준화하여 평균한 단일 값을 이용하여 상관분석을 수행하였다. 분석 결과는 표 7-1과 같다.

표 7-1. 연구 가설에 대한 상관관계 분석 결과

연구 가설	예상 관계	상관 계수	결과
개인의 신뢰 성향 ↔ 인지된 신뢰	+	.251	채택
제도 기반 신뢰 ↔ 인지된 신뢰	+	.676	채택
인지된 유용성 ↔ 인지된 신뢰	+	.408	채택
인지된 사용 용이성 ↔ 인지된 신뢰	+	.352	채택
사회적 영향 ↔ 인지된 신뢰	+	.510	채택
인지된 신뢰 ↔ 수용 의도	+	.609	채택
인지된 유용성 ↔ 수용 의도	+	.518	채택
인지된 사용 용이성 ↔ 수용 의도	+	.484	채택
사회적 영향 ↔ 수용 의도	+	.609	채택

주. 모든 상관 계수는 0.01 수준에서 유의.

상관관계 분석 결과를 통해 연구 가설로 설정된 모든 관계가 유의적인 상관관계를 보여주고 있음을 알 수 있다. 즉, 개인의 신뢰 성향, 제도 기반 신뢰, 인지된 유용성, 인지된 사용 용이성, 사회적 영향이 인지된 신뢰와 정(+)의 상관관계를 보이고 있으며, 인지된 신뢰, 인지된 유용성, 인지된 사용 용이성, 사회적 영향이 수용 의도와도 정의 상관관계를 보이고 있어 전체 가설이 모두 지지되었다.

2. 공변량 구조 모형 분석

공변량 구조 모형 분석에서 얻어지는 경로 계수를 통해 설정된 가설을 검증하기 위해서는 변수들 간의 관계에 대한 모형의 적합도에 대한 평가가 선행되어야 한다.

연구 모형의 적합도 평가는 일반적으로 예비적 적합도 평가, 전반적 적합도 평가, 연구 모형의 내부 구조의 적합도 평가 등의 세 단계를 거쳐서 이루어지게 된다(Bagozzi & Yi, 1988).

공변량 구조 모형의 분석 결과가 얻어지면 전반적인 적합도를 평가하기에 앞서 음오차 변량(negative error variance)이 존재하지 않는가, 상관관계 계수에 1보다 큰 값이 존재하지 않는가, 상관관계가 1에 접근하지는 않는가, 요인 적재값 중에서 너무 작거나 너무 큰 것은 없는가, 표준 오차(standard errors)에 너무 큰 값은 없는가 등에 대한 검토가 이루어져야 한다.

이러한 예비적 기준에 문제가 없다고 판단되는 경우 모형의 전반적인 적합도 기준을 살펴보게 되는데, 우선 χ^2 값이 유의하지 않아야 하는데, 즉 설정된 연구 모형과 자료에서 추정된 관계 사이에 유의한 차이가 존재하지 않아서 두 모형이 같다는 귀무가설을 기각할 수 없어야 한다. 또한 모델의 전반적인 적합도를 나타내는 기초 부합치(GFI: goodness-of-fit index), 조정 부합치(AGFI: adjusted goodness-of-fit index), 증분 지수(incremental fit index), 원소 간 평균 차이(RMR: root mean square residuals), 결정 계수(coefficients of determination) 등에서 만족할 만한 수치가 얻어져야 한다.

하지만 Hartwick과 Barki(1994)가 지적한 바와 같이 χ^2 통계량은 표본

크기에 매우 민감하게 작용하는 경향이 있기 때문에 본 연구와 같이 표본
수가 200개가 넘는 경우에는 적합도 지수로 사용하기에는 부적절하다. 따
라서 본 연구에서는 RMR, GFI, AGFI, NFI(normed fit index, 표준 적합
지수), ACI(Akaike information criteria)를 중심으로 모델의 전반적 적합도
를 평가하였고, 기초 모형과 수정 모형 간의 모형 비교와 신뢰를 포함한
모형과 그렇지 않은 모형 간의 비교를 통해 모바일 뱅킹에서 신뢰의 영향
정도를 분석하였다.

   우선 제시된 연구 모형의 공변량 구조 모형의 분석 결과는 그림 7-1과
같다.

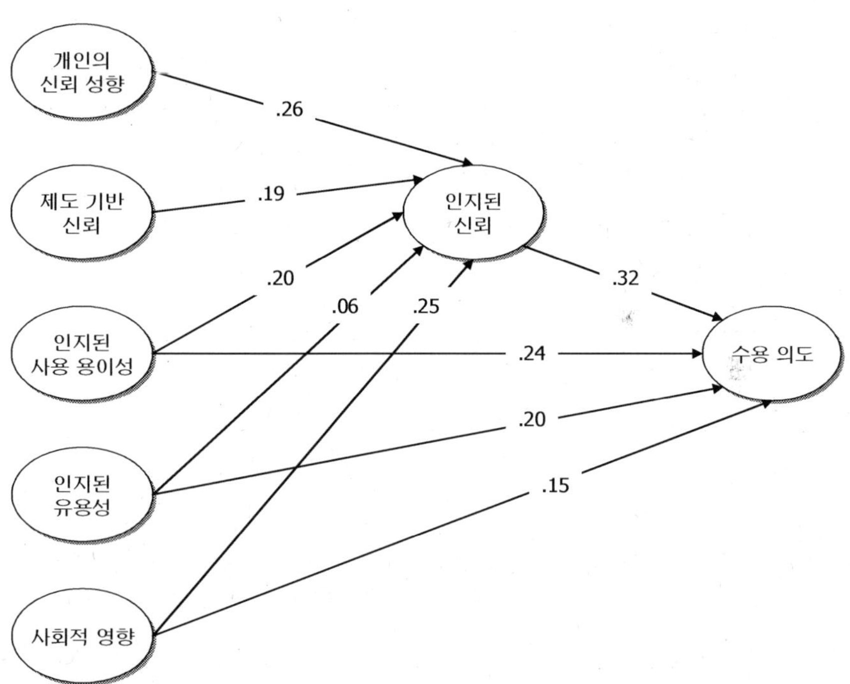

Chi-square=449.453; df=150; p=.000; RMR=.102; GFI=.915; AGFI=.882;
NFI=.936; AIC=569.453.

그림 7-1. 연구 모형의 표준화 계수

표 7-2. 연구 모형의 회귀 계수

		B	S.E.	C.R.
H1	개인의 신뢰 성향 → 인지된 신뢰	0.354	0.094	3.753
H2	제도 기반 신뢰 → 인지된 신뢰	0.226	0.104	2.164
H3	인지된 유용성 → 인지된 신뢰	0.054	0.043	1.264
H4	인지된 유용성 → 수용 의도	0.239	0.051	4.681
H5	인지된 사용 용이성 → 인지된 신뢰	0.114	0.038	2.986
H6	인지된 사용 용이성 → 수용 의도	0.243	0.043	6.021
H7	사회적 영향 → 인지된 신뢰	0.170	0.048	3.510
H8	사회적 영향 → 수용 의도	0.192	0.052	3.722
H9	인지된 신뢰 → 수용 의도	0.384	0.055	6.966

연구 모형의 개선을 위해 표 7-2에서 볼 수 있는 바와 같은 회귀 계수를 점검하여 C. R. 값이 1.96보다 작은 인지된 유용성과 인지된 신뢰의 관계(H3)를 삭제하여 그림 7-2와 같이 새로운 모형을 구성하였다.

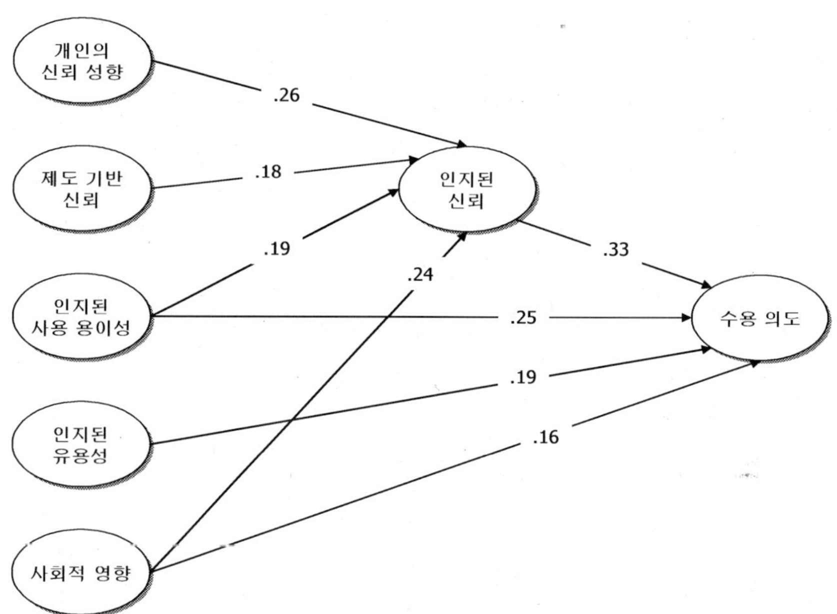

Chi-square=449.764; df=151; p=.000; RMR=.102; GFI=.915; AGFI=.882;
NFI=.936; AIC=567.764.

그림 7-2. 수정 모형의 표준화 계수

이들 분석 결과를 정리하면 표 7-3와 같다.

표 7-3. 연구 모형 개선을 위한 분석 결과

	카이제곱 검정			GFI	AGFI	AIC	RMR
	카이제곱	자유도	유의 확률				
연구 모형	449.453	150	.000	.915	.882	569.453	.102
수정 모형	449.764	151	.000	.915	.882	567.764	.102

두 모형은 거의 같은 타당성을 보이고 있지만, AGFI가 높고 AIC가 낮
은 쪽의 모델을 선택한다는 기준에 따라(노형진, 2002) 수정 모형을 채택
하는 것이 더 합리적임을 알 수 있다.

따라서 이와 같은 분석 결과를 종합하면 본 연구의 가설의 채택 여부는 표 7-4과 같이 정리할 수 있다.

표 7-4. 가설 검증 결과

H1	개인의 신뢰 성향은 인지된 신뢰에 정의 영향을 미칠 것이다	채택
H2	제도 기반 신뢰는 인지된 신뢰에 정의 영향을 미칠 것이다	채택
H3	인지된 유용성은 인지된 신뢰에 정의 영향을 미칠 것이다	기각
H4	인지된 유용성은 모바일 뱅킹에 대한 수용 의도에 정의 영향을 미칠 것이다	채택
H5	인지된 사용 용이성은 인지된 신뢰에 정의 영향을 미칠 것이다	채택
H6	인지된 사용 용이성은 모바일 뱅킹에 대한 수용 의도에 정의 영향을 미칠 것이다	채택
H7	사회적 영향은 인지된 신뢰에 정의 영향을 미칠 것이다	채택
H8	사회적 영향은 모바일 뱅킹에 대한 수용 의도에 정의 영향을 미칠 것이다	채택
H9	인지된 신뢰는 모바일 뱅킹에 대한 수용 의도에 정의 영향을 미칠 것이다	채택

3. 모델 간 설명력 비교 분석

본 연구는 모바일 환경에서 정보 기술의 수용 의도에 영향을 미치는 요인으로 신뢰의 영향이 유의함을 밝히는 데 목적이 있다. 이를 확인하기 위해 본 연구에서 제시한 연구 모형에서 수용 의도의 설명 요인으로 제시된 요인 중 인지된 신뢰가 존재하는 경우와 존재하지 않는 경우, 신뢰만을 설명 요인으로 사용하는 경우를 비교하여 설명력의 차이가 존재하는지와 본 연구에서 제시된 모형이 다른 모형에 비해 설명력이 더 높다고 할 수 있는지 추가 분석을 실시하였다.

　이를 위해서 그림 7-3에서 제시된 수정 모형을 기본 모형으로 하고 신뢰 변수가 존재하지 않았던 기존 기술 수용 및 사용에 대한 통합 이론(UTAUT, Unified Theory of Acceptance and Use of Technology, 그림 7-3 참조)을 기본으로 한 모형을 비교 모형 1(그림 7-3(a)), 신뢰만을 설명 변수로 사용한 모형을 비교 모형 2(그림 7-3(b))로 하여 모형의 적합도 분석을 실시하였다.

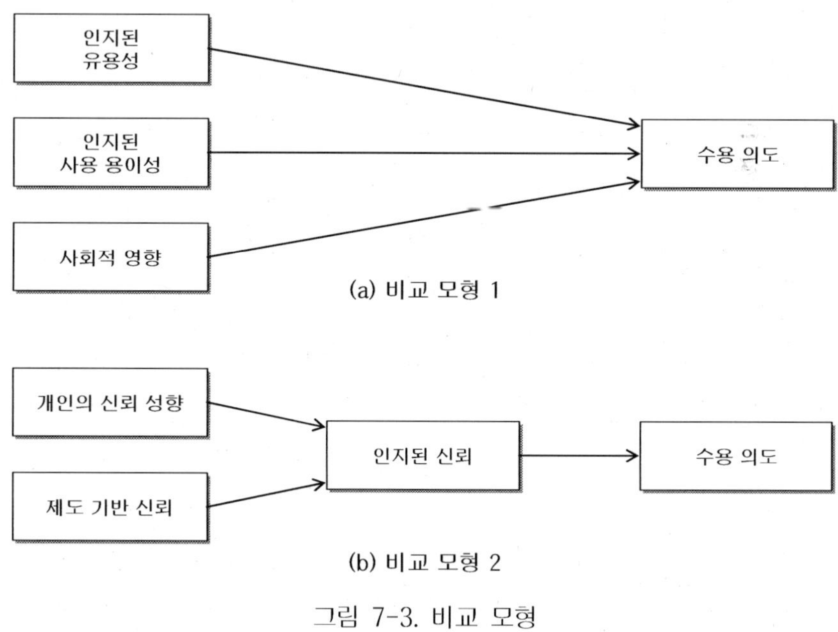

그림 7-3. 비교 모형

　분석 결과는 표 7-5와 같다.

표 7-5. 비교 모델 간 적합도 분석 결과

	카이제곱 검정			GFI	AGFI	AIC	RMR
	카이제곱	자유도	유의 확률				
기본 모형	449.453	150	.000	.915	.882	569.453	.102
비교 모형 1	460.923	72	.000	.880	.825	526.923	.329
비교 모형 2	483.683	87	.000	.882	.837	549.764	.123

모형의 적합성을 살펴본 결과 기본 모형의 경우만 최적 모형의 적합 수준에 만족하는 수치를 보이고 있다. 또한 회귀 분석에서 다중 상관치와 관련이 있는 GFI 값을 비교해 보면 기본 모형이 가장 좋은 모형으로 판단된다(김계수, 2004).

그러나 모형 비교의 목적이 어떤 모형으로 모바일 환경에서 정보 기술 수용 의도를 설명했을 때 가장 높은 설명력을 보일 수 있는지를 파악하는 것이므로 결정 계수(R^2)를 추가적으로 살펴볼 필요가 있다.

구조 방정식에서 결정 계수는 다중 상관 제곱(squared multiple correlation, SMC)과 동일한 것으로 종속 변수에 대한 설명력의 지표가 된다(조현철, 2003). 각 모형별로 SMC를 살펴보면 기본 모형에서는 0.646, 비교 모형 1에서는 0.608, 비교 모형 2에서는 0.418로 나타나 본 연구에서 제시한 기본 모형이 가장 좋은 설명력을 가지고 있는 것으로 나타났다. 따라서 기존의 기술 수용 및 사용에 대한 통합 이론에 근거를 둔 모형에 신뢰라는 설명 변수가 추가되었을 때 설명력이 4% 증가하고 있음을 알 수 있다.

제2절 실증 분석 결과의 요약 및 평가

1. 가설 검증 결과의 요약

본 연구의 실증 분석에서는 연구 모형에서 제시된 제 설명 요인들이 모바일 환경에서 정보 기술의 수용 의도에 영향을 미치고 있는지를 살펴보고자 하였다. 구체적으로 모바일 환경에서 신뢰의 구성 요인으로 개인의 신뢰 성향과 제도 기반 신뢰가 적절한 설명력을 가지는지와 신뢰가 기존의 사용 용이성, 유용성, 사회적 영향 등과 함께 모바일 환경에서의 정보 기술 수용 의도에 중요한 설명 변수로 작용할 수 있는지를 검증하였다. 상관관계 분석과 공변량 구조 모형 분석을 통한 가설 검증의 결과는 표 7-6와 같다.

표 7-6. 가설 검증 결과 요약

연구 가설	예상 관계	상관관계 분석 결과	공변량 구조 모형 분석 결과
개인의 신뢰 성향 → 인지된 신뢰	+	채택	채택
제도 기반 신뢰 → 인지된 신뢰	+	채택	채택
인지된 유용성 → 인지된 신뢰	+	채택	기각
인지된 사용 용이성 → 인지된 신뢰	+	채택	채택
사회적 영향 → 인지된 신뢰	+	채택	채택
인지된 신뢰 → 수용 의도	+	채택	채택
인지된 유용성 → 수용 의도	+	채택	채택
인지된 사용 용이성 → 수용 의도	+	채택	채택
사회적 영향 → 수용 의도	+	채택	채택

검증 결과 인지된 유용성이 인지된 신뢰에 정(+)의 영향을 끼칠 것이라는 가설을 제외하면 다른 가설들은 상관관계 분석에서나 공변량 구조 모형 분석에서 모두 지지되었다. 이는 상관관계 분석이 제3의 변수의 영향을

고려하지 못하고 구성 개념 간의 상관관계를 구할 때 측정 항목들을 평균한 값을 비교하는 등 정보의 손실에서 기인한 것으로 생각된다.

2. 가설 검증 결과의 평가와 논의

표 7-5의 가설 검증 결과 요약에서 알 수 있듯이 본 연구에서 제시한 가설 중 상관관계 분석과 공변량 구조 모형 분석에서 다른 결과를 보여주는 것이 존재한다. 일반적으로 상관관계 분석보다 공변량 구조 모형 분석에서는 모든 변수들의 영향을 동시에 고려하며 구성 개념과 측정 항목 간의 관계를 파악하고 있으므로 전체적으로는 공변량 구조 모형 분석의 결과를 더 신뢰할 수 있다고 할 수 있어 본 연구에서 제시한 가설은 다음과 같이 평가하기로 한다.

첫째, 개인의 신뢰 성향은 인지된 신뢰에 정의 영향을 미친다.

둘째, 제도 기반 신뢰는 인지된 신뢰에 정의 영향을 미친다.

셋째, 인지된 유용성은 모바일 뱅킹에 대한 수용 의도에 정의 영향을 미친다.

넷째, 인지된 사용 용이성은 인지된 신뢰에 정의 영향을 미친다.

다섯째, 인지된 사용 용이성은 모바일 뱅킹에 대한 수용 의도에 정의 영향을 미친다.

여섯째, 사회적 영향은 인지된 신뢰에 정의 영향을 미친다.

일곱째, 사회적 영향은 모바일 뱅킹에 대한 수용 의도에 정의 영향을 미친다.

여덟째, 인지된 신뢰는 모바일 뱅킹에 대한 수용 의도에 정의 영향을 미친다.

인지된 유용성이 인지된 신뢰에 정의 영향을 미칠 것이라는 가설이 지지되지 않은 것은 정보 기술의 발달로 사용자들이 정보 기술에 대한 수용 의도가 다분히 적극적이 되어 가고 있고 그 필요성을 과거보다 더 절실히 느끼고 있기 때문에 당연히 혁신적 정보 기술은 유용할 것이라는 생각을 하게 되고, 쓰기가 쉽고 쉽지 않고를 떠나 꼭 써야 한다는 당위성을 인식하고 있다고 볼 수 있다. 즉 어차피 수용하고 사용할 정보 기술이라면 비교적 더 큰 용이성이 존재해야 이를 믿고 사용하게 된다는 맥락에서 그 원인을 찾아볼 수 있을 것으로 여겨진다.

이와 같은 현상은 대상 정보 기술의 특성을 고려하여 유용성의 영향과 사용 용이성의 영향을 평가한다면 대상 기술마다 중요성의 정도가 다르게 나타날 가능성이 있음을 보여준다고 할 수 있다. 이를 통해 혁신 기술의 분류, 영향, 관계 등을 파악하는 일련의 추가 연구가 필요할 것으로 보인다.

또한 기존의 기술 수용에 관한 이론들은 대부분 기술적인 관점, 기술에 대한 사용자의 태도에서 현상을 이해하고 바라보는 특징을 보여 왔다. 이후 네트워크와 온라인에 대한 관심과 영향이 커지면서 사회적, 환경적 특성을 고려한 요인들도 다양하게 등장해 왔다. 그러나 개인과 개인, 개인과 조직, 조직과 조직 간의 상호 작용의 시작과 연속성을 설명하는 데 주로 사용되었던 '신뢰' 요인을 본 연구를 통해 도입함으로써 새로운 영향 요인으로서의 역할을 생각해볼 수 있게 하였다.

이를 위해 신뢰를 구성하는 몇 가지 공통 요인을 사용하여 신뢰의 정도를 이해하고 파악함으로써 신뢰에 영향을 끼치는 요인과 또 신뢰가 영향을 끼치는 요인에 대한 측정과 분석을 시도하였다. 본 연구에서는 단순히 신뢰라고 하는 심리적 신념의 구성 요소를 파악하기보다는 정보 기술 분야, 특히 모바일 환경에서 사용자들이 기술 수용 태도를 설명하는 한 요인으로 신뢰의 개념을 사용하였다. 또한 그동안 기술 자체가 주는 효율성의 정도를 사용자가 어떻게 인식하고 있는가를 주요 설명 요인으로 파악하던 관점에 더하여 이런 설명 요인들이 사용자들이 특정 태도와 행동을 보이기 이전에 해당 기술과 그 환경에 갖는 믿음, 즉 신뢰에 미치는 영향은 어떠한지를 알아보았고, 결과적으로 수용 의도에 미치는 영향의 정도에서 유용성, 사용 용이성, 사회적 영향 등 다른 설명 요인보다 신뢰가 상대적으로 더 큰 설명력을 보이는 것으로 나타난 점이 주목할만하다. 이를 통해 수용의 주체인 사용자들이 인지하는 신뢰가 실질적인 수용의 전 단계인 수용 의도에 중요한 영향을 끼침을 알 수 있다.

따라서 환경적 불확실성은 매체 신뢰의 증대를 통해 궁극적으로 전체적인 신뢰를 높이고자 하는 피신뢰자의 행위에 영향을 받는다고 할 때, 매체 자체를 통제할 절대적 권한이 없는 피신뢰자들은 거래 자체에 대한 불확실성을 제어할 수 있음을 보여주어야 하고 이런 노력이 바로 자신들에 대한 신뢰로 직결된다는 것을 인지해야 한다.

제8장 결론 및 시사점

제1절 연구 결과의 요약

본 연구는 모바일 환경에서 정보 기술의 수용 의도에 영향을 끼치는 요인을 파악하는 것으로 기존에 주로 사용되었던 정보 기술 수용 모형에 신뢰 요인을 추가하여 모바일 뱅킹과 같이 불확실성과 위험이 존재하는 환경을 더 잘 설명하고자 하였다.

이를 위해 정보 기술의 수용 요인을 설명한 기존 연구들과 특히 온라인 환경에서 신뢰를 형성하고 이를 설명하는 데 유용한 변수들을 다룬 연구들을 종합적으로 검토하여 신뢰, 유용성, 사용 용이성, 사회적 영향이 수용 의도에 긍정적인 영향을 끼친다는 가설하에 실증적인 분석을 실시하였다.

설정된 가설을 검증하기 위해 모바일 환경에서 제공되는 다양한 서비스 중 m-비즈니스의 근간이 됨과 동시에 불확실성과 위험에 민감하다고 판단되는 모바일 뱅킹 분야를 선정하여 기존 사용자와 잠재 사용자들을 대상으로 데이터를 확보, 분석에 사용하였다.

연구 모형의 타당성, 신뢰성, 적합성 등을 검토한 후 총 9개의 가설을 검증한 결과 '인지된 유용성이 인지된 신뢰에 정의 영향을 미칠 것'이라는 항목을 제외한 모든 가설이 채택되었다. 기존 기술 수용 모형에서 가장 중요한 영향 요인으로 간주되어 온 인지된 유용성이 배제되었다는 사실은 비록 신뢰에 미치는 영향만을 고려한 것이라 하더라도 모바일 환경이 기존 컴퓨팅 환경과는 다른 특성이 존재함을 시사하거나 분석 대상이 된 모바일 뱅킹의 특수성이 반영된 것으로 판단된다.

따라서 본 연구를 통해 모바일 환경은 기술적 특성으로만 설명하기에는 부족한 심리적, 사회적 특성들을 감안하여 접근할 필요가 있음을 알 수 있다. 즉, 심리학적, 경영학적, 사회학적 관점으로 혁신 기술에 대한 수용 의도를 파악함으로써 사용자 행위에 대한 다차원적인 접근과 해석이 가능할 것으로 생각된다.

제2절 연구의 시사점

기존의 기술 수용에 관한 이론들은 대부분 기술적인 관점에서 현상을 이해하고 바라보는 특징을 보여 왔다. 이후 네트워크와 온라인에 대한 관심과 영향이 커지면서 사회적, 환경적 특성을 고려한 요인들도 다양하게 등장해 왔다. 그러나 개인과 개인, 개인과 조직, 조직과 조직 간의 상호 작용의 시작과 연속성을 설명하는 데 주로 사용되었던 '신뢰' 요인을 개인과 기술 간의 설명 요인으로 사용하고자 하는 노력이 본 연구의 주안점이다.

본 연구 이전에도 전자 상거래 환경에서 수행되는 다양한 서비스를 대상으로 신뢰에 대한 연구들이 진행되어 오기도 했지만 본 연구에서는 최근 관심과 주목의 대상이 되고 있는 모바일 환경에서는 더더욱 신뢰의 영향이 커질 것이라는 전제하에 연구의 대상을 모바일로 확장시키는 데 의의가 있다고 하겠다.

특히 본 연구에서 주목할 점은 '인지된 유용성'의 설명력 약화이다. 이는 앞서 밝힌 바와 같이 모바일 환경의 특수성에서 온 현상으로 이해할 수 있을 것이다. 한편으로 본 연구의 대상이 된 모바일 뱅킹 서비스가 기존 ATM을 이용한 전자 뱅킹, 인터넷을 이용한 온라인 뱅킹 서비스를 그대로 모바일 환경에 구현해 놓은 것이어서 이미 사용자들 사이에서는 유용성이 입증되거나 유용성을 심각하게 고려하지 않았을 가능성도 있는 것으로 판단된다. 따라서 본원적으로 모바일 환경에서 모바일 사용자만을 대상으로 한 다른 유형의 서비스인 경우에는 또 다른 결과가 나올 수도 있을 것으로 생각된다. 이 부분에 대해서는 향후 연구 과제로 충분히 고려할 가치가 있을 것이다.

이와 같은 시사점과 함께 본 연구를 통해 모바일 환경의 정보 기술 수용을 고려할 때 생각해야 할 점은 다음과 같다.

첫째, 혁신 기술의 수용에 있어 단순히 기술적 특성만을 강조하여 쓰기 쉽고, 유용하다는 사실만을 부각할 필요가 없다는 것이다. 정보 기술의 발달로 사용자들이 정보 기술에 대한 수용 의도가 다분히 적극적이 되어 가고 있고 그 필요성을 과거보다 더 절실히 느끼고 있기 때문에 당연히 유용할 것이라는 생각을 하게 되고, 쓰기가 쉽지 않더라도 꼭 써야 한다는 당위성을 인식하고 있다고 볼 수 있다. 따라서 어차피 수용하고 사용할 정보 기술이라면 비교적 사용 용이성이 높아야 이를 믿고 사용하게 된다는 것이다.

둘째, 정보 기술의 수용에서도 개인 간, 조직 간 관계에서처럼 신뢰가 중요한 설명 요인으로 작용하고 있다는 점이다. 이를 바탕으로 최종 정보 기술의 수용이 궁극적인 기대로 요구되는 환경에서는 수용자가 인식하는 신뢰 수준을 높일 수 있는 방안을 적극 강구해야 하며 특히 개인의 신뢰 성향과 같이 외부적인 자극으로는 바꾸기 어려운 요소보다는 제도 기반 신뢰, 사용 용이성, 사회적 영향을 높일 수 있도록 여러 전략이 제시되어야 한다.

셋째, 모바일 환경은 연결의 가시성과 연속성보다는 상황과 대상에 대한 접근성이 더 커지기 때문에 이러한 특성을 유리하게 잘 이용할 필요가 있다. 기존 유선 환경에서는 물리적으로 모든 개체가 연결되어 있어 연결 여부가 시각적으로 쉽게 판별 가능했던 것과는 달리 무선 네트워크에 기반을 둔 모바일 환경에서는 지속적·안정적 접속에 대한 무의식적인 불안감이 존재한다. 이러한 특성이 기존 온라인 환경과 크게 다르지 않지만 무선, 이동성, 휴대성이 주는 알 수 없는 불안 요인이 있으며 이는 새로운 통신 기반 구조, 장비, 애플리케이션 등의 영향도 있을 것이나 이런 불안감은 모바일 환경에서 상대적으로 유용한 접근성의 확대로 해소할 수 있을 것이다. 즉, 기존에는 정해진 시간에, 정해진 장소에서, 정해진 장치로만 가능하던 일련의 활동들을 원하는 시간에, 원하는 장소에서, 어떤 장치로든지 가능하게 해주는 모바일 환경의 특성은 각종 제약을 극복하고 원하는 개인, 조직, 대상에게 접근할 수 있는 절대적인 혜택을 제공해 줄 수 있다. 이러한 가능성과 유용성에 대한 믿음과 신뢰를 사용자에게 심어줌으로써 수용 의도를 높이고 적극적인 채택의 가능성을 높일 수 있을 것이다.

제3절 연구의 한계와 향후 과제

1. 연구의 한계

본 연구는 기존의 선행 연구들을 바탕으로 연구 모형과 가설을 설정하고 이를 실증적으로 분석·검증하는 구조로 구성되어 있다. 전반적으로 이런 구조의 연구 체계를 진행하면서 몇 가지 한계점을 지니게 되었는데 이론적·실증적으로 구분해 정리해 보면 다음과 같다.

우선 이론적 한계점을 살펴보면,

첫째, 정보 기술의 수용이나 혁신 확산에 대한 이론은 정보 시스템 분야에서 상당히 중요하고 인기 있는 주제로 많이 다루어져 왔다. 또한 행위론적 입장에서 보더라도 향후에도 다양한 관점에서 지속적인 주목을 받을 것으로 예상된다. 그러나 신뢰라고 하는 구성 개념은 경영학 일반에서 다각적으로 차용해 사용되고는 있으나 정보 시스템 분야에서 도입해 관련 현상을 설명하는 데 사용한 것은 최근의 일이라고 할 수 있다. 여기에서 나타나는 중요한 한계는 신뢰라는 개념의 역할이다. 이 개념이 정보 기술 수용에 영향을 끼치는 요인이 되지 않는가라는 문제 제기는 충분히 있을 수 있으나, 무엇이 신뢰에 영향을 끼치는 요인이며, 또 신뢰가 영향을 끼치는 요인이 정확하게 무엇인지에 대한 합의는 매우 부족한 실정이다. 예를 들어,

본 연구의 기본 모형에서는 인지된 유용성이나 인지된 사용 용이성을 신뢰의 선행 변수로 다루고 있으나, 신뢰가 인지된 유용성이나 인지된 사용 용이성에 영향을 주는 요인으로 보는 연구도 있음을 앞에서 살펴보기도 하였다. 또한 이 요인들이 같은 수준에서 또는 상호 보완적인 수준에서 위치를 바꾸어 가며 종속 변수를 설명하는 다양한 시각들이 존재하는 것이 사실이다. 향후 신뢰나 이와 유사한 개념들을 다루는 연구들이 다양하게 논의되고 발전됨에 따라 새로운 합의가 도출될 것으로 기대한다.

둘째, 본 연구의 대상이 되는 현상은 모바일 환경이다. 정보 기술의 발전 단계와 추세로 볼 때 이는 비교적 최신의 영역이라고 볼 수 있다. 이와 같은 이유로 풍부한 선행 연구를 확보하지 어려운 한계가 있다고 여겨진다. 특히 본 연구에서는 모바일 뱅킹의 수용 의도를 살펴보았으나 모바일 뱅킹에 대한 설명 요인을 이론적으로 도출하면서 인터넷 뱅킹, 전자 상거래 등을 참조 대상으로 살펴보았다. 비교적 유사한 환경으로 인식이 될 수 있으나 특정한 연구 대상의 특성들이 제대로 반영되지 않을 수도 있다는 문제가 있다. 하지만 향후 관심의 대상이 되는 최신 현상에 대한 새로운 시각을 제시했다는 측면에서 의의를 찾을 수 있고 여러 관련 연구들이 등장한다면 충분히 보완될 수 있는 여지가 있다고 판단된다.

셋째, 정보 기술의 수용에 대한 이론적 모형을 설계하면서 실제 수용 또는 채택에 대한 측정까지 이루어지지 않고 수용 의도까지 만을 고려했다는 한계가 있다. 수용 의도와 실제 수용 간에는 높은 상관관계가 있다는 것이 일반적인 견해이고 본 연구의 대상이 되는 모바일 뱅킹이 실제 수용보다는 수용 의도를 측정하는 것이 현실적으로 더 유리한 측면이 있었지만 이는 향후 연구를 통해서라도 보완할 필요성이 있다고 생각된다.

한편 실증적인 측면에서 한계점을 살펴보면 다음과 같다.

첫째, 측정 항목의 개발에서 이론적인 고찰을 선행하고 예비 조사 단계를 거치기는 했지만 기존 온라인 뱅킹, 인터넷 뱅킹 사용자에 대한 검증이 부족하여 측정 항목의 정교성이 떨어질 수 있다는 우려가 있다.

둘째, 신뢰와 같이 개념 정의와 구성 개념의 파악이 추상적이며 다차원적인 경우 설문 대상자에게 전달되는 측정 문항의 전달이 좀 더 보편적이고 이해가 쉬워야 한다. 이 역시 사전에 검증과 수정 과정을 거쳤지만 외국 문헌을 주로 참조해야 하는 환경에서는 실제 개념을 의도대로 이해하고 측정할 수 있는 항목을 지속적으로 개발할 필요가 있다. 이런 점들은 향후 연구를 통해 충분히 검토되고 개선될 수 있는 사항으로 판단된다.

2. 향후 과제

본 연구들 통해 앞으로 보완되고 지속적으로 관심을 가져야 할 몇 가지 점들을 살펴보면 다음과 같다.

첫째, 신뢰의 개념 정립에 관한 노력이다. 앞서의 문헌 연구 등을 통해서도 제시가 되었지만 신뢰는 다차원적인 구성 개념을 지닌 변수이다. 신뢰가 적용되는 환경에 적절한 차원을 개발하고 확립하는 노력이 향후에도 필요할 것으로 판단된다.

둘째, 모바일 환경에서 정보 기술의 수용 의도를 파악할 때 사용자의 특성, 환경적 요인 등과 같은 조절 변수를 고려한 통합적 모형이 제시될 필요가 있다.

셋째, 모바일 환경에서 관찰되는 다양한 서비스들이 본 연구에서 살펴보았던 모바일 뱅킹과 모두 다 유사하다고 볼 수 없다. 따라서 모바일 환경에서 제공되는 서비스들의 유형과 목적에 따라 수용 의도에 미치는 영향 요인이 다를 것으로 보이며 이를 각기 또는 범용적으로 설명할 수 있는 정교한 모형의 개발이 필요하다.

넷째, 정보 기술의 수용 의도에 더하여 실제 수용 및 채택에 이르는 영향과 관계를 살펴볼 수 있을 것이다.

다섯째, 신뢰의 초기 형성과 지속적 신뢰 형성의 요인이 다를 수 있으므로 연구 변수 간의 시간적 흐름에 따른 동태적 상호 관계를 반영하는 종단적 연구가 필요할 것으로 보인다.

참고 문헌

권지인 (2004). 성장 단계의 무선랜 시장을 둘러싼 주요 이슈 분석. 정보 통신 정책, 16(7), 1-17.

김건우 (2003). 우체국 금융의 모바일 뱅킹 발전 전략. 우정 정보, 54, 53-68.

김경규, 이정우, 김혜선 (2003). 인터넷 뱅킹 채택 행위에 있어서 신뢰와 위험의 영향. 경영학 연구, 32(6), 1771-1797.

김계수 (2004). AMOS 구조 방정식 모형 분석 (개정판). 서울: 데이타솔루션.

노형진 (2002). SPSS/Amos에 의한 사회 조사 분석. 서울: 형설 출판사.

박동욱, 윤두영, 이은곤, 한지연 (2005. 10. 27.). 광대역 무선 인터넷 접속 서비스 현황, KISDI 이슈 리포트.

박철우, 양희동, 안중호 (2003). 유비쿼터스 컴퓨팅 환경을 고려한 모바일 비즈니스 프레임워크 개발. Information Systems Review, 5(2).

유병규, 신광철, 임진국 (2002). 모바일 비즈니스 현황과 전망, 지식경제, 봄호.

유일, 최혁라 (2003). B2C 전자 상거래에서 고객 신뢰의 영향 요인과 구매 의도에 대한 신뢰의 매개 역할. 경영 정보학 연구, 13(4), 49-72.

이경형, 김이영 (2002). 국내 은행의 모바일 뱅킹 서비스 현황: 우리은행의 사례를 중심으로. 정보 통신 정책, 14(18). 정보 통신 정책 연구원.

이호근, 이승창, 강훈철 (2003). 인터넷 경매의 신뢰 형성 요인과 경매 참여 의도에 관한 연구. 경영학 연구, 32(1), 149-179.

이호근, 이승창, 성대원 (2003). 품질 위험 지각 정도에 따른 인터넷 중고차 사이트의 신뢰 형성 요인과 구매 의도에 미치는 영향에 관한 연구. 경영 정보학 연구, 13(2), 119-143.

전자신문 (2004. 5. 10.). 중소 m비즈 '효과 만점.'

전자신문 (2004. 12. 22.). 카메라 모듈 업계, 속도 더 높여.

전자신문 (2005. 9. 23.). 콘텐츠 세계화 현장을 가다, 38면.

전자신문 (2005. 10. 17.). 휴대폰 결제업계의 갈림길, 13면.

정지범, 김한주 (2003). 국내 모바일 전자 상거래 이용 실태 조사 분석. 주간 기술 동향, 1139, 20-33. 정보 통신 연구 진흥원.

조현철 (2003). 구조 방정식 모델: SIMPLIS & AMOS. 서울: 석정.

한국 문화 콘텐츠 진흥원 (2005). 2005 한국 음악 백서.

한국 소프트웨어 진흥원 (2002. 12. 31.). 모바일 사업자를 위한 애플리케이션 사업자 전략.

한국 소프트웨어 진흥원 (2003. 12. 24.). 모바일 커머스가 다가온다. 소프트웨어 마켓 뉴스.

한국은행 (2004). 2004년 3월 말 현재 국내 인터넷 뱅킹 서비스 이용 현황. 2004년 4월 30일 공보 2004-4-30호.

한국은행 금융 결제국 (2004. 2.). 전자 금융 총람.

홍성완 (2005. 10. 25.). Ubiquitous Business 적용 현황 및 발전 방향. 2006 IT 산업 전망 컨퍼런스, 정보 통신 연구 진흥원.

Aladwani, A. D. (2001). Online banking: A field study of drivers, development challenges, and expectations. *International Journal of Information Management, 21*(3), 213-225.

Anderson, E., & Weitz, B. (1989). Determinants of continuity in conventional industrial channel dyads. *Marketing Science, 8*(4), 310-323.

Ba, S., & Pavlou, P. A. (2002). Evidence of the effect of trust building technology in electronic markets: Price premiums and buyer behavior. *MIS Quarterly, 26*(3), 243-268.

Bagozzi, R. P., & Yi, Y. (1988). On the evaluation of structural equation models. *Journal of the Academy of Marketing Science, 16*, 74-94.

Bergeron, B. (2001). *The Wireless Web: How to Develop and Execute a Winning Wireless Strategy,* McGraw-Hill.

Bhattacharya, R., & Devinney, T. M. (1998). A formal model of trust based on outcomes. *Academy of Management Review, 23*(3), 459-472.

Birch, D., & Young, M. A. (1997). Financial services and the Internet: What does cyberspace mean for the financial services industry? *Internet Research: Electronic Networking Applications and Policy, 7*(2), 120-128.

Blau, P. M. (1964). *Exchange and power in social life.* NY: Wiley.

Bradach, J. L., & Eccles, R. G. (1989). Price, authority, and trust: From ideal types to plural forms. *Annual Review of Sociology.*

Carmines, E. G., & Zeller, R. A. (1979). Reliability and validity assessment. *Sage University Paper Series on Quantitative Applications in the Social Sciences,* Beverly Hills: Sage Publications.

Chen, L., Gillenson, M. L., & Sherrell, D. L. (2004). Consumer acceptance of virtual stores: A theoretical model and critical success factors for virtual stores. *ACM SIGMIS Database, 35*(2), 8-31.

Chircu, A. M., Davis, G. B., & Kauffman, R. J. (2000). Trust, expertise and e-commerce intermediary adoption. In J. DeGross (Ed.), *Proceedings of the Sixth America Conference on Information Systems,* New York: ACM, 710-716.

Chow, S., & Holden, R. (1997). Toward an understanding of loyalty: The moderating role of trust. *Journal of Managerial Issues, 9*(3), 275-298.

Churchill, G. A., Jr. (1979). A paradigm for developing better measures of marketing constructs. *Journal of Marketing Research, 16,* 64-73.

Crosby, L. A., Evans, K. A., & Cowles, D. (1990). Relationship quality in services selling: An interpersonal influence perspective. *Journal of Marketing, 54*(3), 68-81.

Cummings, S., & Judge, T. (1996). The organizational trust inventory. In R. M. Kramer & T. R. Tyler (Ed.), *Trust in organization: Frontiers of theory and research* (pp. 302-330). Thousand Oaks, CA: Sage Publications.

Currall, S., & Judge, T. (1995). Measuring trust between organizational boundary role persons. *Organizational Behavior and Human Decision Processes, 64,* 151-170.

Daniel, E., & Storey, C. (1997). On-line banking: strategic and management challenges. *Long Range Planning, 30*(6), 890-898.

Davis, F. D. (1989). Perceived usefulness, perceived ease of use, and user acceptance of information technology. *MIS Quarterly, 13*(3), 319-340.

Davis, F. D., Bagozzi, R. P., & Warshaw, P. R. (1989). User acceptance of computer technology: A comparison of two theoretical models. *Management Science, 35*(8), 982-1003.

Dayal, S., & Landesberg, H. (1999). How to build trust online. *Marketing Management, 8*(3), 64-69.

Devlin, J. F. (1995). Technology and innovation in retail banking distribution. *International Journal of Bank Marketing, 13*(4), 19-25.

Doney, P. M., & Cannon, J. P. (1997). An examination of the nature of trust in buyer-seller relationships. *Journal of Marketing, 61*(2), 35-51.

Durlacher Research (2000). *Mobile commerce report.* (http://www.durlacher.com).

Dwyer, F. R., Schurr, P. H., & Oh, S. (1987). Developing buyer-seller relationships. *Journal of Marketing, 51,* 11-27.

Elangovan, A. R., & Shapiro, D. L. (1998). Betrayal of trust in organizations. *Academy of Management Review, 23*(3), 547-566.

Evans, N. D. (2002). *Business agility: Strategies for gaining competitive advantage through mobile business solutions.* NJ: Prentice Hall.

Fishbein, M., & Ajzen, I. (1975). *Belief, attitude, intention and behavior: An introduction to theory and research.* Addison-Wesley.

Friedman, B., Kahn, P. H., Jr., & Howe, D. C. (2000). Trust online. *Communications of the ACM, 43*(12), 34-40.

Ganesan, S. (1994). Determinants of long-term orientation in buyer-seller relationships. *Journal of Marketing, 58*(2), 1-18.

Gefen, D. (2000). E-Commerce: The role of familiarity and trust. *Omega: The International Journal of Management Science, 28*(6), 725-737.

Gefen, D., Karahanna, E., & Straub, D. W. (2003a). Inexperience and experience with online stores: The importance of TAM and Trust. *IEEE Transactions on Engineering Management, 50*(3), 307-321.

Gefen, D., Karahanna, E., & Straub, D. W. (2003b). Trust and tam in online shopping: An integrated model. *MIS Quarterly, 27*(1), 51-90.

Gefen, D., & Straud, D. (2000). The relative importance of perceived ease of use in IS adoption: A study of e-commerce adoption. *Journal of the Association for Information Systems, 1*(8), 1-28.

Gefen, D., & Straud, D. (2004). Consumer trust in B2C e-Commerce and the importance of social presence: Experiments in e-Products and e-Services. *Omega: The International Journal of Management Science, 32*(6), 407-424.

Giffin, K. (1967). The contribution of studies of source credibility to a theory of interpersonal trust in the communication process. *Psychological Bulletin, 68*(2), 104-120.

Hart, P., & Saunders, C. (1997). Power and trust: Critical factors in the adoption and use of electric data interchange. *Organization Science, 8*(1), 23-42.

Hartwick, J., & Barki, H. (1994). Explaining the role of user participation in information system use. *Management Science, 40*(4), 440-465.

Hoffman, D. L., Novak, T. P., & Peralta, M. (1999). Building consumer trust online. *Communications of the ACM, 42*(4), 80-85.

Hosmer, L. T. (1995). Trust: The connecting link between organizational theory and philosophical ethics. *Academy of Management Review, 20*(2), 379-399.

Jarvenpaa, S. L., Knoll, K., & Leidner, D. E. (1998). Is anybody out there? Antecedents of trust in global virtual teams. *Journal of Management Information Systems, 14*(4), 29-64.

Jarvenpaa, S. L., & Tractinsky, N. (1999). Comsumer trust in an Internet store: A cross-cultural validation. *Journal of Computer Mediated Communication, 5*(2).

Jarvenpaa, S. L., Tractinsky, N., & Vitale, M. (2000). Consumer trust in an Internet store. *Information Technology and Management, 1*, 45-71.

Kalakota, R., & Robinson, M. (2002). *M-business: The race to mobility.* NY: McGraw-Hill.

Kehoe, C. F. (2000). M-commerce: advantage, Europe. *McKinsey Quarterly, 2,* 43.

Kim, K., & Prabhakar, B. (2000, December). Initial trust, perceived risk, and the adoption of Internet banking. *Proceedings of the 21st International Conference on Information Systems,* Brisbane, Australia.

Kim, K. K., & Prabhakar, B. (2004). Initial trust and the adoption of B2C e-commerce: The case of Internet banking. *ACM SIGMIS Database, 35*(2), 50-64.

Kumar, N. (1996). The power of trust in manufacturer-retailer relationships. *Harvard Business Review, 74*(6), 92-106.

Kumar, N., & Scheer, L. K. (1995). The effects of perceived interdependence on dealer attitudes. *Journal of Marketing Research, 32*(3), 348-356.

Kwon, H. S., & Chidambaram, L. (2000). A test of technology acceptance model: The case of cellular telephone adoption. *Proceedings of the 33rd Hawaii International Conference on System Sciences.*

Legris, P., Inghan, J., & Collerette, P. (2003). Why do people use information technology? A critical review of the technology acceptance model. *Information & Management, 40,* 191-204.

Lewicki, R., & Bunker, B. (1995). Trust in relationships: A model of trust development and decline. In Bunker, B., & Rubin, J. (Eds.), *Conflict, Cooperation, and Justice,* San Francisco: Jossey-Bass.

Liao, S., Shao, Y. P., Wang, H., & Chen, A. (1999). The adoption of virtual banking: An empirical study. *International Journal of Information Management, 19*(1), 63-74.

Liao, Z., & Cheung, M. T. (2002). Internet-based e-banking and consumer attitudes: An empirical study. *Information & Management, 39*(4), 283-295.

Luftman, J. N. (2004). *Managing the information technology resource: Leadership in the information age.* NJ: Prentice Hall.

Luhmann, N. (1979). *Trust and power.* London: Wiley.

Mayer, R. C., Davis, J. H., & Schoorman, F. D. (1995). An integrative model of organizational trust. *Academy of Management Review, 20*(3), 709-734.

McKnight, D. H., Choudhury, V., & Kacmar, C. (2002). Developing and validating trust measures for e-commerce: An integrative typology. *Information Systems Research, 13*(3), 334-359.

McKnight, D. H., Cummings, L. L., & Chervany, N. L. (1998). Initial trust formation in new organizational relationships. *Academy of Management Review, 23*(3), 473-490.

Menon, N. M., Konana, P., Browne, G. J., & Balasubramanian, S. (1999, January). Understanding trustworthiness beliefs in electronic brokerage usage. *Proceedings of the 20th International Conference on Information Systems.*

Mols, N. P. (1999). The Internet and the banks' strategic distribution channel decisions. *International Journal of Bank Marketing, 17*(6), 295-300.

Moore, G. C., & Benbasat, I. (1991). Development of an instrument to measure the perceptions of adopting an information technology innovation. *Information System Research, 2*(3), 192-222.

Moorman, C., Deshpande, R., & Zaltman, G. (1993). Factors affecting trust in market research relationships. *Journal of Marketing, 57*(1), 81-101.

Morgan, R. M., & Hunt, S. D. (1994). The commitment-trust theory of relationship marketing. *Journal of Marketing, 58*(3), 20-38.

Nooteboom, B., Berger, H., & Noorderhaven, N. (1997). Effects of trust and governance on relational risk. *Academy of Management Journal, 40*(2), 308-338.

Nunnally, J. C. (1967), *Psychometric theory.* NY: McGraw Hill.

O'Connell, B. (1996, December). Australian banking on the Internet: Fact or fiction? *The Australian Banker,* 212-214.

O'Connell, M. (1999, December). The future of banking. *America's Community Banker,* 16-19.

Pavlou, P. A. (2003). Consumer acceptance of electronic commerce: Integrating trust and risk with the technology acceptance model. *International*

Journal of Electronic Commerce, 7(3), 101-134.

Rogers, E. M. (1962). *Diffusion of innovations.* NY: Free Press.

Rogers, E. M. (1983). *Diffusion of innovations* (3rd ed.). NY: Free Press.

Rogers, E. M. (1995). *Diffusion of innovations* (4th ed.). NY: Free Press.

Rogers, E. M. (2003). *Diffusion of innovations* (5th ed.). NY: Free Press.

Rotter, J. (1967). A new scale for the measurement of interpersonal trust. *Journal of Personality, 35.*

Rotter, J. B. (1971). Generalized expectancies for interpersonal trust. *American Psychologist, 26,* 443-450.

Rotter, J. B. (1980). Interpersonal trust, trustworthiness, and gullibility. *American Psychologist, 35*(1), 1-7.

Rousseau, D., Sitkin, S., Burt, R., & Camerer, C. (1998). Not so different after all: A cross-discipline view of trust. *Academy of Management Review, 23*(3), 393-404.

Sathye, M. (1999). Adoption of Internet banking by Australian consumers: An empirical investigation. *International Journal of Bank Marketing, 17*(7), 324-334.

Schneiderman, B. (2000). Designing trust into online experience. *Communications of the ACM, 43*(12), 57-59.

Schurr, P. H., & Ozanne, J. L. (1985). Influences on exchange processes: Buyers' preconceptions of a seller's trustworthiness and bargaining toughness. *Journal of Consumer Research, 11*(4), 939-954.

Shapiro, S. P. (1987). The social control of impersonal trust. *American Journal of Sociology, 93*(3), 623-658.

Sheppard, B. H., Hartwick, J., & Warshaw, P. R. (1988). The theory of reasoned action: A meta-analysis of past research with recommendations for modifications and future Research. *Journal of Consumer Research, 15*(3), 325-343.

Siau, K., & Shen, Z. (2003). Building customer trust in mobile commerce. *Communications of the ACM, 46*(4), 91-94.

Siau, K., Sheng, H., & Nah, F. (2003, December). Development of a framework for trust in mobile commerce. *Proceedings of the Second Annual Workshop on HCI Research in MIS,* Seattle, WA.

Tan, M., & Teo (2000). Factors influencing the adoption of Internet banking. *Journal of Association for Information Systems, 1*(5).

Thompson, R. L., & Higgins, C. A. (1991). Personal computing: Toward a conceptual model of utilization. *MIS Quarterly, 15*(1), 125-143.

Tornatzky, L. G., & Klein, K. J. (1982). Innovation characteristics and innovation adoption implementation: A meta-analysis of findings. *IEEE Transactions on Engineering Management, 29*(1), 28-45.

Turban, E., King, D., Lee, J., & Viehland, D. (2004). *Electronic commerce: A managerial perspective 2004.* NJ: Prentice Hall.

Varshney, U., & Vetter, R. (2001). Recent advances in wireless networking. *IEEE Computer, 33*(6), 100-103.

Venkatesh, V., & Davis, F. D. (2000). A theoretical extension of the technology acceptance model: Four longitudinal field studies. *Management Science, 46*(2), 186-204.

Venkatesh, V., Morris, M. G., Davis, G. B., & Davis, F. D. (2003). User acceptance of information technology: Toward a unified view. *MIS Quarterly, 27*(3), 425-478.

Zucker, L. G. (1986). Production of trust: Institutional sources of economic structure, 1840-1920. *Research in Organizational Behavior, 8,* 53-112.

<u>부록: 설 문 지</u>

※ 다음 각각의 문항에 대해 자신이 생각하는 정도를 아래 예시된 설명을
참조하여 해당 번호에 표시를 해주십시오.

전혀 그렇지 않다	그렇지 않다	덜 그렇지 않다	보통이다	조금 그렇다	그렇다	아주 그렇다
①	②	③	④	⑤	⑥	⑦

1. 〔DTTb1〕 일반적으로 사람들은 타인의 안녕을 진심으로 배려한다.

①	②	③	④	⑤	⑥	⑦

2. 〔DTTb2〕 일반적으로 사람들은 타인의 문제를 진지하게 고려한다.

①	②	③	④	⑤	⑥	⑦

3. 〔DTTb3〕 대부분의 사람들은 자신들을 배려하는 이상으로 타인에게 도움을 주고자 노력한다.

①	②	③	④	⑤	⑥	⑦

4. 〔DTTi1〕 일반적으로 대부분의 사람들은 약속을 잘 지킨다.

①	②	③	④	⑤	⑥	⑦

5. 〔DTTi2〕 일반적으로 사람들은 언행이 일치되도록 노력한다.

①	②	③	④	⑤	⑥	⑦

6. 〔DTTi3〕 대부분의 사람들은 타인 간의 관계에서 정직하다.

①	②	③	④	⑤	⑥	⑦

7. 〔DTTa1〕 대부분의 전문가들은 자신의 업무를 잘 처리한다.

①	②	③	④	⑤	⑥	⑦

8. 〔DTTa2〕 대부분의 전문가들은 자신의 분야에 대해 해박한 지식을 보유하고 있다.

①	②	③	④	⑤	⑥	⑦

9. 〔DTTa3〕 대부분의 전문가들은 자신들의 전문 분야에서 경쟁력을 보인다.

①	②	③	④	⑤	⑥	⑦

10. 〔DTTs1〕 나는 보통 신뢰하지 않을 만한 이유가 없다면 사람들을 신뢰하는 편이다.

①	②	③	④	⑤	⑥	⑦

11. 〔DTTs2〕 나는 사람을 처음 만날 때 항상 좋은 쪽으로 생각한다.

①	②	③	④	⑤	⑥	⑦

12. 〔DTTs3〕 나는 일반적으로 그 사람을 믿지 말아야겠다는 확신을 그 사람이 주기 전까지는 새로 만난 사람이라도 잘 신뢰한다.

①	②	③	④	⑤	⑥	⑦

13. 〔IBTsa1〕 모바일 환경은 개인 업무를 처리하는 데 편안함을 느낄 수 있도록 하는 안전장치를 제공한다.

①	②	③	④	⑤	⑥	⑦

14. 〔IBTsa2〕 법적, 기술적 구조를 통해 모바일 서비스에서 나타나는 문제들로부터 적절하게 보호받을 수 있다고 확신한다.

①	②	③	④	⑤	⑥	⑦

15. 〔IBTsa3〕 모바일 환경상의 암호화나 기타 최신 기술들이 모바일로 업무를 처리하는 데 더 나은 안전 체계를 제공하고 있다고 확신한다.

①	②	③	④	⑤	⑥	⑦

16. 〔IBTsa4〕 전체적으로 모바일 환경은 현재 업무를 수행하는 데 있어 견고하고 안전하다.

| ① | ② | ③ | ④ | ⑤ | ⑥ | ⑦ |

17. 〔IBTsng1〕 나는 모바일 환경에서 구매나 기타 행위를 할 때 제반 사항이 잘 돌아가고 있다고 느낀다.

| ① | ② | ③ | ④ | ⑤ | ⑥ | ⑦ |

18. 〔IBTsng2〕 나는 모바일로 구매 행위를 할 때 편안함으로 느낀다.

| ① | ② | ③ | ④ | ⑤ | ⑥ | ⑦ |

19. 〔IBTsnb1〕 나는 대부분의 모바일 서비스 제공자들이 고객의 입장을 최대로 고려하여 행동한다고 생각한다.

| ① | ② | ③ | ④ | ⑤ | ⑥ | ⑦ |

20. 〔IBTsnb2〕 고객에게 도움이 필요하다면 대부분의 모바일 서비스 제공자들은 도움을 주기 위해 최선을 다한다.

| ① | ② | ③ | ④ | ⑤ | ⑥ | ⑦ |

21. 〔IBTsnb3〕 대부분의 모바일 서비스 제공자들은 단지 자신들의 안녕이 아니라 고객의 안녕에 관심을 갖는다.

| ① | ② | ③ | ④ | ⑤ | ⑥ | ⑦ |

22. 〔IBTsni1〕 나는 모바일 서비스 제공자들이 자신들의 의무를 잘 수행할 것이라고 확신하다.

| ① | ② | ③ | ④ | ⑤ | ⑥ | ⑦ |

23. 〔IBTsni2〕 모바일 서비스 제공자들이 자신들의 의무를 일반적으로 잘 수행하고 있기 때문에 모바일을 통해 업무를 처리하는 게 좋다고 생각한다.

| ① | ② | ③ | ④ | ⑤ | ⑥ | ⑦ |

24. 〔IBTsni3〕 내가 모바일 서비스 제공자들과 상호 작용을 할 때 이들이 자신의 역할을 충분히 수행할 수 있을 것이라고 확신한다.

①	②	③	④	⑤	⑥	⑦

25. 〔IBTsna1〕 일반적으로 대부분의 모바일 서비스 제공자들은 고객 서비스를 잘 수행한다.

①	②	③	④	⑤	⑥	⑦

26. 〔IBTsna2〕 대부분의 모바일 서비스 제공자들은 고객의 요구에 대처하는 능력이 뛰어나다.

①	②	③	④	⑤	⑥	⑦

27. 〔IBTsna3〕 내가 보기에 대부분의 서비스 제공자들은 자신들이 하는 일을 능숙하게 처리한다.

①	②	③	④	⑤	⑥	⑦

28. 〔PEU1〕 모바일 뱅킹 사용 방법을 배우는 일이 나에게는 쉬운 일이다.

①	②	③	④	⑤	⑥	⑦

29. 〔PEU2〕 모바일 뱅킹에서 내가 원하는 일을 해내기가 쉽다.

①	②	③	④	⑤	⑥	⑦

30. 〔PEU3〕 모바일 뱅킹 서비스는 경직되어 있고 유연하지 못하다.

①	②	③	④	⑤	⑥	⑦

31. 〔PEU4〕 전반적으로 모바일 뱅킹은 사용하기 쉽다.

①	②	③	④	⑤	⑥	⑦

32. 〔PU1〕 모바일 뱅킹은 생산성 향상에 도움을 준다.

①	②	③	④	⑤	⑥	⑦

33. 〔PU2〕 모바일 뱅킹은 업무 성과를 높이는 데 도움을 준다.

①	②	③	④	⑤	⑥	⑦

34. 〔PU3〕 모바일 뱅킹은 업무상 효과성을 향상시켜 준다.

①	②	③	④	⑤	⑥	⑦

35. 〔PU4〕 전반적으로 모바일 뱅킹은 업무에 유용하다.

①	②	③	④	⑤	⑥	⑦

36. 〔SI1〕 내 행동에 영향을 끼치고 있는 사람들은 내가 모바일 뱅킹을 사용해야 한다고 생각한다.

①	②	③	④	⑤	⑥	⑦

37. 〔SI2〕 내게 중요한 사람들은 내가 모바일 뱅킹을 사용해야 한다고 생각한다.

①	②	③	④	⑤	⑥	⑦

38. 〔SI3〕 내 주변 사람들은 내가 모바일 뱅킹을 사용할 때 도움을 주고 있다.

①	②	③	④	⑤	⑥	⑦

39. 〔SI4〕 전반적으로 주변 환경이 모바일 뱅킹 사용에 도움이 된다.

①	②	③	④	⑤	⑥	⑦

40. 〔PTb1〕 모바일 뱅킹을 불편함이 없이 이용할 수 있을 것으로 믿는다.

①	②	③	④	⑤	⑥	⑦

41. 〔PTb2〕 모바일 뱅킹 사용 중에 문제가 생겨도 적절한 해결책을 지원받을 수 있을 것으로 믿는다.

①	②	③	④	⑤	⑥	⑦

42. 〔PTb3〕 모바일 뱅킹을 통해 전송되는 데이터가 악용되지 않을 것으로 생각한다.

①	②	③	④	⑤	⑥	⑦

43. 〔PTi1〕 모바일 뱅킹은 기존의 다른 서비스들처럼 잘 작동할 것이라고
생각한다.

①	②	③	④	⑤	⑥	⑦

44. 〔PTi2〕 모바일 뱅킹을 사용 중에 장애가 생기는 일이 없이 잘 이용할
수 있을 것으로 생각한다.

①	②	③	④	⑤	⑥	⑦

45. 〔PTi3〕 처음 기대했던 만큼 모바일 뱅킹이 잘 작동할 것으로 믿는다.

①	②	③	④	⑤	⑥	⑦

46. 〔PTa1〕 자연 재해와 같은 악조건에서도 일정 수준 이상의 서비스를 이
용할 수 있을 것으로 생각한다.

①	②	③	④	⑤	⑥	⑦

47. 〔PTa2〕 모바일 뱅킹 시스템은 은행의 데이터와 서비스에 손상을 주는
어떤 위협에도 잘 대처할 것이라고 믿을 수 있다.

①	②	③	④	⑤	⑥	⑦

48. 〔UI1〕 나는 곧 모바일 뱅킹을 사용할 의향이 있다.

①	②	③	④	⑤	⑥	⑦

49. 〔UI2〕 나는 곧 모바일 뱅킹을 쓸 예정이다.

①	②	③	④	⑤	⑥	⑦

50. 〔UI3〕 나는 모바일 뱅킹 사용을 위해 필요한 개인 정보를 기꺼이 제공
할 의향이 있다.

①	②	③	④	⑤	⑥	⑦

※ 다음은 인구 통계학적 분석을 위한 설문입니다.
1. 나이: (   )대
2. 성별: 남(   )/여(   )
3. 휴대전화 사용 기간: (   )년
4. 인터넷 뱅킹을 이용한 경험: 있다(   )/없다(   )
5. 휴대전화 사용 요금: 한 달에 약 (   )원

·저자·

박철우
(朴哲佑)

·약 력·

서울대학교 경영대학에서 MIS 석사 및 박사 학위를 취득하였다. 현재 서울대학교 경영대학 정보통신경영연구센터 연구원으로 서울대학교 경영대학, 이화여자대학교 경영대학 등에서 강의를 하고 있다. 주요 관심 분야는 전자 상거래와 e-비즈니스, 모바일 비즈니스, 유비쿼터스 컴퓨팅, 정보 자원 관리 등이다.

·주요논저·

「유비쿼터스 컴퓨팅 환경을 고려한 모바일 비즈니스 프레임워크 개발」
「서비스 호환성과 신뢰가 모바일 서비스 사용 의도에 미치는 영향」
『경영을 위한 정보 통신 기술 입문』(공저)
『인터넷과 전자 상거래』(공저)
외 다수

모바일 비즈니스의 수용 요인과 신뢰의 역할
: 모바일 뱅킹을 중심으로

· 초판 인쇄	2006년 4월 30일
· 초판 발행	2006년 4월 30일
· 지 은 이	박철우
· 펴 낸 이	채종준
· 펴 낸 곳	한국학술정보㈜
	경기도 파주시 교하읍 문발리 526-2
	파주출판문화정보산업단지
	전화 031) 908-3181(대표)·팩스 031) 908-3189
	홈페이지 http://www.kstudy.com
	e-mail(e-Book사업부) ebook@kstudy.com
· 등 록	제일산-115호(2000. 6. 19)
· 가 격	27,000원

ISBN 89-534-4990-1 93320 (Paper Book)
      89-534-4991-X 98320 (e-Book)